JOHANN CASPAR LAVATER

Physiognomische Fragmente

zur Beförderung
der Menschenkenntnis

MIT ... GEN

HERAUSGEGEBEN VON
CHRISTOPH SIEGRIST

PHILIPP RECLAM JUN. STUTTGART

Universal-Bibliothek Nr. 350
Alle Rechte vorbehalten
© 1984 Philipp Reclam jun. GmbH & Co., Stuttgart
Gesamtherstellung: Reclam, Ditzingen. Printed in Germany 1999
RECLAM und UNIVERSAL-BIBLIOTHEK sind eingetragene Marken
der Philipp Reclam jun. GmbH & Co., Stuttgart
ISBN 3-15-000350-4

Physiognomische Fragmente,

zur Beförderung

der Menschenkenntniß und Menschenliebe,

von

Johann Caspar Lavater.

Gott schuf den Menschen sich zum Bilde!

Erster Versuch.

Mit vielen Kupfern.

Leipzig und Winterthur, 1775.

Bey Weidmanns Erben und Reich, und Heinrich Steiner und Compagnie.

Vorrede,

Oder Fragment einer Vorrede; – denn ein Buch würde die Vorrede werden, wenn ich alles sagen wollte, was sich zur Wegräumung aller Vorurtheile, und zur Warnung vor allen schiefen Gesichtspunkten, aus welchen dieß Werk beurtheilt werden wird, sagen ließe, und was, wenn's meine Muße erlaubte, um so vieler Schwacher willen gesagt werden sollte.

Also nur Fragment einer Vorrede.

Ich weiß nicht, welche von beyden Thorheiten die größere ist; »die Wahrheit der menschlichen Gesichtsbildung zu läugnen« – oder: »Einem, der sie läugnen kann, sie beweisen zu wollen?« –

Der erstern von diesen Thorheiten macht sich ein großer Theil der heutigen Welt schuldig; und die andere begeh' ich.

Ich Thor, der ich weiß, wie unüberzeugbar unter tausenden wenigstens neunhundert und neunzig sind; haben sie sich einmal vorher, mehr oder weniger öffentlich, wider die Sache erklärt, wovon man sie überzeugen will!

Aber – nenn es nun Stolz oder Blindheit – ich schreibe nicht blos, schreibe nicht sowohl für mein Zeitalter – Nicht dieß, das folgende Jahrhundert soll urtheilen; denn ich weiß, daß ich bey dem gegenwärtigen, wenige Weise ausgenommen, verlieren werde; verlieren würde, wenn ich auch nichts, als Worte Gottes schreiben könnte … »weil man einmal und zehenmal *gelacht* hat« – Der Feind der Wahrheit hat in jedem Falle so viel als gewonnen, wenn er zu *lachen* machen konnte; – also –

Erwart' ich bey der Herausgabe dieses zum Theil ungewöhnlichen Werkes mit fester Ruhe eine unzählige Menge der demüthigendsten Urtheile!

Ich erwarte Spöttereyen, Satyren, Hiebe, falsche zerstümmelte Allegationen, Chikanen, Anekdotenkünsteleyen aller Arten – von berühmten und unberühmten Namen.

Auch treffliche, wichtige Belehrungen, scharfsinnige Einwendungen, und auch wichtige Beyträge und Ergänzungen von manchen verständigen, billigen, unpartheyischen Wahrheitsfreunden – Beyfall selber von solchen, die bisher wider mich und meine Meynungen, ehe sie Gelegenheit hatten, dieselben deutlich und vollständig genug zu hören, und ruhig genug zu prüfen, eingenommen waren – aber weit mehr unbrüderliche, feindselige, abgeschmackte Urtheile – erwart' ich.

Ich mache mich darauf gefaßt. Data für meine Erwartung liegen häufig vor meinen Augen, tönen mir alle Tage um die Ohren – unter hundert Lesern wird nicht Einer meine Gründe unpartheyisch prüfen! – Lachen und Wehklagen! Seufzen und Spotten! das werden die Gründe seyn, welche die meisten mir entgegen setzen werden. Der leichteste Weg! von hundert tausenden betreten! die Heerstraße der Dummheit, und der Geistessclaverey!

Beobachtung aber wird Beobachtung, Erfahrung Erfahrung, und Wahrheit Wahrheit bleiben, was man immer für elende Kunstgriffe ausdenken mag, sie erst mit Koth zu bespritzen, ihre Glorie zu verdunkeln, und spottend dann auszurufen: »Wo ist die Heilige?«

Ich will alles erwarten, und in allem auf den sehen, auf den so wenige bey ihren Arbeiten und bey ihrem Urtheilen ihr Augenmerk richten – den Vater der Wahrheit. –

Unzählige male hab' ich mich geirrt; unzählige male vermuthlich werd' ich auch auf dieser, zumal so wenig betretenen, Bahn, straucheln; niemals aber hartnäckig bey einer Meynung bleiben, wenn man mir, brüderlich oder unbrüderlich – überwiegende Gegengründe vorlegt.

Aber – *Gründe* sag' ich – alles andre, wie's auch Namen haben mag, ist *Staub in die Augen*, für Thoren oder Knechte!

Man sag' über meine physiognomischen Versuche, was man will; man kann schwerlich so viel Schlimmes davon sagen, als ich selber davon denke. Es ist nicht auszusprechen, wie viel in allen Betrachtungen mir fehlt, um in irgend einem erträglichen Sinn ein Wiederhersteller dieser *menschlichsten* und *göttlichsten* Wissenschaft zu werden.

Aber man verwechsle das Objekt nicht mit dem Subjekte! den *Physiognomisten* nicht mit der *Physiognomik!*

Ich kann schlecht und schwach über die Physiognomik schreiben, und *Sie* kann dennoch eine wahre, in der Natur gegründete Wissenschaft seyn.

Wer diese Fragmente alle gelesen hat, und dann an diesem letztern noch zweifelt – der wird an allem in der Welt, was er nicht selbst ausgedacht hat – zweifeln, oder zu zweifeln vorgeben.

»Aber daß *ich* von dieser Sache schreibe? Ein *Geistlicher* und *Physiognomik!*« »welch ein Kontrast!« – In den Worten, oder in der That? – Lieber Leser! wenn du dieß Werk gelesen hast – (ich appellire auf nichts, als dein ruhiges, unpartheyisches Lesen!) – so antworte du für mich.

Itzt nur dieß Wort: »Wenn Gott dem Pferd' eine Lobrede hält, darf ich dem Menschen keine halten? wenn *Christus* die Herrlichkeit der Lilie aufdeckt; ist's mir, dem Schüler, unanständig, die Hülle über Gottes Herrlichkeit in dem Antlitz und der Bildung des Menschen mit bescheidener Hand wegzuziehen? Was? das Gras des Feldes, das nicht arbeiten, nichts schaffen, und nichts sprechen kann, das heute steht, und morgen in den Ofen geworfen, oder zertreten wird, fand an dem Herrn aller Welten einen Lobredner, und mir soll's Sünde, meiner unwürdige Beschäfftigung seyn, den Herrn des Erdbodens, das lebendigste, sprechendste, wirksamste, erhabenste, schaffendste Geschöpf, das unmittelbarste Bild der Gottheit zur Ehre des unerreichbaren Urbildes zu preisen? Urtheile, wer urtheilen kann!«

Wie ich übrigens zu dieser Arbeit veranlasset, oder vielmehr in dieselbe hineingerissen worden sey, wird dir bald gesagt werden.

Und endlich glaub' ich, daß der Urheber aller Talente sich nicht widerspreche, und daß ein jeder Mensch verbunden sey, gerade die Talente anzubauen, zu üben und zu nutzen, die er hat, und daß wer zween Talente hat, nicht blos anderthalbe auf Wucher legen darf. Was mir Gott giebt, warum sollt' ich's den Menschen nicht wieder geben dürfen, wenn's ihnen Nutzen bringt, und dem Urheber aller Kräfte Ehre macht!

»Aber ich habe versprochen – nichts mehr Physiognomisches zu schreiben?« Zum Theil wahr! aber anstatt aller andern Antwort nur dieses: Die allermeisten meiner frömmsten und meiner philosophischsten Freunde und Leser gaben mir dieses Versprechen zurück, und wollten mir's schlechterdings nicht abnehmen. Ich will Beweise davon vorlegen, wann man will, und wem man will.

»Aber dieses Werk ist sehr kostbar und prachtreich?« Antwort: Es ist durchaus nicht für den großen Haufen geschrieben. Es soll von dem gemeinen Manne nicht gelesen und nicht gekauft werden. Es ist kostbar seiner Natur nach; kostbarer als andere Werke mit Kupfern, weil sehr viele Zeichnungen und Kupferplatten fehlgeschlagen sind – übrigens, können's verschiedene zusammenkaufen und gemeinschaftlich besitzen. –

Ich sparte nichts, das Werk nach dem Geschmacke der Leser, für die ich es bestimmt hatte, einzurichten. Wenn ich zu einem Fürsten gehe, so zieh' ich mein bestes Kleid an. Wenn Pracht nicht Zweck, sondern nur Mittel zu einem weit wichtigern Zweck ist, sollte sie dann unerlaubt seyn?

Dieß wirst du verstehen, hast du dieß Werk mit Nachdenken gelesen – und am Ende, wenn dich die Auslage gereut; wenn wegen des Ankaufs desselben dir dein Gewissen Vorwürfe der Verschwendung macht; wenn's der Arme, Nothleidende entgelten muß; wenn dieß Werk nichts dazu beyträgt, dich für die Zukunft, zum Besten dürftiger Nebenmenschen sparsamer zu machen; o so hab' ich Unrecht gethan, ein so kostbares Werk heraus zu geben, welches jedoch so manchem Künstler in und außer meinem

Vaterlande hübschen Verdienst und Anlaß, sich in seinem Studium zu vervollkommnen, darbot.

Also, Leser! nimm diese *Fragmente*, die mehr als alle Fragmente in der Welt diesen Namen verdienen – nimm sie und lies sie, nicht flüchtig! lies sie mit stillem, prüfendem Nachdenken. Lies sie im Geiste an meiner Seite – Laß dir seyn, ich unterhalte dich persönlich mit meinen Beobachtungen, theile dir meine Empfindungen einfältig mit – Kalte Beobachtungen, wenn ich kalt beobachte, warme Empfindungen, wenn ich warm empfinde, ohne allemal erst meine Beobachtung, Empfindung, oder meinen Ausdruck, irgend einem gefühllosen Journalisten in die Censur zu senden – Lies, Bruder, als ein Bruder – lies und beurtheile mich so, wie du's thun würdest, wenn wir dieselben neben einander läsen – Lies sie, willst du sie für dich richtig beurtheilen, wo immer deine Geschäffte es erlauben, zweymal; und willst du sie öffentlich widerlegen, wenigstens – Einmal.

Lies, ich will nicht sagen, ohne Vorurtheil für oder wider mich, für oder wider die Physiognomik; beydes wäre zu viel! – Aber lies mit so ruhiger Prüfung, und so fester Ueberlegung, als es dir möglich ist; und wenn du mit dieser Gemüthsverfassung aus dieser Schrift nicht gelernt hast –

Dich und deinen Nebenmenschen, und den Schöpfer von beyden besser zu kennen;

»Nicht gelernt hast, *dich zu freuen, daß du bist, und daß solche und solche Menschen neben dir sind*; dich zu freuen,

Daß dir eine neue Quelle von edlen, menschlichen Vergnügungen aufgeschlossen ist; –

Wenn du nicht mehr *Achtung für die menschliche Natur,* mehr *heilsames Mitleiden mit ihrem Verfalle,* mehr *Liebe zu einzelnen* Menschen, mehr *ehrfurchtsvolle Freude an dem Urheber und Urbilde aller Vollkommenheit* in dir zu erwekken gelernt hast;

Wenn du am Ende in *sehr nützlicher Menschenkenntniß nicht weiter gekommen bist;*«

O so hab' ich umsonst geschrieben; so hat die lächerlichste Thorheit mich blind gemacht; so sage, wie, und wann
und wo du willst, daß ich dich betrogen habe – so verbrenne
dieß Werk, oder send' es mir zu, und ich will dir – deine
Auslage erstatten. –

Ich verspreche nicht (denn solches zu versprechen wäre
Thorheit und Unsinn) das tausendbuchstäbige Alphabeth
zur Entzieferung der unwillkührlichen Natursprache im
Antlitze, und dem ganzen Aeußerlichen des Menschen, oder
auch nur der Schönheiten und Vollkommenheiten des
menschlichen Gesichtes zu liefern; aber doch einige Buchstaben dieses göttlichen Alphabeths so leserlich vorzuzeichnen, daß jedes gesunde Auge dieselbe wird finden und
erkennen können, wo sie ihm wieder vorkommen.

Zugabe zur Vorrede.

Etwas über den Plan und Innhalt dieses Werkes.

Man weiß es schon, daß ich weder Lust, noch Kraft habe,
eine Physiognomik, oder irgend eine Art von physiognomischem System zu schreiben; – daß ich nur Fragmente zu
liefern gedenke, die unter sich eben keine Verbindung
haben, und kein Ganzes ausmachen werden. Um alle Erwartung von irgend etwas Ganzem, Zusammenhängendem,
ganz zu zernichten, und mir zugleich die oft so beschwerli-
che Mühe einer leicht überschaubaren Rangordnung der
Materien zu ersparen – war mein erster Gedanke, dieß Werk
in Form eines Wochenblattes herauszugeben. Es fanden sich
aber nachher Schwierigkeiten, wobey der Verleger und der
Leser allein eingebüßt hätten; ich allein gewonnen hätte, so,
daß ich diesen Gedanken fahren ließ. Ich führ' ihn aber doch
an, um meine Leser in Absicht auf die *Ordnung* des Werkes
nichts Vollständiges erwarten zu lassen. Der Plan, den ich
mir seither oft vorzeichnete, hat sich durch immer neue
unvorgesehene Ereignisse so oft verändert, daß ich vor

Vollendung des Werkes dem Leser kaum etwas vorlegen darf, das als Plan angesehen werden könnte. Auch kann ich nicht einmal alle die Materien bestimmt genug nennen, womit ich meine Leser unterhalten werde. Was und wie viel in jeden Band kommen, wie viel Bände das Werk ausmachen werde, das läßt sich itzo schlechterdings nicht bestimmen. Je nach dem mir Gesundheit, Muße, Kraft und Lust vergönnt werden wird; je nach dem meine Versuche dem Publikum gefällig und nützlich seyn werden, werd' ich mich ausbreiten, oder einschränken. Sehr vermuthlich aber werden vier Bände das Wenigste seyn, was ich versprechen oder dräuen kann. –

Ich werde mit einigen vorbereitenden Abhandlungen den Anfang machen; und Verschiedenes, das in denselben behauptet werden wird, mit Zeichnungen belegen. Diese vorbereitenden Abhandlungen sollten verschiedene allgemeine Vorurtheile gegen die Physiognomik überhaupt wegräumen, den Schaden, der daher besorgt, den Nutzen, der gehofft werden kann, die Leichtigkeit und Schwierigkeit der Physiognomik, den Character und die Eigenschaften des Menschenbeobachters – beleuchten.

In jedem Bande werden einige allgemeine Betrachtungen und sehr viele besondere Wahrnehmungen und mehr oder weniger wichtige Anmerkungen und physiognomische Uebungen, das Resultat häufiger entwickelter und unentwickelter Beobachtungen vorkommen.

Ich werde erst vieles nur gelegentlich sagen; – nachher zusammen fassen, und, wenn der Leser genug vorbereitet ist, und einiges Zutrauen gewonnen hat – zu förmlichen Schlüssen und Entscheidungen fortschreiten.

Ich werde, obgleich ich nicht die mindeste Vollständigkeit verheissen kann, dennoch schwerlich einen wichtigen Punkt ganz übergehen, wenn mir Gott Zeit und Kraft dazu schenket.

Mannichfaltigkeit und Reichthum der Bemerkungen; Deutlichkeit, Bestimmtheit und uneinschläfernde Stärke im

Vortrage, darf ich, mit einander zu vereinigen, nicht immer versprechen; aber versprechen, immer darnach zu streben.

Von allen Nationen, allen Gattungen der Menschen, allen Kräften der menschlichen Natur sollt' ich reden. Ich will's nicht versprechen; aber mich beeifern, mehr zu leisten, als ich versprechen darf.

Daß das Interesse des Werkes immer steige, daß besonders das Ende – die Abstractionen aus allen zerstreuten Beyspielen – reif werden, und die schärfste Prüfung der Menschenerforscher aushalten möge; daß die *Wahrheit* dessen, was ich, obgleich nicht immer, obgleich selten im Docententon sagen werde, dem offnen Auge und Herzen – des Weisen in der Natur begegne; daß er oft mit geheimer Freude ausrufe: »da ist sie! da kömmt sie! Ich kenne sie!« Wie wünsch' ich mir das! wie mach' ich mir's zum Ziel – aber! – wer fühlt's, wie schwer es ist, dieß allemal zu erreichen! Es bisweilen zu erreichen, dieß darf ich hoffen; sonst wär's unverantwortlich, wenn ich ein physiognomisches Wort schriebe. Ueberhaupt aber wird das ganze Werk durchaus zeigen, daß es mir unmöglich war, irgend etwas Ganzes, oder im eingeschränktesten Sinne etwas Vollkommenes zu liefern.

In dieser Absicht sind den *Fragmenten* sehr oft *Zugaben* beygefügt, worinn größtentheils was nachgeholt, oder gesagt wird, das einige Beziehung aufs Hauptbruchstück hat; oft auch etwas nur einigermaßen dazugehöriges, ohne Rücksicht aufs Vorhergehende, beleuchtet wird. Anders konnt' ich mir oft nicht helfen, wenn ich bey meinem Hauptgesichtspunkt, wo ich schlechterdings nothwendig stehen bleiben muß – nur Fragmente zu liefern, bleiben – und es doch dem Leser einigermaßen erleichtern wollte, – den Weg, um nicht zu sagen, den Plan des Werkes zu überschauen; und dieß und jenes zu suchen und zu finden.

Hauptkupfertafeln und Vignetten werden sehr selten bloße Zierde, größtentheils Hauptsache, Fundament, Urkunde seyn.

Es war unmöglich, daß alles von Meisterhänden gemacht wurde. Das Werk wäre nie zu Stande gekommen, kein Verleger hätt' es übernehmen, und kein Publikum bezahlen können.

Das glaub' ich behaupten zu dürfen, daß sehr viele nicht nur in Absicht des Ausdruckes, worauf doch eigentlich am meisten gesehen werden sollte, sondern auch der mahlerischen Ausführung, sich Kennern dürfen sehen lassen. *Härte* ist's wohl, was man manchen Tafeln vorwerfen kann und wird; aber da es vornehmlich um Bestimmtheit des Ausdruckes zu thun war, und da die Tafeln eine beträchtliche Anzahl Abdrücke aushalten müssen, wenn das Werk dem Verleger nicht zum größten Schaden gereichen soll, so war wohl eine gewisse Härte und Schärfe bisweilen schlechterdings unausweichlich. Doch darf man Hoffnung machen, daß jeglicher Theil auch in dieser Absicht vollkommner und fehlerloser herauskommen werde.

Wie vieles sollte noch gesagt werden – aber wer kann, wer mag alles sagen! da es doch schlechterdings unmöglich ist, sich gegen jeden Vorwurf zu rechtfertigen, und Thorheit, zu erwarten, daß nicht tausend Menschen aus den verschiedendsten Interessen statt zu nutzen, was ihnen vorgelegt wird, und zu genießen, was da ist, lieber tadeln, und herzählen werden, was nicht da ist.

Schrieb's Oberried, den 7. März 1775.

Von der Geringheit meiner physiognomischen Kenntnisse.

Es liegt mir gar sehr viel dran, meine Leser nicht mehr von mir erwarten zu lassen, als ich ihnen wirklich zu geben im Stande bin. Wer ein großes physiognomisches Werk herausgiebt, der scheint zu verstehen zu geben, daß er unendlich viel mehr über die Physiognomie zu sagen wisse, als seine Zeitgenossen. Er setzt sich dem beißendsten Spott aus, wenn ihm einmal ein Fehlurtheil entrinnt; – und macht sich wenigstens bey denen, die ihn nicht lesen, bloß um seiner ihm vielleicht nur angedichteten Prätensionen willen – lächerlich.

Von ganzer Seele veracht' ich, (Gott und alle, die mich kennen, wissen's,) alle Charlatanerie, alle die lächerlichen Prätensionen – von Allwissenheit und Unfehlbarkeit, die so manche Schriftsteller unter tausend Gestalten blicken lassen, und ihren Lesern insinuiren wollen.

Vor allen Dingen also sag' ich, was ich schon oft, was ich bey allen Gelegenheiten gesagt habe; ob gleich es alle, die über mich und mein Unternehmen urtheilen, sich und andern zu verhehlen belieben: *»daß ich sehr wenige physiognomische Kenntniß besitze; daß ich mich unzählige male in meinen Urtheilen geirret habe, und noch täglich irre«* – Daß aber gerade eben diese Irrthümer und Fehlschlüsse das natürlichste und sicherste Mittel waren, meine Kenntnisse zu berichtigen, zu befestigen, und zu erweitern.

Vielleicht wird es manchem meiner Leser nicht ganz unangenehm seyn, etwas von dem Gange meines Geistes in dieser Sache zu wissen.

An alles in der Welt dacht' ich wol vor meinem fünf und zwanzigsten Jahr eher, als daran, daß ich je ein Wort über die Physiognomie schreiben, daß ich nur die mindeste Nachforschung drüber anstellen wollte. Es fiel mir gar nicht ein, nur ein physiognomisches Buch zu lesen, oder die mindesten Beobachtungen zu machen, vielweniger zu sam-

meln. – Die äußerste Empfindlichkeit meiner Nerven ward
indeß bisweilen von gewissen Menschengesichtern das erstemal, da ich sie sahe, solchergestalt in Bewegung gesetzt, daß
die Erschütterung lange noch fortdauerte, nachdem sie weg
waren, ohne daß ich wußte, warum? Ohne daß ich auch nur
weiter an ihre Physiognomie dachte. Ich urtheilte einige
male, ohne urtheilen zu wollen, diesen ersten Eindrücken
gemäß, und ward – ausgelacht, erröthete, und wurde –
behutsam. – – Jahre giengen vorbey, eh ich's wieder wagte,
ein schnelles, durch den ersten Eindruck gleichsam abge-
nöthigtes, Urtheil zu fällen – Unterdeß zeichnet' ich etwa
einen Freund, auf dessen Gesicht mein Auge einige Minuten
vorher stillbetrachtend verweilt hatte. – Denn von meiner
früh'sten Jugend an hatt' ich einen sehr starken Hang zum
Zeichnen und besonders zum Porträtzeichnen, ob wol ich
wenig Fertigkeit und wenig Geduld dazu hatte. Durchs
Zeichnen fieng mein dunkles Gefühl an, nach und nach sich
einigermaßen zu entwickeln, die Proportion, die Züge, die
Aehnlichkeit und Unähnlichkeit der menschlichen Gesichter
wurden mir merkbarer – Es fügte sich, daß ich etwa zween
Tage nach einander ein paar Gesichter zeichnete, die gewisse
sehr ähnliche Züge hatten; dieß fiel mir auf – und ich
erstaunte noch mehr, da ich aus andern Datis zuverlässig
wußte, daß die Personen sich durch etwas ganz besonderes
in ihrem Character auszeichneten.

Ich will eine der ersten Veranlassungen dieser Art, und
was sollte mich davon abhalten? noch umständlicher erzählen – Die Physiognomie des berühmten Herrn *Lambert,**)
der sich vor mehr als zwölf Jahren in Zürich aufgehalten,
und den ich nachher wieder in Berlin zu finden das Vergnügen hatte, war eine von den ersten, die mich durch ihre ganz
außerordentliche Bildung frappirte, meine innersten Nerven
zittern machte – und mir ein Ich weiß nicht was – von

---

*) Ich hätte gar sehr gewünscht, mit dem Bildniß dieses großen Geistes
mein Werk zu zieren. Aber alle Versuche, es zu erhalten, waren vergeblich.

Ehrfurcht inspirirte – – Diese Eindrücke wurden aber bald
von andern verdrängt; ich vergaß *Lamberten* und seine
Gesichtsbildung – Wol drey Jahre nachher zeichnet' ich, um
noch wenigstens sein Bild zu retten, meinen tödtlich kranken Herzensfreund *Felix Heßen*.*) Tausendmal hatt' ich ihn
angesehen, ohn einmal seine Physiognomie mit *Lamberts* zu
vergleichen; Ich hatt' ihn in *Lamberts* Gesellschaft gesehen,
mit *Lamberten* controvertiren gehört und, – wol ein unwi-
derleglicher Beweis meines, wenigstens damals, stumpfen
Beobachtungsgeistes – und beobachtete nicht die mindeste
Aehnlichkeit.

Aber indem ich zeichnete, fiel's mir so gleich auf – stand
so gleich *Lamberts* erwecktes Bild vor mir – »Du hast
Lamberts Nase!« sagt' ich meinem Freunde. Je mehr ich
dran zeichnete, desto spürbarer wurde mir die Aehnlichkeit.
Ich will *Heßen* nicht mit *Lamberten* vergleichen; – nicht
sagen, was *Heß* hätte werden können, wenn es Gott gefallen
hätte, ihm mehrere Jahre zu schenken. – *Heß* hatte keine
Ader zur Mathematik; hatte gewiß nicht das tiefdringende
Genie dieses so einzigen Mannes; sein Temperamentscha-
racter ist von *Lamberts* sehr verschieden, so verschieden, als
ihre Augen und Stirnen – Aber in der Feinheit, in der Art
ihrer Nasen, waren sie sich ziemlich ähnlich – und beyde

---

*) Auch dieses Bild wär' ich meinen Lesern schuldig, und würd' es ihnen
mit großem Vergnügen mittheilen, aber ich bin es nicht im Stande: Es war das
beste, das fleißigste, das ich je gezeichnet, weit unterm Original – aber doch
nicht unähnlich! Ich sandt' es nach dem Tode des Seligen an unsern gemein-
schaftlichen Freund Herrn *Füeßlin* nach London, daß er es malerisch ausfüh-
ren, und in einer allegorischen Dekoration radiren sollte! Aber es gefiel der
Fürsehung nicht, daß ich das, zwar kränkelnde, Bild meines nun verklärten
Bruders behalten, viel weniger gemein machen sollte. In Herrn *Füeßlins*
Wohnung brach Feuer aus – alles, was er hatte, ein Schatz der kostbarsten
Zeichnungen, sieben über Leben große Apostel, die er für eine Kirche in
England fertig hatte, und hundert gedankenreiche Skizen, handschriftliche
Poesien – und unter diesen allen auch das Bild meines Freundes, brannten zu
Asche. – Wer etwas von *Füeßlin* weiß, wird diese Anekdote nicht für geringfü-
gig halten; *Füeßlin*, der so manche Talente von *Klopstock*, *Raphael* und
Michelange in sich vereinigt.

zeichnen sich in ungleichem Grade durch großen, hellen, vielfassenden Verstand aus. Dieses wußt' ich ohne alle Rücksicht auf ihre Physiognomien: – Aber diese Aehnlichkeit der Nasen schien mir so sonderbar, daß ich auf dergleichen Aehnlichkeiten wenigstens beym Zeichnen aufmerksamer zu werden begann.

Dieß Zusammentreffen verschiedener Gesichter, die ich zufälliger Weise, oft in Einem Tage zeichnete, und die sich mir gleichsam aufdringende Aehnlichkeit wenigstens gewisser Seiten des Characters der Urbilder – ward mir immer wichtiger, machte mich immer aufmerksamer. – Doch bey dem allen war mir noch nicht in Sinn gekommen, auf Beobachtungen gleichsam auszugehen, vielweniger die Physiognomie zu studiren. Selber das Wort *Physiognomie* war mir noch eins meiner ungebrauchtesten Wörter.

Von ungefähr fügt' es sich, daß ich einmal neben Herrn *Zimmermann*, itzigem königlich-großbrittannischen Leibarzt in Hannover, da er noch in Brugg war, am Fenster stand, einem militärischen Zuge zusahe – und durch eine, mir völlig unbekannte, Physiognomie, meines kurzen Gesichts ungeachtet, von der Gasse herauf gedrungen wurde, ohne die mindeste Ueberlegung, ohne den mindesten Gedanken, daß ich etwas Merkwürdiges sagte, ein sehr entscheidendes Urtheil zu fällen. Herr *Zimmermann* fragte mich mit einigem Erstaunen – »worauf sich mein Urtheil gründe?« – »Ich las es aus dem Halse,« war meine Antwort. Dieses war eigentlich die Geburtsstunde meines physiognomischen Studiums. Herr *Zimmermann* versuchte alles, mich aufzumuntern; er zwang mir Urtheile ab. Erbärmlich waren die meisten, eben deswegen, weil sie nicht schneller Ausdruck schnellen unstudirten Gefühls waren – und ich kann bis auf den heutigen Tag nicht begreifen, wie dieser große Geist sich dadurch nicht abschrecken ließ, mich immer fort zu nöthigen, meine Beobachtungen aufzuschreiben. Ich fieng an, mit ihm Briefe zu wechseln; Gesichter aus der Imagination zu zeichnen, u. s. w. Aber bald ließ ich es wieder, ließ es Jahre lang liegen, lachte über alle diese Versuche – las nichts, und schrieb nicht ein Wort mehr drüber. – Auf einmal, da die Reihe mich traf, der naturforschenden Gesellschaft in Zürich eine Vorlesung zu halten, und ich nicht wußte, worüber? – fiel ich wieder auf die Physiognomik, und schrieb, Gott weiß, mit welcher Flüchtigkeit, diese Vorlesung; Herr *Klockenbring* von Hannover bat mich drum für Zimmermannen. Ich gab sie ihm in aller der Unvollkommenheit eines unbrauchbaren Manuscripts. Herr *Zimmermann* ließ sie ohne mein mindestes Wissen drucken – Und so sah' ich mich auf einmal als Vertheidiger der Physiognomik in die offne Welt hineingestellt. Ich ließ die zweyte Vorlesung dazu drucken, und glaubte nun, auf einmal – aller weitern öffentlichen Bemühungen in dieser Sache los zu seyn. Allein – zwo entgegengesetzte Mächte reizten mich aufs neue – noch einmal Hand anzulegen. – Die erbärmlichen Urtheile, die man, nicht über *meine* bisherigen *Versuche*, denn die erkenne ich für äußerst unvollkommen, und ihre Unvollkommenheit ist in keiner, mir zu Gesichte gekommnen, Recension gerüget worden: – Sondern die erbärmlichen Urtheile, die man über die *Sache* selber fällte, bey meinem täglichen Wachsthum im Glauben an die Wahrheit der Gesichtsbildung. – Diese Urtheile auf einer – und auf der andern Seite, die unzähligen Aufforderungen der weisesten, redlichsten, frömmsten Männer in und außer meinem Vaterlande – – Dieß und meine tägliche Freude an neuen Beobachtungen – und noch einige andre Gründe – bewogen mich, einige meiner Beobachtungen, Empfindungen, Radotages, Träumereyen, Schwärmereyen – wie man's nennen will, bekannt zu machen.

Seit diesem Entschlusse, den ich vor ungefähr anderthalb Jahren gefaßt hatte, und in dessen Ausführung ich freylich täglich hundert unvorgesehne Schwierigkeiten antraf, hab' ich dennoch beynahe täglich neue Beobachtungen gemacht, die mich in den Stand setzten, wenigstens etwas zu versprechen.

Ich ließ rechts und links Versuche von Zeichnungen aller Art machen; Ich betrachtete und verglich unzählige Menschen und allerley Arten menschlicher Bildnisse. Ich bat Freunde, mir behülflich zu seyn. Die häufigen täglichen Fehler meiner Zeichner und Kupferstecher waren die kräftigsten Beförderungsmittel meiner Kenntnisse. Ich mußte mich über vieles ausdrücken, vieles tadeln, vieles vergleichen lernen, was ich vorher noch zu sehr nur überhaupt bemerkt hatte. – Mein Beruf führte mich zu den merkwürdigsten Menschen aller Arten, führte die sonderbarsten Menschen aller Arten zu mir. Eine Reise, die ich meiner Gesundheit wegen, und aus inniger Sehnsucht nach vielen mir von Person unbekannten Freunden – vornahm, – führte meinem mit der großen Welt ganz unbekannten – übrigens nicht ganz übungslosen Aug' ein unzähliges Heer neuer Gestalten zu: Ohne allemal beobachten zu wollen, mußt' ich bisweilen beobachten. So bevestigte, berichtigte, erweiterte sich meine Einsicht – Ich wollt' oft alle Schriftsteller von der Physiognomie durchgehen, fieng an hier und dort zu lesen, konnte aber das Gewäsche der meisten, die alle den *Aristoteles* ausschrieben, kaum ausstehen. Dann schmiß ich sie sogleich wieder weg – und hielt mich, wie zuvor an die bloße Natur und an Bilder – gewöhnte mich aber besonders seit langem, immer nur das Schöne, das Edle, das Gute und Vollkommne aufzuspüren, zu bestimmen, mein Gesicht daran zu gewöhnen, mein Gefühl daran zu wärmen, – fand täglich neue Schwierigkeiten und neue Beförderungsmittel meiner Kenntnisse – irrte mich täglich, und wurde täglich sicherer; ließ mich loben und schelten, auslachen und erheben: – lachte über beydes, weil ich beydes gleich wenig zu verdienen glaubte; freute mich immer mehr, des Nutzens, der Menschenfreude, die ich durch meine Schrift zu veranlassen hoffte, und tröstete mich damit gegen die Beschwerlichkeiten und Lasten, die ich mir dadurch selbst aufgelegt hatte.

Bey dem allem fühl' ich unaufhörlich, daß ich Lebenslang zu schwach seyn werde, etwas nur erträglich Ganzes zu liefern; zu schwach, nur ein einziges Feld hinlänglich zu bearbeiten. Es wird hin und wieder noch Gelegenheit geben, meine Dürftigkeit solcher Kenntnisse zu bekennen, ohne die es unmöglich ist, die Physiognomik mit festem Blicke und sicherm Fortschritt zu studiren. Itzt will ich zum Beschlusse dieses Fragments nur dieß noch beyfügen, und in den Schooß wahrheitliebender Leser deponiren:

Daß ich von den schwächsten Menschen physiognomische Urtheile gehört habe, die richtiger waren als die meinigen, Urtheile, wodurch die meinigen beschämt wurden –

Daß ich glaube, wenn manche andre ihre Beobachtungen zeichnen und aufschreiben wollten, würden viele von den meinigen in kurzer Zeit ziemlich entbehrlich werden –

Daß ich täglich hundert Gesichter sehe, über die ich kein Urtheil zu fällen im Stande wäre – –

Daß sich keine Menschenseele vor meinem Blicke zu fürchten hat, weil ich bey allen Menschen auf das Gute sehe, und an allen Menschen Gutes finde. –

Daß seit der Zeit meiner eigentlichen Menschenbeobachtung meine Menschenliebe gewiß nichts verloren, ich darf wol sagen gewonnen hat.

Von der Physiognomik.

Da dieses Wort so oft in dieser Schrift vorkömmt, so muß ich vor allen Dingen sagen, was ich darunter verstehe: Nämlich – *die Fertigkeit durch das Aeußerliche eines Menschen sein Innres zu erkennen*; das, was nicht unmittelbar in die Sinne fällt, vermittelst irgend eines natürlichen Ausdrucks wahrzunehmen. In so fern ich von der Physiognomik als einer Wissenschaft rede – begreif' ich unter Physiognomie alle *unmittelbaren* Aeußerungen des Menschen. Alle

Züge, Umrisse, alle passive und active Bewegungen, alle Lagen und Stellungen des menschlichen Körpers; alles, wodurch der leidende oder handelnde Mensch unmittelbar bemerkt werden kann, wodurch er seine *Person* zeigt – ist der Gegenstand der Physiognomik.

Im weitesten Verstand ist mir menschliche *Physiognomie* – das Aeußere, die *Oberfläche* des Menschen in Ruhe oder Bewegung, sey's nun im Urbild oder irgend einem Nachbilde. *Physiognomik*, das Wissen, die Kenntnisse des Verhältnisses des Aeußern mit dem Innern; der sichtbaren Oberfläche mit dem unsichtbaren Innhalt; dessen was *sichtbar* und wahrnehmlich *belebt wird*, mit dem, was *unsichtbar* und unwahrnehmlich *belebt*; der sichtbaren Wirkung zu der unsichtbaren Kraft.

Im engern Verstand ist *Physiognomie* die *Gesichtsbildung*, und *Physiognomik* Kenntniß der Gesichtszüge und ihrer Bedeutung.

Da nun der Mensch so verschiedene Seiten hat, deren jede sich besonders beobachten und beurtheilen läßt, so entstehen daher so vielerley *Physiognomien* – so mancherley *Physiognomik*.

Man kann zum Exempel die *Bildung* des Menschen insbesondere betrachten – die Proportion, den Umriß, die Harmonie seiner Gliedmaßen, seine Gestalt – nach einem gewissen Ideal von Ebenmaß, Schönheit, Vollkommenheit – Und die Fertigkeit, diese richtig zu beurtheilen, und mit diesem Urtheil das Urtheil über seinen Hauptcharacter zu verbinden – *Fundamental-Physiognomik* heißen; oder, wenn's nicht mißtönend und ungeschickt ausgedrückt wäre, die *physiologische*.

Man kann durch die Zergliederung Theile des Menschen zu Oberflächen machen – gewisse innere Theile können besonders beobachtet werden, entweder durch äußere Endungen, oder durch Aufschließung der Körper. Die Fertigkeit von diesen *Aeußerlichkeiten* auf gewisse innere Beschaffenheiten zu schließen, wäre die *anatomische Physio-*

gnomik; diese beschäfftigt sich mit der Beobachtung und Beurtheilung der Knochen und Gebeine, der Muskeln, der Eingeweyde; der Drüsen, der Adern und Gefäße, der Nerven; der Banden der Gebeine.

Man kann die Blutmischung, die Constitution, die Wärme, die Kälte, die Plumpheit oder Feinheit, die Feuchtigkeit, Trockenheit, Biegsamkeit, Reizbarkeit eines Menschen wiederum insbesondere betrachten: Und die Fertigkeit in solchen Beobachtungen und daraus hergeleiteten Urtheilen über seinen Character – könnte man *Temperamentsphysiognomik* heißen.

Medicinische Physiognomik diejenige, die sich mit Erforschung der Zeichen der Gesundheit und Krankheit des menschlichen Körpers beschäfftigt.

Die *moralische*, die die Gesinnungen und Kräfte des Menschen Gutes oder Böses zu wirken, oder – zu leiden, aus äußern Zeichen erforscht.

Die *intellectuelle*, die sich mit den Geisteskräften des Menschen, in so fern sie durch seine Bildung, Gestalt, Farbe, Bewegungen, kurz durch sein ganzes Aeußeres, erkennbar sind, beschäfftigt.

Und so verschiedene besondere Seiten der Mensch haben mag, so vielerley Arten der Physiognomik sind möglich.

Wer bloß nach den ersten Eindrücken, welche das Aeußere eines Menschen auf uns macht, richtig von seinem Character urtheilt – ist ein *natürlicher* Physiognomist; – wer bestimmt die Züge, die Aeußerlichkeiten anzugeben und zu ordnen weiß, die ihm *Character* sind, ein *wissenschaftlicher*; und ein *philosophischer* der, der die *Gründe* von diesen so und so bestimmten Zügen und Ausdrücken, die *innern Ursachen* dieser *äußern Wirkungen* zu bestimmen im Stande ist.

Aus dem wenigen, was bisher gesagt ist, erhellet, wie unendlich weitläuftig die *Physiognomik*, und wie schwer es ist – ein *ganzer Physiognomiste* zu seyn.

Ich glaube, es ist unmöglich, daß Einer es werden könne. Wol dem, der nur Eine Seite des Menschen so kennt, wie es ihm und der menschlichen Gesellschaft nützlich ist, sie zu kennen.

Es ist keines Menschen, keiner Akademie, keines Jahrhunderts Werk eine Physiognomik zu schreiben.

Zugabe.

Man wird sich öfters nicht enthalten können, die Worte Physiognomie, Physiognomik in einem ganz weiten Sinne zu brauchen. Diese Wissenschaft schließt vom Aeußern aufs Innere. Aber was ist das Aeußere am Menschen? Warlich nicht seine nackte Gestalt, unbedachte Geberden, die seine innern Kräfte und deren Spiel bezeichnen! Stand, Gewohnheit, Besitzthümer, Kleider, alles modificirt, alles verhüllt ihn. Durch alle diese Hüllen bis auf sein Innerstes zu dringen, selbst in diesen fremden Bestimmungen feste Punkte zu finden, von denen sich auf sein Wesen sicher schließen läßt, scheint äußerst schwer, ja unmöglich zu seyn. Nur getrost! Was den Menschen umgiebt, wirkt nicht allein auf ihn, er wirkt auch wieder zurück auf selbiges, und indem er sich modificiren läßt, modificirt er wieder rings um sich her. So lassen Kleider und Hausrath eines Mannes sicher auf dessen Character schließen. Die Natur bildet den Menschen, er bildet sich um, und diese Umbildung ist doch wieder natürlich; er, der sich in die große weite Welt gesetzt sieht, umzäunt, ummauert sich eine kleine drein, und staffirt sie aus nach seinem Bilde.

Stand und Umstände mögen immer das, was den Menschen umgeben muß, bestimmen, aber die Art, womit er sich bestimmen läßt, ist höchst bedeutend. Er kann sich gleichgültig einrichten wie andere seines gleichen, weil es sich nun einmal so schickt; diese Gleichgültigkeit kann bis zur Nachläßigkeit gehen. Eben so kann man Pünktlichkeit und Eifer darinnen bemerken, auch ob er vorgreift, und sich der nächsten Stufe über ihm gleichzustellen sucht, oder ob er, welches freylich höchst selten ist, eine Stufe zurück zu weichen scheint. Ich hoffe, es wird niemand seyn, der mir verdenken wird, daß ich das Gebiet des Physiognomisten also erweitere. Theils geht ihn jedes Verhältniß des Menschen an, theils ist auch sein Unternehmen so schwer, daß man ihm nicht verargen muß, wenn er alles ergreift, was ihn schneller und leichter zu seinem großen Zwecke führen kann.

Ueber die menschliche Natur.

Das allerwichtigste und bemerkenswürdigste Wesen, das sich auf Erden unserer Beobachtung darstellt – – ist der *Mensch.* Auf jeder Seite möcht' ich dieses sagen: – *welchem Menschen der Mensch, wem seine Menschheit nicht das Wichtigste ist – der hört auf, ein Mensch zu seyn.* Vollkommneres, Höheres hat die Natur nichts aufzuweisen – *Der würdigste Gegenstand der Beobachtung – und der einzige Beobachter – ist der Mensch.*

So wie sich der Mensch uns darstellt, ist er ein in die Sinne fallendes, ein *physisches* Wesen. So wie er nur durch die Sinne erkennt, so kann er nur durch die Sinne erkannt werden.

Der Mensch hat das mit allen Dingen in der Welt gemein – daß gewisse Seiten, gewisse Theile an ihm zum Vorschein kommen, gewisse nicht; daß man etwas von ihm vermittelst der Sinne wahrnimmt, und etwas anderes, das auch zu seiner Natur gehört, nicht unmittelbar, vermittelst der Sinne wahrnehmen kann. Er besteht aus Oberfläche und Innhalt. Etwas an ihm ist äußerlich, und etwas innerlich.

Dieß Aeußerliche und Innere stehen offenbar in einem genauen unmittelbaren Zusammenhange. Das Aeußerliche ist nichts, als die Endung, die Gränzen des Innern – und das Innre eine unmittelbare Fortsetzung des Aeußern.

Es ist also ein wesentliches Verhältniß zwischen seiner Außenseite, und seinem Innwendigen.

Der Mensch ist das vollkommenste aller, unsern Sinnen bekannten, organischen Wesen; das lebendigste unter allen. Es sind in keinem einzigen organischen Wesen so mannichfaltige Leben vereinigt, wie in dem Menschen. Er hat ein *physisches*, ein *intellectuelles*, ein *moralisches* Leben. Er hat Verstand, Willen, Kraft. Er kann *erkennen*, das Erkannte *wünschen* und *verlangen* – und sich wenigstens einen großen Theil davon *verschaffen*. Dieß dreyfache Leben im Menschen ist – zwar aufs genauste, vereinigt, und vielleicht im Grunde nur *Eins*; aber es läßt sich dennoch nicht nur in Gedanken unterscheiden, sondern es ist wirklich in dem Menschen selbst verschieden. So verschieden, als ein Glied vom andern ist. Jedes dieser Leben hat seinen eigenthümlichen Sitz, seine besondern Werkzeuge und Vehikuln. Keine Sache in der Welt ist gewisser, und keine scheint mehrerm Streit ausgesetzt, oder weniger ausdrücklich zugestanden zu seyn, als diese. Eine gewisse, – will's Gott – ihrem Untergang nahe Afterphilosophie, die Feindin der Natur – die alles sahe, was – nicht war, und nur das nicht, was war; – die viel zu stolz war, den gemeinen Menschenverstand auf das anzuwenden, was in die Sinne fiel, und lieber Systeme baute, mit denen weder die Sinne noch die Erfahrung zu thun hatte – Diese Afterphilosophie, sag' ich – hat uns uns selbst und unsern natürlichen Wahrnehmungen und Empfindungen so weit entführt, daß wir kaum glauben zu sehen, was wir sehen, und zu empfinden, was wir empfinden. Wenn uns diese Philosophie nicht blendet – wenn wir bloße Beobachter unserer Natur sind, so werden wir finden, daß der *Sitz der Denkenskraft* in unserm *Haupte* und zwar innerhalb der Stirne, der Sitz der Begierde, des Verlangens, mithin des *Willens* im Herzen, und der Sitz unserer *Kraft* im ganzen Körper und vornehmlich in der Hand und im Mund ist.

Noch kein gesunder vernünftiger Mensch hat behaupten
dürfen, daß das moralische Gefühl seinen Sitz im Haupte,
und der Verstand im Herzen habe, oder, daß wir mit dem
Verstand und Herzen ohne Körper, wirken, das ist, außer
uns Veränderungen hervorbringen können – und dennoch,
so abgeschmackt es wäre, so etwas zu behaupten, so getraut
sich dennoch beynahe niemand, dem andern ausdrücklich
zu gestehen: mein denkendes Ich ist im Kopfe; mein emp-
findsames, begehrendes, wollendes oder moralisches Ich im
Herzen; mein wirkendes Ich im ganzen Körper, besonders
im Munde und in der Hand; mithin ist das, was man meine
Seele, den unsichtbaren, herrschenden, belebenden Theil
meiner Natur nennt – im ganzen Körper; sondern man will,
weil's einmal eine gewisse Modephilosophie so will, lieber
behaupten – trotz aller Unmöglichkeit, es zu beweisen, trotz
aller widersprechenden Erfahrungen – behaupten; »meine
Seele ist eine einfache Substanz, (dieß behauptet ein unbekannter, sonst sehr verdienstvoller Schriftsteller) ist, so wie
eine *Stunde*, nicht in meinem Körper – und nicht außer
demselben – und dennoch etwas Wirkliches« – oder: »Sie hat
ihren Sitz in irgend einem atomischen Punkte des Körpers –
und zwar ausschließender Weise im Haupte,« oder: »sie ist
nirgends und ist doch« u. s. w. – und alles ist bloß Vorstellungskraft in ihr; »sie ist eine einfache Substanz – folglich hat
sie nur – Eine Kraft, folglich nur die Vorstellungskraft,
folglich ist moralisch Gefühl und körperliche Wirksamkeit
nichts als leidsame Vorstellungskraft – folglich ist alles im
Menschen nur Gedanke« – Ich will auch noch ein *Folglich*
beysetzen, und folglich, antwort' ich – sind alle deine
Schlüsse falsch, weil sie die unmittelbare tägliche Empfindung und Erfahrung aller Menschen umstoßen. –
   Dreyfach also, sag' ich, ist das Leben der Menschen, und
jedes dieser Leben ist von dem andern abhängig und unabhängig. Man kann animalisch leben, animalisch gesund, und
moralisch krank oder todt, moralisch gesund und lebendig,
und physisch krank seyn – Man kann sehr scharfsinnige

Schlüsse machen, und moralisch und physisch krank seyn. Die wirkliche Verschiedenheit dieser Leben erhellet nirgends her mehr, als aus der Verschiedenheit der Nahrung, die sie zu ihrer Unterhaltung bedürfen. Erkenntniß, Wahrheit, Wissenschaft in Worten und symbolischen Zeichen ist Nahrung für das Leben des Verstandes; rührende Beyspiele, sinnliche Darstellung der Bedürfnisse anderer, und entsprechender Hülfsbegierde und Hülfskraft, Nahrung für das Herz; Speise und Trank, oder – Fleisch und Blut anderer organischer Körper, die Nahrung für das physische Leben. Man kann einen Thoren mit Brod und Wein nicht zu einem Weisen machen; alle mathematische Demonstrationen werden das moralische Gefühl nicht beleben; und alles Moralisiren wird uns nicht beym Leben und bey Kräften erhalten. –

Die Verschiedenheit, und wenn ich so sagen darf, die Dreyfachheit des Lebens im Menschen ist also offenbar. So dreyfach indeß das menschliche Leben ist, so ist es dennoch im Grunde nur Eines. Eben dasselbe einzige Ich denkt im Kopfe, empfindet im Herzen, leidet und handelt durch die Sinne. Jeder Zweig dieses Lebens rührt von *Einem* Geiste her – Und damit ich wieder auf die Hauptsache einlenke, jede Art des Lebens haftet in körperlichen Organen. Es ist uns kein Leben in der ganzen Natur bekannt, das nicht in einem organischen Körper hafte; nicht nach der Verschiedenheit dieses organischen Körpers verschieden sey, nicht mit demselben entstehe, und mit demselben zu Grunde gehe. Und so ist es auch mit dem intellectuellen, moralischen und animalischen Leben der Menschen. Jedes hat sein körperliches Organum. Jedes ist nach der Verschiedenheit dieses Organons verschieden. Jedes entsteht und vergeht mit dem ihm angewiesenen Organum – (so weit nämlich unsere bisherigen *Beobachtungen* reichen; ich sage *Beobachtungen*, denn was philosophische Vermuthungen oder göttliche Offenbarungen uns weiter hierüber mehr oder weniger klar und bestimmt sagen, das läßt der *bloß beobachtende* Naturforscher, als *solcher*, auf der Seite) Alles also an dem Men-

schen ist, bloßen klaren Beobachtungen zufolge – *physisch*.
Der Mensch ist im Ganzen, ist in allen seinen Theilen, nach
allen seinen Kräften und Eigenschaften, *in so fern er beobachtet werden kann*, bloß ein physisches Wesen. Sein Verstand ist nichts mehr, sein intellectuelles Leben ist hin, wenn
gewisse Gegenden und Fibern seines Gehirns verletzt, oder
gekränkt werden. Er wird animalisch leben können, gesund
seyn können – und sein intellectuelles Leben wird hin seyn –
Der allermoralischte Mensch wird der unmoralischte werden können, das heißt, alle Begehrungskräfte des Menschen
werden zum Schaden, zur Zerrüttung anderer geschäfftig
seyn, oder sein moralisches Gefühl wird gleichsam stocken,
wenn gewisse Unordnungen in seinem Unterleibe oder seinem Kopfe herrschen. Man haue einem Menschen die Hand,
man stoße ihm die Füße ab – man verstümmle ihn von
außen, und verwunde viele Theile seines Körpers – sein
animalisches Leben wird sich vermindern, seine physische
Wirksamkeit sich einschränken – – aber sein intellectuelles
und moralisches wird dasselbe bleiben können. Jedennoch
ist wiederum wahr, daß ungeachtet jedes gewissermaßen für
sich allein zu bestehen, und von dem andern unabhängig zu
seyn scheint, dennoch der genauste Zusammenhang unter
ihnen ist, und Eins mit dem andern in Eins zusammen fließt;
daß Speise und Trank, Schlaf und Erhohlung alle drey
stärken und erfrischen; Unmäßigkeit, Schlaf, Ohnmacht alle
drey zugleich – beynahe auslöschen können. Es ist gewiß,
daß dasselbe Blut aus dem Herzen in den Kopf steigt, und
aus dem Kopfe ins Herz zurück kehrt. Gewiß, daß die
Nerven und Fibern des Herzens und des Kopfes in der
genauesten Verbindung stehen, einen analogischen Character haben – mithin, daß sich vom Geblüte im Haupte auf das
Geblüt im Herzen, von dem Character der Nerven und
Muskeln des Angesichts auf das Innere der Brust des Menschen schließen läßt. Diese gewisse Erfahrungswahrheit ist
in Absicht auf die Kenntniß des Menschen aus seinem
Aeußern von der größten und augenscheinlichsten Wichtig-

keit, und überhaupt alles, was wir bis dahin gesagt haben, leitet uns in dieser Absicht zu wichtigen Grundsätzen.

Wer den Menschen, das würdigste Wesen auf Erden, kennen will – der muß das Physische, das an ihm kennen, was von ihm in die Sinne fällt.

Er muß das dreyfache Leben der Menschen wohl unterscheiden – das animalische, das intellectuelle, das moralische; oder mit andern Worten, seine Kraft, seine Erkenntniß, seinen Willen.

Er muß jedes erst einzeln besonders an denen Orten, und in denen Aeußerungen, die das nächste, das unmittelbarste Verhältniß damit haben, untersuchen.

Er muß sodann diese drey Leben in ihrem Zusammenhang, ihrer Vermischung, ihrer Einfachheit, Simultanität, Verwebtheit, oder wie man es nennen will, betrachten. Das heißt – er muß die Physiognomie des Körpers, der Wirkungskräfte, oder die *physiologische*; die des Verstands, der Erkenntnißkräfte, oder die *intellectuelle*; die des Herzens, der Empfindungskräfte, der Begierden und Leidenschaften, oder die *moralische* besonders – und sodann die drey Character in *Einem* als ein Ganzes erforschen lernen.

Ob es nun, muß ich abermal fragen, eine lächerliche, eines Naturforschers, eines Weisen, eines Menschen, Christen, oder Theologen unwürdige Beschäfftigung sey, den Menschen, das Schönste und Göttlichste, was sich uns auf Erden darstellen kann, zu erkennen, und zu erforschen – und durch *die* Mittel und Wege, *die* Merkmaale zu erforschen, durch welche allein er am nächsten und unmittelbarsten erforscht werden kann – wird wohl keine Frage mehr seyn? Jeder, der dieß ins Gelächter ziehen kann, zeigt, daß er nicht die mindeste Kenntniß von seiner eignen Natur habe, und daß er selbst im höchsten Grade belachenswürdig sey.

Von der Wahrheit der Physiognomie.

Einer der vornehmsten Zwecke meines Werkes ist, zu beweisen, darzuthun, fühlbar zu machen, daß es eine Physiognomie giebt; daß die Physiognomie Wahrheit, das ist, daß sie wahrer sichtbarer Ausdruck innerer an sich selbst unsichtbarer Eigenschaften ist. Da nun jede Zeile des ganzen Buches diesen Zweck mittelbar oder unmittelbar erreichen hilft, so werde ich also keine besondere *ausführliche* Abhandlung über die Wahrheit, und die innere objectivische Zuverläßigkeit der Physiognomieen voransetzen. Ich würde darinn beynah alles das sagen müssen, was ich in den folgenden Bruchstücken, bey verschiedenen Beyspielen schicklicher, verständlicher und einleuchtender zu sagen Gelegenheit haben werde.

Also hier nur einige vorläufige, vorbereitende – Gedanken.

Alle Gesichter der Menschen, alle Gestalten, alle Geschöpfe sind nicht nur nach ihren Klassen, Geschlechtern, Arten, sondern auch nach ihrer Individualität verschieden.

Jede Einzelheit ist von jeder Einzelheit ihrer Art verschieden. Es ist die bekannteste, aber für unsere Absicht die wichtigste, die entscheidendste Sache, die gesagt werden kann: »Es ist keine Rose einer Rose, kein Ey einem Ey, kein Aal einem Aale, kein Löwe einem Löwen, kein Adler einem Adler, kein Mensch einem andern Menschen vollkommen ähnlich.«

Es ist dieß, (damit wir nun bey dem Menschen stille stehn,) der erste, tiefste, sicherste, unzerstörbarste Grundstein der Physiognomik, daß bey aller Analogie und Gleichförmigkeit der unzähligen menschlichen Gestalten, nicht zwo gefunden werden können, die, neben einander gestellt und genau verglichen, nicht merkbar unterschieden wären.

Nicht weniger unwidersprechlich ist's, daß eben so wenig zween vollkommen ähnliche Gemüthscharacter, als zwey vollkommen ähnliche Gesichter zu finden sind.

Mehr sollte man nicht wissen dürfen, als dieß – um es als eine keines weitern Beweises bedürfende Wahrheit anzunehmen – »daß diese äußere Verschiedenheit des Gesichtes und der Gestalt mit der innern Verschiedenheit des Geistes und Herzens in einem gewissen Verhältnisse, einer natürlichen Analogie stehen müsse« – Was? die innere zugestandne Verschiedenheit des Gemüths aller Menschen, diese – sollte von der, abermals zugestandnen, Verschiedenheit aller menschlichen Gesichter und Gestalten, diese von jener kein Grund seyn?

Nicht von innen heraus soll der Geist auf den Körper, nicht von außen herein soll der Körper auf den Geist wirken?

Zorn schwillt zwar die Muskeln auf, aber aufgeschwollne Muskeln und ein zorniges Gemüthe sollen nicht als Wirkung und Ursache angesehen werden dürfen?

Feuer, schnelle blitzähnliche Bewegung des Auges – und ein durchdringender Verstand und schneller Witz sollen zwar hundertmal beysammen gefunden werden; aber keine Beziehung auf einander haben? Sollen zufälliger Weise zusammen treffen? Zufall – soll's seyn, nicht natürlicher Einfluß, nicht unmittelbare wechselseitige Wirkung, wenn gerad in *dem* Augenblicke, da der Verstand tiefblickend, der Witz am geschäfftigsten ist, das Feuer, die Bewegung oder Stellung der Augen ebenfalls sich am merklichsten verändert?

Ein offnes, heiteres, uns gleichsam entgegenkommendes Auge, und ein offnes, heiteres, uns entgegen wallendes Herz sollen sich bey tausend Menschen zufälliger Weise beysammen finden, und keines des andern Wirkung und Ursache seyn?

In allem soll die Natur nach Weisheit und Ordnung handeln, allenthalben sollen sich Ursachen und Wirkungen entsprechen – allenthalben soll man nichts sicherer wahrnehmen, als dieß unaufhörliche Verhältniß von Wirkungen und Ursachen – Und in dem schönsten, edelsten, was die Natur hervorgebracht hat – soll sie willkührlich, ohne Ordnung, ohne Gesetze handeln? Da, im menschlichen Angesichte, diesem Spiegel der Gottheit, dem herrlichsten aller ihrer uns bekannten Werke, – da soll nicht Wirkung und Ursache, da nicht Verhältniß zwischen dem Aeußern und Innern, zwischen Sichtbarem und Unsichtbarem, zwischen Ursach' und Wirkung statt haben? –

Und das ist's, was alle Bestreiter der Wahrheit der Physiognomie im Grunde behaupten.

Sie machen die Wahrheit selbst zur unaufhörlichen Lügnerinn; die ewige Ordnung zur willkührlichsten Taschenspielerinn, die immer etwas anders zeigt, als sie sehen lassen will.

Der gesunde Menschenverstand empört sich in der That gegen einen Menschen, der behaupten kann: daß *Neuton* und *Leibnitz* allenfalls ausgesehen haben könnten, wie ein Mensch im Tollhause, der keinen festen Tritt, keinen beobachtenden Blick thun kann; und nicht vermögend ist, den gemeinsten abstrakten Satz zu begreifen, oder mit Verstand auszusprechen; daß der eine von ihnen im Schädel eines Lappen die *Theodicee* erdacht, und der andere im Kopfe eines Labradoriers, der weiter nicht, als auf sechse zählen kann, und was drüber geht, unzählbar nennt, die Planeten gewogen und den Lichtstral gespalten hätte?

Der gesunde Menschenverstand empört sich gegen eine Behauptung wie diese: ein starker Mensch könn' aussehen, wie ein schwacher; ein vollkommen gesunder, wie ein vollkommen schwindsüchtiger; ein feuriger, wie ein sanfter und kaltblütiger. Er empört sich gegen die Behauptung: Freude und Traurigkeit, Wollust und Schmerz, Liebe und Haß, hätten dieselben, das ist, gar keine Kennzeichen im Aeußerlichen des Menschen; und das behauptet der, der die Physiognomik ins Reich der Träumereyen verbannet. Er verkehrt alle Ordnung und Verknüpfung der Dinge, wodurch sich die ewige Weisheit dem Verstande so preiswürdig macht.

Man kann es nicht genug sagen, die Willkührlichkeit ist die Philosophie der Thoren, die Pest für die gesunde Naturlehre, Philosophie und Religion. Diese allenthalben zu verbannen, ist das Werk des ächten Naturforschers, des ächten Weltweisen, und des ächten Theologen.

Ich habe schon gesagt, daß ich mir in diesem Fragmente nicht selber vorgreifen wolle; aber folgendes muß ich noch sagen.

Alle Menschen, (so viel ist unwidersprechlich,) urtheilen in allen, allen, allen – Dingen nach ihrer Physiognomie, ihrer Aeußerlichkeit, ihrer jedesmaligen Oberfläche. Von dieser schließen sie durchgehends, täglich, augenblicklich auf ihre innere Beschaffenheit. Ich muß die allertäglichsten

Dinge sagen, um eine Sache zu beweisen, die so wenig
Beweise bedürfen sollte, als unsere Existenz. Aber, ich muß
den Schwachen schwach, fast möcht' ich sagen, den Thoren
ein Thor werden, um der Wahrheit willen.

Welcher *Kaufmann* in der Welt beurtheilt die Waaren, die
er kauft, wenn er seinen Mann noch nicht kennt, anders, als
nach ihrer Physiognomie? Anders, als nach dieser, wenn er
sie auf den Mann hin gekauft hat, und seiner Erwartung
gemäß, oder anders, als seine Erwartung findet? Beurtheilt
er sie anders, als nach ihrer Farbe? Ihrer Feinheit? Ihrer
Oberfläche? Ihrer Aeußerlichkeit? Ihrer Physiognomie?
Alles Geld nach seiner Physiognomie? Warum nimmt er den
Einen Louisd'or an, wirft den andern weg? Warum wiegt er
den dritten auf der Hand? Um seiner bleichern oder röthern
Farbe, seines Gepräges, seiner Aeußerlichkeit, seiner Physiognomie willen? – Kommt ein *Unbekannter*, der ihm
etwas verkaufen, oder abkaufen will, auf sein Comtoir, wird
er ihn nicht ansehen? Nichts auf sein Gesicht rechnen? Wird
er nicht, kaum mag er weg seyn, ein Urtheil über ihn fällen?
»Der Mann hat ein ehrliches Gesicht;« oder: »Er hat ein
schlimmes Paar Augen;« oder: »Er hat was Widriges oder
Einnehmendes.« Urtheil' er richtig, oder unrichtig, was
thut's zur Sache? Er urtheilt. Er urtheilt nicht ganz, aber
doch zum Theil von dem Aeußern des Menschen. Er macht
daraus einen Schluß auf sein Inneres.

Der *Bauer*, der durch seine Felder, oder durch seinen
Weinberg geht, bestimmt seine Hoffnung, wornach? Nach
der Farbe, Größe, Stellung, Aeußerlichkeit – nach der Physiognomie des blühenden Saamens, der Halmen, der Aeh-
ren, des Weinstocks, der Reben: »Diese Kornähre ist krank,
dieß Holz gesund. Dieß wird gedeyhn, jenes nicht,« sagt er
auf den ersten oder zweyten Blick; sagt bisweilen – »wie
schön diese Weinrebe scheine – sie wird wenig Trauben
bringen« – Warum? Er bemerkt, wie der Physiognomist am
schönen leeren Menschengesicht, – Leerheit des Triebes –
Und wie? Abermal an irgend einer Aeußerlichkeit?

Der *Arzt*, sieht er oft nicht mehr aus der Physiognomie des Kranken, als aus allen Nachrichten, die man ihm von seinem Patienten bringt? Wie erstaunlich weit es hierinn gewisse Aerzte bringen – kann *Zimmermann* unter manchen lebenden, und unter vielen verstorbnen *Kämpf*, dessen Sohn von den Temperamenten geschrieben hat, Beyspiel seyn.

Der *Mahler*. Doch von dem will ich nicht reden, die Sache redet, redet allzubeschämend für den bey manchem eben so kindischen als stolzen Eigensinn der angeblichen Ungläubigen an die Physiognomie. –

Der *Reisende*, der *Menschenfreund*, der *Menschenfeind*, der *Verliebte* – und wer nicht? Alle handeln nach ihrem wahren oder falschen, klaren oder konfusen physiognomischen Urtheil und Gefühle. Dieß Urtheil, dieß Gefühl erweckt Mitleiden oder Schadenfreude, Liebe oder Haß, Mißtrauen oder Zuversicht, Zurückhaltung, oder Offenherzigkeit.

Und wird der Himmel nicht täglich nach seiner Physiognomie beurtheilt?

Keine Speise, kein Glas Wein oder Bier, keine Schale Koffee oder Thee kömmt auf unsern Tisch, von deren Physiognomie, deren Aeußerlichkeit, wir nicht sogleich auf ihre innere Güte oder Schlechtigkeit einen Schluß machen.

Man bringt uns ein Körbgen mit Birnen oder Aepfeln; warum suchen wir aus? Warum wählen wir die einen, und lassen die andern liegen? Warum ruft uns, wenn wir aus Bescheidenheit ein schlechteres Stück wählen, die gefällige Höflichkeit zu: »Lassen Sie dieses liegen! Nehmen Sie das bessere!« Warum? Um der Physiognomie willen!

Ist nicht die ganze Natur Physiognomie? Oberfläche und Innhalt? Leib und Geist? Aeußere Wirkung und innere Kraft? Unsichtbarer Anfang; sichtbare Endung?

Welche Kenntniß, die der Mensch immer besitzen mag, gründet sich nicht auf Aeußerlichkeit, auf Character, auf Verhältniß des Sichtbaren zum Unsichtbaren, des Wahrnehmlichen zum Unwahrnehmlichen? –

Die Physiognomik in weiterm und engerm Verstande ist die Seele aller menschlichen Urtheile, Bestrebungen, Handlungen, Erwartungen, Furchten, Hoffnungen, aller angenehmen und unangenehmen Empfindungen, welche durch Dinge außer uns veranlasset werden.

Von der Wiege an bis zum Grabe, in allen Ständen und Altern, bey allen Nationen, von Adam an bis auf den letzten, der sterben wird, vom Wurm an, den wir zertreten, bis auf den erhabensten Weisen, und warum nicht bis auf den Engel? warum nicht bis auf Jesum Christum? – ist die Physiognomie der Grund von allem, was wir thun und lassen.

Jedes Insekt kennt seinen Freund und seinen Feind; jedes Kind liebet oder fürchtet, ohne zu wissen warum, durch die Physiognomik; und es lebt auf dem Erdboden kein Mensch, der sich nicht täglich durch die Physiognomie leiten läßt; kein Mensch, dem sich nicht ein Gesicht vorzeichnen ließe, das ihm entweder äußerst liebenswürdig, oder äußerst abscheulich vorkommen müßte; kein Mensch, der nicht jeden Menschen, der das erstemal zu ihm kömmt, mehr oder minder *anschaut, mißt, vergleicht*, und physiognomisch beurtheilt, wenn er auch das Wort *Physiognomie* in seinem Leben nie gehöret hat; kein Mensch, der nicht alle Sachen, die ihm durch die Hände gehen, physiognomisch, das ist, den innern Werth derselben nach ihrem Aeußerlichen beurtheilt.

Selbst die so sehr der Physiognomik entgegengeworfne Verstellungskunst gründet sich bloß auf die Physiognomik. Warum ahmt der Heuchler dem Redlichen nach? Als weil er, und, wenn's noch so leise, noch so wenig herausgedacht wäre, weil er denkt, aller Augen bemerken den Character der Redlichkeit? –

Welcher *Richter* – von Verstand und Unverstand – er mag's sagen oder nicht, dawider protestiren oder nicht, – richtet in diesem Sinne nie nach dem Ansehen der Person? Welcher kann, darf, soll ganz gleichgültig seyn, in Ansehung des Aeußerlichen der Personen, die ihm vorgestellt werden?*) – Welcher *Regent* erwählt einen Minister, ohne auf sein Aeußerliches mit ein Auge zu werfen, und ihn darnach, wenigstens zum Theil, wenigstens bey sich selbst zu beurtheilen? Der *Officier* wählt keinen Soldaten, ohn' auf sein Aeußerliches – die Länge nicht gerechnet, mit zu sehen. Welcher *Hausvater* wählt einen Bedienten, welche *Frau* eine Magd, daß ihr Aeußerliches, daß ihre Gesichtsbildung, sie mögen richtig oder unrichtig urtheilen, mögen sich's bewußt oder unbewußt seyn, – bey der Wahl nicht mit in Anschlag komme?

Blos das flüchtige Andenken an die unzähligen vor Augen liegenden Beyspiele, die das allgemeine stillschweigende Eingeständniß aller Menschen, daß sie ganz von der Physiognomie geleitet werden, unwidersprechlich bestätigen, ermüdet mich, und Widerwillen ergreift mich, daß ich, um Gelehrte von Wahrheiten zu überzeugen, Dinge schreiben muß, die jedes Kind weiß, oder wissen kann.

Wer Augen hat zu sehen, der sehe, wen aber das Licht, nahe vors Gesicht gehalten, toll macht, der mag mit der Faust drein schlagen, und sich die Finger dran verbrennen. Ich rede nicht gern diese Sprache; aber ich darf, ich muß dreiste reden, weil ich dessen, was ich sage und sagen werde, gewiß bin, und weil ich im Stande zu seyn glaube, mich der Ueberzeugung aller redlichen und aufmerksamen Freunde der Wahrheit durch Gründe, die schwerlich zu widerlegen seyn dürften, bemächtigen zu können, und weil ich es nicht für unwichtig halte, den muthwilligen Kitzel einiger großen Tongeber zur bescheidenen Zurückhaltung ihrer despotischen Urtheile herabzustimmen. Es bleibt also dabey, nicht deswegen, weil ich es sage, sondern, weil's auffallend wahr

*) Ac mihi quidem cum illa certissima sunt visa argumenta, atque indicia sceleris, tabellae, signa, manus, denique vnius cujusque confessio: tum multo certiora illa, color, oculi, vultus, taciturnitas. Sic enim constupuerant, sic terram intuebantur, sic furtim nonnunquam inter se conspiciebant, vt non ab aliis judicari, sed ipsi a se viderentur. *Cicero.*
Conscientia eminet in vultu. *Seneca.*

ist – weil's wahr seyn würde, wenn's nicht gesagt würde – Es bleibt also dabey, daß die *Physiognomie* alle Menschen, sie mögen's wissen, oder nicht, täglich leitet – daß, wie *Sulzer* sagt, jeder Mensch, er mag's wissen, oder nicht, etwas von der Physiognomik versteht; daß nicht *ein* lebendiges Wesen ist, welches nicht aus dem Aeußerlichen auf das Innere, wenigstens nach seiner Art, Schlüsse macht, nicht von dem, was in die Sinne fällt, das beurtheilt, was an sich nicht in die Sinne fallen kann.

Diese Allgemeintheit des, wenigstens stillschweigenden, Eingeständnisses, daß das Aeußere das Sichtbare, die Oberfläche der Sache, das Innere die Eigenschaft desselben anzeige; daß alles Aeußere *Ausdruck* von der Beschaffenheit des Inwendigen sey, ist, deucht mich, in Absicht auf die *menschliche Physiognomie* von der äußersten Wichtigkeit und einer entscheidenden Klarheit.

Wenn jede Birne, muß ich wieder sagen, wenn jeder Apfel eine eigenthümliche Physiognomie hat, sollte der Herr der Erde keine haben? Das Allereinfachste und Lebloseste hat sein characteristisches Aeußerliches, wodurch es sich von allem, selbst von allem Seines gleichen, unterscheidet – und das schönste, edelste, zusammengesetzteste, belebteste soll keine haben? –

Was man also auch immer und immer, von berühmten Akademien an bis zum blödsichtigsten Pöbel herunter, wider die innere Zuverläßigkeit und Wahrheit der Menschenphysiognomie sagen mag, und sagen wird, so sehr man auch immer auf jeden, der sich merken läßt, daß er an die Allbedeutsamkeit des menschlichen Körpers glaube, mit dem beleidigenden Blicke des philosophischen Stolzes oder Mitleidens herablächeln mag; so ist und bleibt dennoch auch in dieser Absicht keine interessantere, nähere, beobachtungswürdigere Sache, als der Mensch, und es kann überhaupt kein interessanteres Werk geben, als eines, das dem Menschen die Schönheiten und Vollkommenheiten der menschlichen Natur aufdeckt.

Die Physiognomik, eine Wissenschaft.

»Aber nie, und wenn wirklich auch etwas Wahres dran seyn sollte, nie wird die Physiognomik eine *Wissenschaft* werden.«*) – Das ist's, was tausend Leser und Nichtleser dieser Schrift sagen, – und vermuthlich, so leicht und klar sich auch diese Einwendung beantworten, und so wenig sich auch wider die Antwort sagen läßt, als wenn nichts drauf gesagt worden wäre, fortbehaupten werden.

Und was läßt sich darauf antworten?

»Die Physiognomik kann eine Wissenschaft werden, so gut als alle unmathematische Wissenschaften!«

So gut als die *Physik*; – denn sie ist Physik! So gut, als die *Arzneykunst*, denn sie ist ein Theil der Arzneykunst! So gut als die *Theologie*, denn sie ist Theologie!**) So gut als die *schönen Wissenschaften*, denn sie gehört zu den schönen Wissenschaften.

So wie diese alle kann sie bis auf einen gewissen Grad unter bestimmte Regeln gebracht werden; hat sie ihre bestimmbaren Charactere – die sich lehren und lernen, mittheilen, empfangen und fortpflanzen lassen. So wie diese alle muß sie sehr vieles dem Genie, dem Gefühl überlassen; hat sie für vieles noch keine bestimmte, oder bestimmbare Zeichen und Regeln.

Wer die leichte, jedem Kinde mögliche, Mühe nehmen mag, das nicht aus den Augen zu setzen, was alle, wenigstens unmathematische, und nicht rein mathematische Wissenschaften gemein haben – der sollte sein Lebtag nichts mehr gegen die Wissenschaftlichkeit der Physiognomik einwenden. Entweder wird er allen Wissenschaften diesen

---

*) Wenigstens von den Philosophen der Baumgartenschen Schule werd' ich diesen Einwurf nicht zu besorgen haben. Man kennt seine idealische Definition von *Scientia*, und dennoch macht er sich kein Bedenken, die *Semiotik* unter die Wissenschaften zu setzen. *Est Scientia Signorum.* Metaph. §. 349.

**) So gut wenigstens als die Lithotheologie!

Namen absprechen, oder ihn der Physiognomik so gut als einer andern geben müssen.

So bald eine Wahrheit oder eine Erkenntniß Zeichen hat, so bald ist sie wissenschaftlich, und sie ist es so weit, so weit sie sich durch Worte, Bilder, Regeln, Bestimmungen mittheilen läßt. Es wird also blos darauf ankommen, ob sich der auffallende unläugbare Unterschied der menschlichen Gesichtsbildungen und Gestalten – nicht nur dunkel wahrnehmen, sondern unter bestimmte Charactere, Zeichen, Ausdrücke bringen lasse? Ob gewisse Zeichen der Stärke und der Schwäche, der Gesundheit und der Krankheit des Körpers, der Dummheit und des Verstandes, der Großmuth und Niederträchtigkeit, der Tugend und des Lasters, u. s. f. sich angeben und mittheilen lassen? – Dieß ist bey der gegenwärtigen Frage der einzige Untersuchungspunkt. – Dem muß es entweder an Logik, oder an Wahrheitsliebe fehlen, der statt dieß zu untersuchen, wider die Physiognomik deklamirt; den Verfasser lächerlich macht, oder – statt der Antwort auf die lichthellste Frage – eine irgendwo aufgehaschte Lüge wider ihn – erzält, niederschreibt, drukken läßt, – gemäß dem Geiste des Muthwillens, der in unserm Jahrhunderte so mächtig arbeitet, die getriebensten Bahnen durch Staubaufwühlung zu bedecken!

Was würdest du sagen, lieber Leser, wenn jemand Naturforschung, Arzneywissenschaft, Gottesgelehrsamkeit, Schönewissenschaft, – u. s. w. außer das Gebiet der Wissenschaften verbannte – deswegen, weil in jeder so viele unbearbeitete Felder voll Dämmerung, Unsicherheit, Unbestimmtheit sind?

Nicht wahr, mein Freund, bis auf einen gewissen Grad kann der Physiker seine klaren Wahrnehmungen verfolgen, sie zerlegen, sie in Worte kleiden und fortpflanzen; sagen: »So und so hab' ich geforscht! dieß und jenes beobachtet! so viel Beobachtungen gesammelt; so geschlossen – den Weg bin ich gegangen, den gehe auch du!« – Aber wird er das immerhin sagen können? Wird der feine Beobachtungsgeist

nie zu solchen Beobachtungen vorfliegen, die sich nicht
mittheilen lassen? nie weiter *sehen*, als er dem, der ihm
nachstrebt, oder nachkriecht, *zeigen* und vorbuchstabieren
kann? – und ist deswegen die *Physik* weniger *Wissenschaft*? –
– Wie viel Vorempfindung der Wahrheit hatte *Leibnitz*, ehe
Wolf die Kreise, die sein Genius durchflog, zu Bahnen
machte, die nun jeder kalte Logiker betreten und ruhig
wandeln kann? Mit welcher Wissenschaft ist's anders?
Fängt's je bey der *Wissenschaft* an? Ist's nicht tausendmal
Adlerflug oder Adlerblick, der Jahrhunderten voreilt? Wie
lang währt's, bis dann *Wolfe* kommen, und zu jeder erfun-
denen, vorhergefühlten, vorhererblickten oder erhaschten
Wahrheit – den Hin- und Herweg finden, betreten, bahnen?
– Welcher der neuern Weisen ist wissenschaftlicher, als
Bonnet? Wer verbindet so glücklich *Leibnitzens Genie* und
Wolfens Kaltblütigkeit und *Deutlichkeit*? Wer ist mehr
Beobachter, als Er? Wer unterscheidet mehr das Wahr-
scheinliche vom Wahren? die Beobachtung von der Folge-
rung? Wer führt euch mehr, wer sanfter und anmuthiger an
der Hand – – aber, wem wird er alle sein vorauseilendes
Wahrheitsgefühl, dieß *Resultat* und diese *Quelle* von vielen
kleinen unbestimmbaren, schnellen, tiefdringenden Beobachtungen – wem dieß mittheilen, wem in Zeichen, Tönen,
Bildern und Regeln auflösen können? – und ist's anders mit
der Arzneywissenschaft? mit der Gottesgelehrsamkeit? mit
welcher Wissenschaft, welcher Kunst anders? –

Mahlerkunst, die Mutter und Tochter der Physiognomik
– Ist sie nicht *Wissenschaft*, und wie wenig ist sie's? »Das ist
Ebenmaaß, jenes Mißverhältniß – dieß Natur, Wahrheit,
Leben, athmende Kraft, jenes Zwang, falschbeleuchtet, unedel, heßlich« – Das kannst du sagen, mit Gründen beweisen, die jeder Schüler fassen, behalten und wiedererzählen
kann – aber kannst du mit allen Collegien über Mahlerey –
einem Mahlergenie geben – so wenig, als durch alle Lehrbü-
cher und Lehrmeister der Schönenwissenschaften – Dichtergenie einhauchen? Wie unermeßlich weit fliegt der Mahler,

der Dichter, den Gott schafft – über alles hinauf, was sich in wörtliche Regeln fassen läßt? Ist aber deswegen, weil sich sein Großgefühl, seine Blicke und Triebe und Kräfte nicht in Gemeinformen gießen, nicht in Regeln bringen lassen, nichts Wissenschaftliches, nichts Bestimmbares in dieser Kunst?

So nun auch in der Physiognomik. Bis auf einen gewissen Grad läßt sich physiognomische Wahrheit bestimmen – in Zeichen und Worte fassen, mittheilen – sagen: »das ist Character hohen Verstandes – dieser Zug ist der Sanftmuth, dieser dem wilden Zorn eigen! *So* blickt die Verachtung! *So* die Unschuld! wo dieß Zeichen ist – da ist diese Eigenschaft!« – Läßt sich sagen: »So mußt du beobachten! den Weg mußt du gehen, dann wirst du finden, was ich fand, dann hierinn zur Gewißheit kommen!« – Aber soll der geübte Beobachter der Feinergebaute auch hier, wie in allen andern Dingen, die *Wissenschaft* heißen, nicht mehr, nicht heller, nicht tiefer sehen? nicht weiter fliegen? nicht häufig Anmerkungen machen, die sich nicht in Worte kleiden, nicht in Regeln bringen lassen? und sollte deswegen das, was sich in Zeichen ausdrücken, und in Regeln mittheilen läßt, weniger *Wissenschaft* heißen? Hat die Physiognomik dieß nicht mit allen Wissenschaften gemein? Oder, nochmals, wo ist die Wissenschaft, wo alles bestimmbar – nichts dem Geschmacke, dem Gefühle, dem Genius übrig gelassen sey? – Wehe der Wissenschaft, wenn eine solche wäre! –

Albrecht Dürer maß; *Raphael* maß und *fühlte* den Menschen. Jener zeichnete Wahrheit, wissenschaftlich; dieser gemessene, idealisirte – und doch nicht weniger wahre Natur.

Der blos wissenschaftliche Physiognomist mißt wie *Dürer*; das physiognomische Genie mißt und fühlt, wie *Raphael*. Je mehr indeß die Beobachtung sich verschärft; die Sprache sich bereichert; die Zeichnungskunst fortschreitet; – der Mensch, das Nächste und Beste dieser Erden, den Menschen studirt – desto wissenschaftlicher, das ist, desto bestimmter, desto lernbarer, und lehrbarer wird die Physiognomik. – Sie wird werden die Wissenschaft der Wissenschaften, und dann keine Wissenschaft mehr seyn – sondern Empfindung, schnelles Menschengefühl! denn – Thorheit, sie zur Wissenschaft zu machen, damit man drüber reden, schreiben, Collegia halten und hören könne! dann würde *sie* nicht mehr seyn, was sie seyn soll. – Wie viel Wissenschaften und Regeln haben den Genies, wie viel Genies den Wissenschaften und Regeln ihr Daseyn zu danken? – Also – Was soll ich sagen? was soll ich thun? – Physiognomik wissenschaftlich machen? – oder nur, den Augen rufen zu *sehen*? die Herzen wecken, zu empfinden? – und dann hier und dort, einem müßigen Zuschauer, daß er mich nicht für einen Thoren halte, in's Ohr sagen: »Hier ist was, das auch *du* sehen kannst. Begreif nun, daß andere mehr sehen!« –

Das letzte, was ich diesem Fragmente noch beysetze – sey, wiewohl es in anderer Absicht gesagt worden seyn mag, einem großen Manne nachgestammelt, der nebst vielen tiefen und seltenen Kenntnissen auch die Gabe der Geisterprüfung hatte, vermittelst welcher er blos durch den äußerlichen Blick entschied, ob einer, den keine Arzneykunst heilen konnte, den Glauben hatte – gesund zu werden – »Jetzt erkennen wir noch Stückweise – und unser Auslegen und Commentiren ist Stückwerk! weg mit diesen Fragmenten, wenn die Vollkommenheit kömmt! Noch ist's Stammlen eines Kindes, was ich schreibe! Kindische Einfälle und Bemühungen werden sie mir einst scheinen, wenn ich Mann seyn werde! Denn jetzt sehn wir die Herrlichkeit des Menschen nur durch ein düster Glas – bald von Angesicht zu Angesicht – Itzt fragmentsweise; dann werd ich's durch und durch erkennen – wie ich – von dem erkennt bin, aus dem und durch den und in dem alle Dinge sind! Ehr' sey ihm in Ewigkeit! Amen!«

Von der Harmonie der moralischen und körperlichen Schönheit.

Es fragt sich: »Ist eine sichtbare, erweisliche Harmonie und Zusammenstimmung der moralischen und körperlichen Schönheit? Eine Harmonie zwischen moralischer und körperlicher Häßlichkeit? und eine wesentliche Disharmonie zwischen moralischer Schönheit und körperlicher Häßlichkeit; zwischen moralischer Häßlichkeit und körperlicher Schönheit?«

Von Millionen Stimmen der Natur wird diese Frage laut bejahet; wie könnt' ich sie verneinen? – –

Es wird auf Beweise ankommen. Möchte der Leser mit der Geduld sie hören und prüfen – mit welcher ich sie vorlegen will. Es wird eine Zeit kommen, hoffe ich, fast möcht' ich sagen, ich verheiß' es, eine bessere Zeit, wo mich jedes Kind auslachen wird, daß ich dieses noch erst bewiesen habe – vielleicht auch das Zeitalter auslachen – oder edler beweinen wird, wo es Menschen gab, denen man dieses noch beweisen mußte!

Höre die Stimme der Wahrheit, wer will, ich kann nur etwas von dem nachstammeln, was ich aus ihrem Munde vernehme.

Wahrheit ist Wahrheit, werde sie angenommen oder nicht! Mein Ausspruch macht nicht wahr, was wahr ist; aber weil's wahr ist, will ich reden!

Voraus gesetzt! – daß wir das Werk einer höchsten Weisheit – seyn – fällt's nicht sogleich auf, daß es unendlich schicklicher ist – daß zwischen physischer und moralischer Schönheit Harmonie sey – als daß keine sey? daß es schicklicher sey – der Urheber aller moralischen Vollkommenheit drücke sein höchstes Wohlgefallen daran – durch eine natürliche Uebereinstimmung der physischen mit der moralischen aus? Man setze doch nur das Gegentheil – wer wird an eine unendliche Weisheit und Güte glauben – und den Gedanken ertragen können. – »Nicht etwa nur zufälliger Weise, nur unter gewissen Umständen geschiehet es – sondern es ist so die allgemeine Einrichtung und Natur der Dinge – daß, wo die höchste moralische Vollkommenheit ist, die höchste physische Unvollkommenheit zum Vorschein komme, daß der tugendhafteste Mensch der häßlichste; der erhabenste, edelste, großmüthigste Wohlthäter des menschlichen Geschlechts – das ekelhafteste Geschöpf sey – daß Gott der Tugend alle Schönheit versage, um sie ja nicht zu empfehlen, daß die ganze Natur darauf eingerichtet sey, das, was der Gottheit das Liebste, und an sich das Liebenswürdigste ist, gleichsam mit dem Siegel seines Mißfallens zu stempeln.« – Wer, Brüder, Freunde der Tugend, Mitanbeter der höchsten Weisheit, die lauter Güte ist – wer kann diesen – beynah' hätt' ich gesagt, gotteslästerlichen Gedanken ertragen? –

Setzet den ähnlichen Fall mit dem Verhältniß der Erkenntnißfähigkeiten zu der körperlichen Feinheit. Könnt ihr's schicklich, der höchsten Weisheit angemessen finden – in dem Maße Plumpheit zum Vorschein kommen zu lassen, in welchem die innere Verstandskraft da ist, und sich entwickelt? Saget, was ihr wollt, nimmermehr könnt ihr es – und wie unendlich viel weniger liegt doch an dieser, als an jener Harmonie? Wie unendlich viel mehr ist dem Urheber unserer Natur um die Entwicklung und Vervollkommnung des moralischen Theils unserer Natur zu thun, als des intellectuellen? –

Weiter – wer wird es schicklich, und der höchsten Weisheit angemessen finden können, daß sie dem schwächsten Körper die Form und den Schein des stärksten, und dem stärksten die Form und den Schein des schwächsten gebe? (Ich rede nicht von Zufälligkeiten und Ausnahmen, ich rede von durchgängig allgemeiner Einrichtung der Natur –) – Und doch wäre diese Vorstellung, diese unwürdige Spielsucht noch Weisheit und Würde – in Vergleichung mit dem Betragen – zwischen moralischer und physischer Schönheit eine sichtbare Disharmonie in der ganzen Natur zu veranstalten.

Doch ich will es zugeben: dergleichen metaphysische Präsumtionen, so einleuchtend sie scheinen, und so viel sie wenigstens bey gewissen Leuten gelten sollten, sind nicht beweisend genug. Es kömmt auf die Wirklichkeit der Sache in der Natur, mithin auf sichere Beobachtungen und Erfahrungen an.

Ich setze zum voraus, was auch der schlechteste Beobachter seines eigenen oder anderer Angesichter nicht mehr läugnen kann: Jeder Gedankenzustand, jeder Empfindungszustand der Seele hat seinen Ausdruck auf dem Gesicht. Unähnliche Zustände der Seele haben nicht ähnliche Ausdrücke des Angesichts, und ähnliche Zustände nicht unähnliche Ausdrücke.

Ich setze voraus, was auch kein Moralist läugnen wird; daß gewisse Zustände der Seele, gewisse Empfindungen, Empfindungsweisen, Neigungen, schön, anmuthig, edel, groß sind, und jedem empfindsamen Herzen Wohlgefallen, Achtung, Liebe, Freude gleichsam abnöthigen; daß andere hingegen ganz das Gegentheil seyn, und wirken; häßlich, widrig, unangenehm, abschreckend, ekelerregend seyn!

Ich setze voraus, was jedem gesunden, auch ungeübten Auge einleuchtend ist: daß es Schönheiten und Häßlichkeiten der Züge des Angesichts gebe, (wir reden vors erste auch nur von diesem,*) was man auch für seltsame Einwendungen gegen eine wesentliche Schönheit des Körpers überhaupt, gegen ewig wahre, ständige Principien körperlicher Schönheit ausgeheckt hat: Ich stelle den schönsten Men-

---

*) Man theilt mir eben noch eine Stelle aus dem *Quintilian* mit, die ich hier, als Anmerkung, einschalten will; man könnte sie noch den obenangeführten *Zeugnissen* beyfügen: Dominator maxime vultus. Hoc supplices, hoc minaces, hoc blandi, hoc tristes, hoc hilares, hoc erecti, hoc submissi sumus. Hoc pendent homines, hunc intuentur, hunc spectant, etiam antequam dicamus. Hoc quosdam amamus, hoc odimus, hoc plura intelligimus. Hic est saepe pro omnibus verbis.

schen neben den häßlichsten, und kein Mensch wird ausru-
fen: »Jener wie häßlich! Dieser wie so reizend schön!« Und
eben derselbe schöne Mensch schneide allerley Gesichter:
Zuschauer aus allen Nationen des Erdballes werden immer
mit einer Stimme rufen: »Das war ein häßliches – das ein
scheußliches, das ein ekelhaftes – dieß nun wieder ein
ordentliches, ein anmuthiges, ein schönes Gesicht!« u. s. f.
Die meisten Einwendungen gegen eine wesentliche Schönheit, die nicht in dem willkührlichen Geschmacke des
Zuschauers bestünde, waren immer von dem verschiedenen
oft seltsamen Urtheile der Nationen über die Schönheit des
menschlichen Körpers hergenommen; allein daß alle, die zu
der Nation gehören, gerade alle die, und dann weiter keiner
mehr, ein gegebenes Ding, so seltsamer Weise für schön
oder für häßlich halten: – daß gerade alle Hottentotten, und
sonst dann niemand weiter, die unflätige Hautrinde für
Zierde; gerade nur der Mohr die Stumpfnase für schön hält,
und sonst niemand; – nur ein Völkchen die Kropfhälse liebt:
– zeigt ja klar, daß das nur die Tyranney eines hochhinabge-
erbten Nationalvorurtheils war, die das natürliche Gefühl
des Schönen in solchen Fällen zu tilgen oder zu krümmen
vermochte! Und gerade diese alle werden über den Punkt
der Schönheit und Häßlichkeit in allen großen starken in die
Augen fallenden Fällen – mit allen Einwohnern der Erden
wieder gleich urtheilen, werden das gleiche Gefühl des
Schönen und Häßlichen verrathen, wenn ihr die Fälle aus-
nehmt, *wo ein Nationalvorurtheil im Wege steht*. Ich sage
nämlich mit Vorbedacht in großen Fällen; in stark abste-
chenden Extremen von Schönheit und Häßlichkeit. Denn je
nach dem die Gegenstände vom häßlichsten und schönsten
Punkte einander näher rücken, ein desto feineres geübteres
Auge wird wiederum erfordert, es zu unterscheiden – was
man denn nun freylich bey groben Menschen nicht erwarten
darf. Und tausend Irrthümer im Punkte der Unterscheidung
und des Gefühls feinerer *Grade* von Schönheiten können so
wenig eine Einwendung gegen die immer wesentlichen

Unterschiede der Schönheiten abgeben; so wenig als zwanzig Linien um deßwillen nicht wahrhaftig *an Größe* verschieden sind, weil jede nur um einen Punkt größer ist, und also die Unterschiede zu fein sind, als daß sie gemeinen Augen sichtbar würden.

Wir fassen zusammen:

Was in der Seele vorgeht, hat seinen Ausdruck auf dem Angesichte.

Es giebt moralische Schönheiten und Häßlichkeiten.

Es giebt körperliche Schönheiten und Häßlichkeiten der Züge im menschlichen Angesichte.

Nun ist's noch um den vierten Satz zu thun: Sind die Ausdrücke der moralischen Schönheiten auch körperlich schön? die Ausdrücke der moralischen Häßlichkeiten auch körperlich häßlich? Oder ist hingegen der Ausdruck moralischer Schönheiten, Häßlichkeit, und der moralischen Häßlichkeiten, Schönheit? Oder sind die Ausdrücke moralischer Beschaffenheiten und Zustände weder schön noch häßlich? Oder ohne zureichenden Grund bald schön bald häßlich?

Wir wollen nun sehen. Man nehme zum Beyspiel nur den unmittelbaren Ausdruck von mancherley leidenschaftlichen Zuständen der Seele! – Man zeichne einem Kinde, einem Bauren, einem Kenner, einem jeden andern, das Gesicht eines *Gütigen* und eines *Niederträchtigen*, eines *Aufrichtigen*, und eines *Falschen*. – Man zeichne ihm dasselbe Gesicht in einem Augenblicke edler begegnender *Güte*, in einem Augenblicke verachtender *Eifersucht* – und frage: »welche dieser Gesichter hältst du für schön, – für die schönsten? und welche für die häßlichsten?« Und siehe da! Kind und Bauer und Kenner, werden dieselben Gesichter für die schönsten halten und alle dieselben für die häßlichsten. (Dem Kenner nur werd' ich meine Frage um etwas näher bestimmen müssen; ich werde ihm sagen müssen: »Ich frage nicht, welche sind am besten gemacht, welcher Ausdruck ist am wahrsten getroffen, welches ist der Kunst halber das schönste? sondern welche Gesichter sind an sich, ohne

Rücksicht auf die Kunst des Zeichners, schön und welche
häßlich?«)

Ich frage weiter: von welchen Leidenschaften, welchen
Gemüthszuständen, diese häßlichen, jene schönen Gesichter
der Ausdruck seyn? Und siehe! Es findet sich, daß gerade
die häßlichsten Ausdrücke auch die häßlichsten Gemüthszustände bezeichnen.

Man vergleiche auf der nächsten Tafel die Gesichter der
Gemüthsruhe, und der *Verachtung* und des *Hasses*; der
Liebe, Freude, Hochachtung und des *Zorns* – und urtheile.

Man vergleiche dann auch nur einzelne Züge, Mund und
Mund; Aug' und Aug'; Nase und Nase, Stirn und Stirn –
Wo sind die sanftfließenden, allmählig weichgebogenen,
gleichern, geordnetern Linien – die *schönern Linien? an sich*
schönern Linien, auch ohne Rücksicht auf Ausdruck? – Und
wo sind die härtern, schiefern, ungleichern Linien? die
schlechtern, *an sich* weniger schönen, an sich häßlichen
Linien? – Welches Kind, welcher Bauer wird fehl rathen!
Man kann zum Beyspiel, von dem höchsten Grade der edlen
Güte, bis zu dem höchsten Grade von Bosheit, Schalkheit,
Grausamkeit, auch nur die Umrißlinien der Lippen zeichnen, und man wird finden, daß man ordentlich von der
weichsten, schönsten Linie, zu steifern, flächern, plumpern,
dann zu schiefern, härtern, krummern, verzogenern
kommt; und daß ordentlich mit zunehmender Häßlichkeit
der Leidenschaft auch die Schönheit der Linie abnimmt.
Dieß wird sich nachher in einigen Zugaben noch auffallender zeigen.

Dasselbe gilt nun auch bey allen den tausendfältigen Ver-
mischungen und Zusammensetzungen aller moralisch schönen, und moralisch häßlichen Gemüthszustände und ihrer
Ausdrücke!

* * *

Tab II.

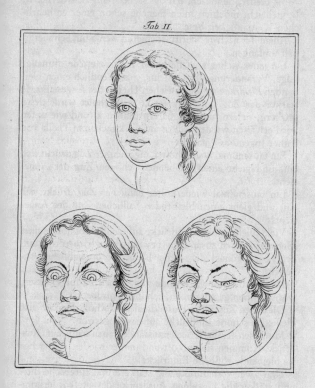

Bis hieher, denk' ich, hat die Sache wenig Schwierigkeit. Ja vielleicht möchten mich manche schon einer entbehrlichen Weitläufigkeit beschuldigen.

Allein der nächste Schritt ist eben so wenig mit Schwierigkeit umfangen.

Ein jeder vielmals wiederholter Zug, eine jede oftmalige Lage, Veränderung des Gesichts, macht endlich einen bleibenden *Eindruck* auf den weichen Theilen des Angesichts. Je stärker der Zug, und je öfter er wiederholet wird, desto stärkern, tiefern, unvertilgbarern Eindruck (und wie unten wird erwiesen werden, selbst auf die knochigten Theile von früher Jugend an) macht er.

Ein tausendmal wiederholter angenehmer Zug drückt sich ein, und giebt einen bleibenden schönen Zug des Angesichts.

Ein tausendmal wiederholter häßlicher Zug drückt sich ein, und giebt einen bleibenden häßlichen Zug des Angesichts.

Viele solche schöne Eindrücke auf die Physiognomie eines Menschen geben zusammen (bey übrigens gleichen Umständen,) ein schönes; viel solcher häßlichen, ein häßliches Angesicht.

Moralisch-schöne Zustände nun, haben zu folge dessen, was wir oben gesagt haben, schönen Ausdruck.

Dieselben Zustände, tausendmal wiederholt, machen also bleibende schöne Eindrücke auf das Angesicht.

Moralisch-häßliche Seelenzustände haben häßlichen Ausdruck. Kommen sie nun oft und immer wieder, so machen sie bleibende häßliche Eindrücke.

Und zwar verhältnißmäßig stärkere und tiefere, je öfter und stärker die einzelnen Ausdrücke des oft wiederkommenden Zustandes der Seele geschehen.

Ferner: Es giebt keinen Gemüthszustand, der nur in einem einzelnen Gliede, oder Theile des Angesichts, schlechterdings ausschließungsweise, seinen Ausdruck habe. Wenn schon der eine Zustand der Seele, sich *mehr* in diesem, als jenem Theile des Angesichts ausdrückt, in dem einen sehr starke, in dem andern beynah unmerkliche Veränderungen macht; so wird doch eine genauere Beobachtung lehren: daß bey keiner Bewegung der Seele, kein weicher Theil des Angesichts unverändert bleibt. – Was nun von einem Ausdrucke auf einem Gliede oder Theile des Angesichts wahr ist, das ist von allen wahr; *Alle* verändern sich bey schlechten Zuständen der Seele ins schlechtere; alle bey schönen ins schönere. So, daß das ganze Angesicht jedesmal ein harmonirender Hauptausdruck eines gegenwärtigen regierenden Gemüthszustandes ist.

In allen Theilen des Angesichts geben also verhältnißmäßig oft wiederholte Gemüthszustände, häßliche oder schöne bleibende Eindrücke.

Oft wiederholte Gemüthszustände geben Fertigkeiten; Gewohnheiten kommen von vorhandenen Neigungen, und geben Leidenschaften.

Also faß ich diese Sätze zusammen, und sie lauten in einem Satze also:

»Die Schönheit und Häßlichkeit des Angesichts, hat ein richtiges und genaues Verhältniß zur Schönheit und Häßlichkeit der moralischen Beschaffenheit des Menschen.«

Je moralisch besser; desto schöner.
Je moralisch schlimmer; desto häßlicher.

* * *

– Nun brechen Einwendungen hervor, wie Waldwasser. Ich höre sie rauschen. Mit furchtbarem Sturze stürzen sie daher, pfeilgrade gegen das arme Hüttgen, das ich mir gebaut hatte, und worinn mir so wohl war. – Nicht so verächtlich lieben Leute! Etwas Geduld! Nicht ein armes Strohhüttchen auf ein Sandbänkchen – ein massiver Pallast auf Felsen erbaut! Und die furchtbaren Waldströme zerschäumen, und ihre Wuth wird sich legen am Fuße des Felsen! – Oder sie mögen auch fortrauschen, der Fels steht und der Pallast! Man mag's mir verzeihen, wenn ich zuversichtlich spreche! Zuversicht ist nicht Stolz. Ich will mich demüthigen lassen, wenn ich Unrecht habe. Man spricht hoch und laut: »daß dieß tausend täglichen Erfahrungen zuwiderlaufe; wie viele häßliche Tugendhafte, und schöne Lasterhafte es nicht gebe!« Schöne Lasterhafte? Lasterhafte mit schönen Farben? Schönem Fleische, oder schönen Dingen? – Doch ich will nicht vorgreifen. Man höre Antwort!

1. Für's erste trifft diese Einwendung meinen Satz nicht recht. Ich sage nur: Tugend verschönert; Laster macht häßlich: – Ich behaupte wohl nicht: Tugend *allein* ist's, von der *alle Schönheit* des menschlichen Angesichts gewirkt wird, *Laster allein* ist's, das *häßlich* macht. Wer wollte das behaupten? Wer läugnen, daß es nicht noch andere, nähere, unmittelbare Ursachen der Verschönerung und Entstaltung des menschlichen Angesichts gebe? Es liegt am Tage! Wer dörft's, wer wollt's läugnen, daß Verstandeseigenschaften, daß am allermeisten ursprüngliche Bildung aus Mutterleibe; ferner die von dem Zöglinge selbst unabhängige Erziehung, Lebensumstände, Krankheiten, Zufälle, Beruf, Klima u. s. f. so viele nächste Ursachen der Schönheit und Häßlichkeit der Menschen sind, und abgeben können? Völlig analogisch ist meine Behauptung mit dem unläugbaren Satze: »Tugend befördert die äußere Wohlfahrt des Menschen, und Laster zerstört sie.« Wird's nun Einwendung gegen diesen Satz seyn: »Es giebt doch viele hundert Tugendhafte, die unglücklich, und Lasterhafte, die glücklich sind?« Will man mit der ersten allgemeinen Behauptung mehr sagen, als etwa: »zum Glücke oder Unglücke des Menschen sind zwar viele andere wesentlich mitwirkende Ursachen, als nur seine Tugend oder Lasterhaftigkeit; seine Moralität aber ist dennoch neben vielen andern auch eine der wichtigsten und wesentlichsten Ursachen und Mittel.« Gerade so nun auch mit unserm Gegenstande: Tugend verschönert; Laster macht häßlich; aber sie sind es nicht allein, die auf Schönheit und Häßlichkeit Einfluß haben.

2. Für's zweyte; von der Erfahrung, die man uns entgegen setzen will, geht, wenn wir's näher betrachten, auch noch was ab! Ja, sie führt, glaub' ich, was mit sich, das wohl eher noch unsere Behauptung bestätigen hilft. Erfahren wir nicht oft, und rufen aus: »Ein schönes Frauenzimmer, ich laß es gelten: aber mich nimmt sie gar nicht ein!« Oder wohl gar: »Ich könnte sie nicht ausstehen!« Und hingegen, wie oft: »Ein häßlicher Mensch, doch hat er, trotz aller seiner Häßlichkeit, im ersten Augenblick einen angenehmen Eindruck auf mich gemacht; ich fühlte gleich, daß mir recht wohl um ihn seyn könnte« u. s. w. Und bey der Untersuchung findt sich's, daß gerade jene Schöne, die wir nicht ausstehen können, und jene Häßlichkeit, die wir lieben müssen, durch die häßlichen oder liebenswürdigen Eigenschaften, die sich auf ihrem Antlitze ausdrücken, diese Antipathie und Sympathie erwecken.

Und da diese guten Züge mitten aus einem häßlichen Gesichte, und die häßlichen Züge, mitten aus einem schönen – so sehr hervorstechen, daß sie kräftiger auf uns wirken, als das andere alle; beweist das nicht eben mit, daß diese Schönheitslinien feiner, edler, sprechender sind, als die übrigen mehr körperlichen?

Man sage nicht: »daß diese Sympathie, und Antipathie, erst durch Umgang, wo sich Häßlichkeiten, oder Schönheiten der Seele aufdecken, erzeuget werde.« Im ersten Augenblicke geschieht dieß, wie oft! Man sage auch nicht: »daß dieß durch einen Schluß auf die Gemüthsart der Person geschehe; weil wir vorher etwa in ähnlichen Fällen, oft erfahren haben, daß Personen, die bey ihrer Häßlichkeit noch solche Züge haben, liebenswürdige, oder die bey ihrer Schönheit, noch solche unangenehme Züge haben, schlechte Seelen seyn.« Freylich geschieht dieß sehr oft; aber dadurch wird die Wahrheit unserer Behauptung nicht aufgehoben. Beydes kann neben einander stehen. Die Kinder zeigen, wie wenig diese Einwendung zu bedeuten habe. Kinder, die, noch vor aller solcher Erfahrung, mit ihren Augen wonne-

voll an einem Gesichte hangen bleiben, das nichts minder als
fleischlich schön, als hübsch ist, das aber eine schöne Seele
ausdrückt; und hingegen im umgekehrten Falle, so oft herz-
lich zu schreyen anfangen.

An einem zweyjährigen Kinde hab' ich von beyden in
einer halben Stunde den frappantesten Beweis gesehen.

Ein Bauergreis, eingefallenen Angesichts, krumm und
dabey wohl tölpisch in Schritt und Manier, – seine grauen
glatten Haare fielen ihm unordentlich über die Stirne herunter, und deckten ihm oft das halbe Gesicht: – der tritt herein.
Kaum sieht er das Kind an, nähert's sich ihm, stammelt sehr
gesprächig, was es im Vermögen hatte, thut freundlich und
legt sich mit seinem Arme über seine Kniee. Es war, wie ich
ihn schon lange gekannt hatte, ein guter, frommer Alter. In
derselben halben Stunde tritt ein junger, herrischer Müllers-
oder Schulzensohn herein – wohl geputzt, mit rothem
Camisol und silbernen Knöpfchen – ein hübsch Gesicht und
gute Gestalt. Das Kind wirft einen Blick auf diesen Kerl –
recht so mitten im Angesicht, kehrt sich sachte um und
entfernt sich. Man mußte ihm befehlen: geh hin, biet ihm
das Händchen. Es geht langsam thut's kurz, und kehrt
schnell zurück, und ein Seufzer verrieth zurückgehaltenes
Weinen.

– Der hübsche Bauerssohn war aber auch Stadt- und
Landbekanntermaßen ein stolzer, harter, hitziger, frecher
Mann, und sein Gesicht ein zu treuer Ausdruck davon. –
Dergleichen Wirkungen menschlicher Angesichter, beob-
achtete ich schon eine Menge an dem Kinde, viel früher als
dieß geschehen war; und an welchem Kinde nicht?*)

3. Für's dritte müssen wir uns nur über die Worte recht
verstehen.

Geht man hin und spricht den Satz so schlecht und roh
aus: »der Tugendhafte ist schön, der Lasterhafte körperlich

---

*) Die Kinder die besten Physiognomisten, die wahrsten Gegenstände der
Physiognomik, wären wohl eines besondern Fragments – wären eines ganzen
Bandes werth. Aber wer will es verfassen?

häßlich:« so giebt's auch beynahe eben so viele Einwendungen als verschiedene Begriffe von tugendhaft und lasterhaft! moralisch gut und schlimm! Die höfliche Welt, die
jeden Menschen, von dem sie nicht geradezu sagen darf, er
sey lasterhaft, einen tugendhaften nennt; und der schwache
Religiose, dem jeder, den er nicht nach seinem Ideale
tugendhaft nennen kann, lasterhaft heißt; der Officier, der
den Mann von Ehre, und den Soldaten, der gut in seinen
Dienst taugt, tugendhaft – der Pöbel; der niemanden, als
wer wider den Buchstaben des sechsten, siebenten, achten
und neunten Gebots sündigt, lasterhaft nennt; und der
Bauer, der tugendhaft bleibt, so lang er nicht in des Land-
voigts Gericht fällt; der eingeschränkte Moralist, der nichts
moralisch gut heißt, als was durch Widerstand und ängstli-
che Verläugnungen erworben ist, oder dem Tugend gar
Stoicismus ist: – diese alle werden, ein jeder nach seinen
Begriffen, gegen diesen so schwebenden, unbestimmten,
paradox-vorgetragenen Satz aufstehen, und zeugen! Allein
man hat ja schon von oben herunter merken können, daß ich
hier die Wörter *Tugend* und *Laster* im allerweitesten
Umfang, in der größten Ausdehnung nehme, oder eigentlich
nur *überhaupt* von *moralischer Schönheit* und *Häßlichkeit*
rede! Zu *jener* rechne ich alles Edle, Gute, Wohlwollende,
zu guten Zwecken sich Regende und Wirksame, wie's
immer in die Seele gekommen seyn mag; zu *dieser* alles
Unedle, Uebelwollende, Widrige, Kleine, wie's immer in's
Herz gekommen sey.

So kann es also kommen, daß der eine viel vortreffliche
Anlagen, viel Gutes hat, auch lange Zeit dieses Gute angebaut hat, aber später einer Leidenschaft den Zügel läßt – in
einem Grade, daß ihn alle Welt, nach dem Sprachgebrauch
vollkommen richtig, als lasterhaft verurtheilt. Will man nun
sagen: »Siehe da deinen lasterhaften Schönen! was will denn
deine Harmonie der Tugend und Schönheit!«

Aber wir haben ja angenommen, daß der Mann »vortreffliche Anlagen, viel Gutes« hatte? daß er seinen natürlich

guten Character eine Zeitlang weiter fortgebaut und befestigt?

Er hatte also und hat noch Gutes, nachahmens-aufstrebenswürdiges Gutes? und je natürlicher*) es ihm ist, je tiefern Grund es in seinen ersten Anlagen hat, desto tiefern und festern Eindruck schöner Züge hat's auf sein Angesicht gepflanzt. Die Wurzeln und der Stamm können noch sichtbar seyn, obgleich wilde Zweige eingeimpft worden; der Acker, der gute Grund noch merkbar, obgleich Unkraut unter den guten Waizen gesäet ward! So, wer kann's nicht begreifen, wie das noch ein schön Gesicht ist, ungeachtet der Lasterhaftigkeit der Person! desto wahrer bleibt unser Satz.

Und dann warlich braucht's kaum ein wenig geübte Augen, so wird man finden und gestehen müssen, daß eben das Gesichte, wovon wir reden, vor der Herrschaft dieser Leidenschaft noch schöner war? und nun wenigstens häßlicher sey, als ehedem! Ach wie viel unangenehmer, gröber, häßlicher, sey als ehedem – wenn's auch lange noch nicht auf den Grad kommt, den Gellerts Lied bezeichnet:

> »Wie blühte nicht des Jünglings Jugend;
> Doch er vergaß den Weg der Tugend,
> Und seine Kräfte sind verzehrt!
> Verwesung schändet sein Gesichte,
> Und predigt schrecklich die Geschichte
> Der Lüste, die den Leib verheert!«

Ich habe recht schöne und gute Jünglinge gesehen, die sich in wenig Jahren durch Geilheit und Unmäßigkeit sehr verhäßlicht haben; man nannte sie überhaupt noch immer schön; sie waren's auch; aber guter Gott! wie tief unter der vormahligen Schönheit!

---

*) Was natürlich gut, oder böse, Tugend, Laster, so auch Vernunft, Verstand, Genie, Einsicht, natürliche Anlage, Erwerb, u. s. w. heißen könne, davon werden wir häufig zu reden Gelegenheit haben. Nähere Bestimmungen werden bey unsern Untersuchungen unentbehrlich seyn.

So kann auf der andern Seite ein Mensch mit besonderer Disposition zu unedlen Leidenschaften, denen eine verderbte Erziehung noch auf den Thron geholfen hat – und die also Jahre lang über ihn geherrscht haben, der also auch ziemlich häßlich drein sieht – von einer gewissen Zeit an sich seine Vervollkommnung äußerst angelegen seyn lassen – gegen seine niedrigen Leidenschaften zu Felde ziehen, auch bisweilen nicht geringe Siege über sie erhalten: Er kann wenigstens viele grobe Ausbrüche derselben vermeiden, und aus den edelsten Absichten sie schwächen. Dieß heißt also in einem sehr richtigen Sinne ein eigentlich tugendhafter Mensch; – und es giebt einen moralischen Richter, dessen Urtheil uns über alles gilt, der in ihm wirklich größere Tugend sieht, als in keinem natürlich *guten* Geschöpfe; und den wird man also als ein Beyspiel anführen wollen, von einem häßlichen Tugendhaften? Freylich! Seine Häßlichkeiten aber sind jedennoch ein treuer Ausdruck von allem dem moralischen Unflath, der doch in ihm lag und lange wirkte, und dessen schwere Menge das Verdienst seiner Tugend, ja eben um so mehr erhöhet. Und abermal, ehe diese Bestrebungen der Tugend anfiengen, wie viel häßlicher war die Häßlichkeit des Gesichtes! und seither, man beobachte! wie hat es sich verschönert! *Sokrates* von allen Physiognomisten und Antiphysiognomisten tausendmal angeführtes Beyspiel gehört ganz hieher.

Ein sehr gescheuter, aber dabey, ich sag' es ungern, sehr unbilliger*) Recensent meines ersten unreifen physiognomischen Versuchs, den ich nennen könnte, aber nicht nennen mag, hat mit der Miene des triumphirenden Spottes gefragt: »ob *Constantinus* nach seiner Bekehrung andere Gesichts-

---

*) Sehr gelinde heiß' ich es *Unbilligkeit*, wenn ein Recensent von 3 oder 4 Gründen, die ein Schriftsteller für seine Meynung oder zur Rechtfertigung der Herausgabe seiner Schrift anführt, 2 oder 3 unterdrückt, den schwächsten heraushebt, noch falsch ausschreibt, und sich drüber mit dem Publikum über den Verfasser lustig macht. Wie würde man in Rechtssachen, einen solchen falschen Richter ansehn? Welche Namen ihm geben?

züge gehabt haben werde, als vor derselben?« – Ich würde glauben, einen Menschen auf keine Weise tiefer erniedrigen und beschämen zu können, als wenn ich ihm alles sagen wollte, was sich auf diese Frage antworten ließe, und gewiß würde seine Physiognomie nach diesen Beantwortungen eine ganz andere seyn, als vor denselben! – Doch von der Verschönerung und Verschlimmerung der Physiognomie ein eigenes Fragment.

Man erwege ferner:

Es giebt eine unzählbare Menge mannichfaltiger, kleiner, niedriger, unangenehmer Denkarten, Manieren, Grobheiten, Launen, Unmäßigkeiten, Hänge, kleinlicher Begierden, Unflätereyen, Narrheiten, Schiefen, Krümmen des Herzens, die man einzeln, und auch haufenweise beysammen, doch noch lange nicht Laster heißt; – deren viele zusammen aber einen Menschen häßlich erniedrigen, verderben, verekeln können. Behält er seine Treue im Handel und Wandel, hat keine Hauptlaster und noch oben drein ein wenig von einer gewissen bürgerlichen Frömmigkeit – so nennt man ihn einen braven, einen recht braven Menschen, wider den man nichts haben kann. Freylich so giebt's eine Menge braver und doch häßlicher Leute. – Ich hoffe, mich hierüber bestimmt genug erklärt zu haben.

4. Und viertens müssen wir den Standpunkt, aus dem wir die Harmonie der moralischen und körperlichen Schönheit betrachten, nur etwas entfernter nehmen, so werden einerseits noch viele Einwendungen wegfallen, und anderseits wird nur die Sache um so viel wichtiger werden.

Wir betrachten nämlich nicht nur die *unmittelbarsten* Wirkungen der Moralität und Immoralität auf die Schönheit des menschlichen Angesichts; sondern auch *mittelbare* Folgen derselben zur körperlichen Verschönerung oder Verunzierung des menschlichen Geschlechtes. Ich geh' unter eine Menge Volks – ich sehe den Pöbel – ich wandle durch Dörfer – kleine Städte, große Städte – sehe die Schlechtesten jedes Orts – vornehmen und gemeinen Pöbel! und eine traurige Verwüstung, eine traurige Menge häßlicher, verzogener Gesichter – Carikaturen aller Arten treff' ich an. – Die Bemerkung entgeht mir nie, daß der Pöbel zusammengenommen ordentlich die gröbste Carikatur des National-Stadt-Dorfcharacters ist. – Aber so entsetzlich viel Häßlichkeit, daß meine Seele tief bedrückt und verwundet umherwandelt, und meine Augen sich wenden, wenn mich das Bild eines mittelmäßig schönen Menschen – das auch gewiß nicht überspannte Ideal einer Menschenfigur, verfolgt. Es ist wohl eine Verfolgung, das stäte Vorschweben des Glückbildes, was man besitzen könnte, und von dem man ach so entfernt ist!

Einen Augenblick vergeß ich besonders in meinem Leben nicht; denn er hat zu tief eingeschnitten in mein Herz. In einem Garten war's im schönsten Monate, als ich vor einem Beete, voll der herrlichsten Blumen, wonnevoll stand. Mit lusttrunkenem Blicke hieng ich eine Weile auf diesen schönen Kindern Gottes, und in diesem süßen Gefühl stieg ich in meinen Gedanken zu lebendigern Thierschönheiten, und so fort zum Menschen empor, zu dem höchsten, das ich durch meine Sinnen erkennen kann! zu ihm, der so viel perfektibler ist, als alle Blumen! stand, und ein herrlich Menschenbild war vor meiner Stirn – das mein Herz mit hoher Wonne umfieng; – ein Geräusch Vorbeygehender unterbrach mich. Ich blickte auf – Gott! mit welchem Wehmuthsschrecken mich das Bild traf – Ich sahe drey, gerade die allerversunkensten, häßlichsten, ekelhaftesten Kerls, drey Ideale von Landstreichern! –

Auch seitdem denk' ich oft nach, warum doch das, in seinen Anlagen so herrliche, das schönste Geschlecht von Erdegeschöpfen, am tiefsten in so mannichfaltige Gestalten der Häßlichkeit und Ekelhaftigkeit, und des Abscheues versunken sey. –

Und je mehr ich nachdenke, desto mehr find' ich, daß doch immer der Mensch – das Geschlecht selbst, und hiemit jedes Individuum an seinem Orte hieran Schuld ist; desto mehr find' ich, daß auch dieß in dem Kreise der menschlichen Perfektibilität liegt: – desto mehr werd' ich überzeugt, daß dieß gerade nur wieder Tugend und Laster in allen *Nüancen*, und in ihren und *entferntern Folgen* ist: Nämlich auf folgende doppelte Weise:

Einmal: *moralische Erschlaffung* zieht in tausend kleinern und größern Dingen Verfall, Verunedlung, Vergröberung – Verderbniß nach sich; und *moralische Kraft*, Energie, Thätigkeit, Leidensstärke, zieht von diesem allen zurück, – und bildet allerley Anlagen zu Schönem und Gutem, mithin auch den Ausdruck desselben, Schönheit aller Art, aus.

In kleinen Schritten geht immer eine Verschlimmerung vor sich, die sich bis in tausendfältige Carikaturen nach den mannichfaltigsten determinirenden Gründen hinaus modificirt – wenn kein recht warmer Trieb zur Vervollkommnung dagegen wirkt.

Und hingegen wo z. B. und vornehmlich der Trieb der Menschenliebe – der *Güte* im Menschenherzen herrscht, auch ohne Rücksicht auf den unmittelbaren liebenswürdigsten Ausdruck derselben; – welche feine, welche feste Bildung giebt sie nicht! welch' angenehme Verschönerungen! – Wen sie belebet, der ist hurtig, höflich, sanft, nicht ungeberdig, nicht schläferig, nicht plump, nicht zur Erde gebückt, nicht launisch, nicht – und so hat er noch hundert negative und positive Eigenschaften, die des Menschen Angesicht verschönern, je früher diese Haupttugend aller Tugenden, diese Seele aller, – in dem Menschen geweckt, genährt, geschonet, gestärkt wird – wenn auch nur ein wenig gearbeitet und Bahn gemacht wird – zu den mannichfaltigen schönen Wirkungen, die sie haben kann.

b) Und dennoch – was in unserer Materie am allermeisten Aufschluß giebt, und die mehresten Einwendungen weglenkt: – Tugend und Laster, Moralität und Immoralität, im weitesten Sinne, haben viel *mittelbare Folgen auf die schöne oder häßliche Bildung der Kinder*! Wie richtig beantworten sich da so viele Fälle, wo man etwa fragen kann: »Warum dieses von der ersten Jugend an mit so viel Fleiß erzogene, wirklich auch so lenksame, so tugendhaft gewordne Kind – dieses so viel bessere Kind als etwa sein früh gestorbener Vater – dennoch so viel Widriges, so viel Häßliches in seiner Gesichtsbildung habe?« – »*behalten habe*« muß man sagen. Und »*geerbt, oder aus Mutterleib empfangen habe*« setz' ich hinzu.

Ich kenne wenig *gröbere* handgreiflichere Irrthümer, die doch von so großen Köpfen, noch bis jetzt gehegt und unterstützt werden, als den: »Es komme alles bey dem Menschen von der Erziehung, Bildung, Beyspielen her – nichts von der Organisation und der ursprünglichen Bildung des Menschen, diese sey bey allen gleich.«

Helvetius hat bekanntermaßen in seinem liebenswürdigen Enthusiasmus für die Verbesserung des Menschengeschlechts, mithin der Erziehung etc. die Sache gegen alle handgreifliche Erfahrung so weit getrieben, daß ich im Lesen meinen Augen kaum mehr getraut habe.

Es wird noch hin und wieder in diesen Fragmenten Gelegenheit zu mehrerer Ausführung des einen und andern dahin gehörenden Satzes geben.

Itzt nur so viel für unsern Zweck:

So wenig ein erwachsener Mensch einem andern völlig gleich sieht – so wenig ist ein Kind zu finden, das in der allerersten Stunde seines Lebens irgend einem andern neugebohrnen Kinde ganz gleich sähe.

Man nehme einer nicht unempfindsamen Mutter ihr Kind weg, wenn sie es nach der Geburt nur zwo Minuten mit einiger Aufmerksamkeit angesehen hat, und leg' es unter hundert neugebohrne Kinder derselben Stadt oder Gegend (wo hiemit die Menschen einander noch ähnlicher sind, als sonst nirgends in der Welt) sie wird es gewiß bald aus allen hunderten hervorfinden.

Nun ist's ferner weltkundige Erfahrung, daß neugebohrne Kinder sowohl, als ältere Kinder, ihrem Vater oder ihrer

Mutter, bisweilen beyden, so wohl in Ansehung der Bildung, als einzelner Züge auffallend ähnlich sind.

Wie sich Physiognomien durch viele Geschlechter herunter erhalten, und so kenntlich immer wieder hervorkommen, daß du aus einer Menge solcher Familienportraite, die unter einer Menge anderer gemischt würden, gar viele zur Familie gehörige wieder zusammenfinden könntest, verdiente wohl in einem eigenen Fragmente von Familienphysiognomien beleuchtet zu werden.

Es ist ferner die ausgemachteste Erfahrungssache, daß man in der Gemüthsart besonders der jüngsten Kinder frappante Aehnlichkeiten mit der Gemüthsart ihres Vaters, ihrer Mutter, oder beyder zugleich wahrnimmt.

In wie manchem Sohne haben wir den leibhaften Character des Vaters, des Vaters Temperament und seine meisten moralischen Eigenschaften! In wie mancher Tochter den Character der Mutter vollkommen wieder, oder auch den Character der Mutter im Sohne, den des Vaters in der Tochter.

Und zum Beweise, daß dieß nicht von Erziehung und Umständen herrühre, dient gerade das, daß Geschwister von gleichen Umständen und gleicher Erziehung ganz verschiedenen Characters sind. Und der größte Erziehungskünstler, der den ursprünglichen Anlagen und Beschaffenheiten des Kindes am allerwenigsten zuschreibt, giebt ja gerade durch seine Erziehungsregeln, durch seine Kunstgriffe, dieser und jener sich früh äußernden Gemüthsart so und so zu begegnen, den fehlerhaften die beste Wendung zu geben, und gute wohl zu gebrauchen und anzubauen; gerade dadurch giebt er ja zu: »die moralischen Anlagen seyn ganz verschieden, ja bey jedem Kinde verschieden.«

Und wie sehr auch immer eine solche ursprüngliche Beschaffenheit des Geblütes und des Temperamentes, solche moralische Dispositionen*) durch Erziehung zu leiten sind,

---

*) Man erlaube mir, bis ich Gelegenheit finde, mich näher zu erklären, diesen nicht ganz richtigen, wenigstens dem Mißverstand ausgesetzten Aus-

und obgleich von dem schlimmsten auch noch einiger guter
Gebrauch gemacht werden kann; so ist doch offenbar die
eine ursprüngliche Anlage besser, die andere schlechter, die
eine unter eben denselben vorhandenen Umständen verbes-
serlicher und lenksamer, die andere härter, unbiegsamer,
unverbesserlicher. Von Schuld oder Unschuld des Kinds
hiebey ist ja gar nicht einmal die Frage; – Es behauptet ja
kein vernünftiger Mensch, daß ein Kind bey der schlimmsten Disposition die mindeste moralische Schuld deshalben
auf sich habe. etc. etc.

Nun sind wir ja da, wohin wir sollten.

Es werden Züge und Bildungen geerbt.

Es werden moralische Dispositionen geerbt.

Wer wird nun nach den bisher ausgemachten Sätzen daran
zweifeln können, daß Harmonie zwischen den geerbten
Zügen und Bildungen – und den geerbten moralischen
Dispositionen sey? –

Ich kenne (und wie viele Menschen von dieser Art sind zu
kennen! –) ein Ehepaar; der Mann ist furchtbar hitzig, zur
Entrüstung geneigt, tief in der gröbsten Wollust versunken;
und in seiner Gesichtsfarbe ist auch wirklich diese Mischung
von Heftigkeit und Wollust sichtbar; seine Gesichtszüge
sind aufgeschwollen, vergröbert, in beständigem Zittern,
unruhigem Hin- und Herstreben – Es zappelt alles an ihm
nach etwas außer ihm. Sein Weib hingegen, eine feine, etwas
sanguinisch-melancholische Person – edlen Herzens, mit
mancherley feinen weiblichen Tugenden geziert, und ihre
Bildung wirklich fein weiß, ihre Züge edel und angenehm;
ihre Miene heiter, gefällig, ruhig, voll bescheidenen Gefühles ihrer innern Seelenruhe – Diese Aeltern haben zween
minderjährige Söhne, einen, der beynahe ganz des Vaters,
einen andern, der beynahe seiner Mutter Art an sich hat.

druck, und andere von dieser Art, mehr fortzugebrauchen. So viel aber sey nur
vorausgesetzt, daß eigentlich der Mensch weder moralisch gut noch böse auf
die Welt kommt, ungeachtet keiner ist, der nicht *gut werden kann*, und keiner,
der nicht *böse wird*.

Man hat hievon schon die häufigsten Proben. Das sagt man
dir voraus; und du bekommst diese zween Knaben zu
Gesichte – siehst an dem einen wilden Blick, gröbere
Gesichtszüge, stärkere Augenbraunen, trotzigen Mund,
braunröthere Gesichtsfarbe; – der andere hat sanften Blick,
weißre Farbe, kurz dieser sieht seiner Mutter ähnlich, wie
jener dem Vater, und nun! was räthst du? »Der dem Vater so
ähnlich sieht, der hat den Character der Mutter? der der
Mutter so ähnlich sieht, des Vaters Character?« Oder wirst
du sagen: »Ich weiß es nicht zu errathen; doch kann der dem
Vater ähnliche Knabe, so gut der Mutter Character haben,
als jener etc. etc.« Wer würde hier nicht Ungereimtheit
fühlen? Wer nicht die Wahrheit des Gegentheils?

Wenn das nun richtig ist; wenn sich Häßlichkeiten der
Seele und hiemit auch des Leibes – des Leibes und hiemit
auch der Seele, forterben können; so haben wir da den
besten Aufschluß, warum so viele schöne, schöngebohrne
Menschen sind, die sich verschlimmern, und doch bey weitem nicht so auffallend häßlich, als manche andere aussehen?
warum so viele häßlich gebohrne Menschen sind, die sich
sehr bessern und tugendhaft werden, und bey weitem nicht
so auffallend schön und einnehmend sind, als manche
andere, die um ein namhaftes weniger gut sind?

Aber sehet, wie ewig fest die Harmonie zwischen moralischer und körperlicher Schönheit da steht! wie sie sich durch
dieß alles bestätigt!

Nehmet die schönsten herrlichsten Menschen; setzet, daß
sie und ihre Kinder sich moralisch verschlimmern, unbändi-
gen Leidenschaften sich überlassen, und folglich auch in
mancherley Sümpfe und Pfützen vom Immoralität und Nied-
rigkeit nach und nach immer tiefer versinken: o wie sich
diese Menschen, wenigstens ihre Physiognomien, von
Geschlecht zu Geschlecht verunstalten werden! welche auf-
geschwollene, tiefgedrückte, verfleischichte, verplumpte,
verzogene, neidhagere, rohe Gesichter! welche tausendfäl-

tige gröbere, und weniger grobe, pöbelhafte Carrikaturen
nach und nach entstehen! von Geschlecht zu Geschlecht
immer häßlichere Figuren! wie viel tausend Kinder, völlige
Ebenbilder schon ganz schlimmer Aeltern, und durch Erziehung noch schlimmer als ihre Aeltern! noch weniger Gutes
in ihnen entwickelt, noch mehr Schlimmes hervorgelockt,
noch früher genährt! – Gott! wie tief sinkt der Mensch von
der Schönheit, die deine väterliche Milde ihm so reichlich
anschuf; dein Ebenbild! wie tief sinkt es in Sumpf der
Häßlichkeit, verwandelt sich gar bisweilen in Teufelsgestal-
ten – daß der Menschenfreund nicht aufsehen darf vor
Wehmuth! – Laster, Leidenschaft, Unbändigkeit, Sinnlichkeit, Unmäßigkeit, Habsucht, Faulheit, Schalkheit, Laster,
Leidenschaft! welche Gräßlichkeiten bringst du vor mein
Gesicht! wie verunstaltest du meine Brüder! – –

Nehmen wir noch dazu, was damit wesentlich verbunden
ist, was aber, wenn's möglich ist, an besondern Orten
weitläufiger wird erwiesen werden; daß nicht nur das Angesicht, nicht nur die weichen Theile desselben, nicht nur die
festern, sondern daß das ganze Knochensystem sammt seiner Befleischung – daß alles, alles – Figur und Gesichtsfarbe,
und Stimme, und Gang, und Geruch – *alles* am Menschen,
im Verhältniß mit dem Angesichte – verekelt, verschlimmert, oder verschönert werden kann; nehmen wir dieß
dazu, machen wir unserer Einbildung hievon Gemälde; –
oder leider! gehen wir hin, Wirklichkeit zu schauen – gehen
hin, vergleichen ein Armenhaus, ein Zuchthaus, das eine
Versammlung liederlicher, vertrunkener, verlumpter Mü-
ßiggänger ist – mit irgend einer besserdenkenden Brüderschaft – so unvollkommen sie sey, so viel Menschliches auch
noch an ihr sichtbar seyn mag – mit einer Versammlung
von *mährischen Brüdern*, oder *Mennoniten*, oder – nur mit
einer Zunft arbeitsamer Handwerksleute, welche lebendige
Ueberzeugung wird uns das von unserer Behauptung geben!
Und dann mehr noch als nur hievon lebendige Ueberzeu-

gung – Es wird Gefühle für uns und andere in uns erwecken, die, so traurig sie seyn mögen, so heilsam doch sind; – und diese sind mein Zweck.

Allein der Mensch ist nicht nur gemacht, daß er fallen kann; – er kann auch wieder zurücksteigen; er kann auch wohl höher steigen, als wovon er gefallen ist. Nehmt den häßlichsten Menschen diejenigen Kinder, die auch wirklich schon ausgedrücktes Ebenbild ihrer Aeltern sind – entreißt sie ihnen, und erzieht sie in einer öffentlichen wohleingerichteten und gut exequirten Anstalt. Der Schritt, den auch die Schlimmsten zu ihrer Verschönerung gethan haben, wird in die Augen fallen. Setzet diese, wenn sie erwachsen sind, in Umstände, die ihnen die Tugend wenigstens nicht zu schwer machen, wo sie keine außerordentliche Reizungen zum Laster haben; und laßt sie sich unter einander heurathen; setzet den Fall, daß in allen wenigstens einiger Trieb nach Verbesserung fortwirke; daß nur einige Sorgfalt und Fleiß, eben nicht der kunstmäßigste, auf die Erziehung gewandt werde; daß die Kinder von diesen sich auch nur wieder unter sich verheurathen, u. s. w. In der fünften, sechsten Generation, welche immer schönere Menschen werdet ihr haben, (wofern sich nicht ganz sonderbare Vorfälle dazwischen gedrängt) nicht nur in ihren Angesichtszügen, in der festen Knochenbildung des Haupts, in der ganzen Figur; in allem! Denn wahrlich in Gesellschaft der andern Tugenden und der Gemüthsruhe, erzeugt ordentliche Arbeitsamkeit, Mäßigkeit, Reinlichkeit; – und einige Sorgfalt für diese Dinge bey der Erziehung, wirklich Schönheit des Fleisches, der Farbe; Wohlgestalt, Freyheit, Heiterkeit – und diejenigen Häßlichkeiten, die von Krankheiten, Kränklichkeit u. s. f. herkommen, müssen ja auch abnehmen, weil alle diese Tugenden Gesundheit und freyen Gliederwuchs mit sich bringen und befördern. Kurz: »Es ist keine Art körperlicher Schönheit – an keinem Theile des Menschen, wohin guter oder schlimmer Eindruck der Tugend und des Lasters im weitesten Sinne, – nicht hinreiche.«

Welchem Menschenfreunde wallet bey diesen Aussichten das Herz nicht! Hat doch Gott der Schönheit des menschlichen Angesichts und der menschlichen Gestalt eine so hohe Kraft auf das menschliche Herz gegeben! – Was fühlest du empfindsamer Menschenfreund? wenn du vor des Alterthums herrlichen Idealen – wenn du vor *Raphaels, Guidos, Wests, Mengs, Füeßlins* – herrlichen Menschen- und Engelsgeschöpfen – stehst! Sprich, o welche Triebe, welche Reize – welche Sehnsucht nach der Veredlung und Verschönerung unserer gesunkenen Natur wandeln dich an, und bringen deine Seele in Bewegung?

O ihr Erfinder, Beförderer und Liebhaber der schönen Wissenschaften, der edelsten Künste, vom schöpfrischen Genie, bis zu dem Reichen, der sich mit dem Ankauf eurer Werke verdient macht – höret die wichtige Lehre: – Ihr wollet alles verschönern? Gut, dieß danken wir euch! und das Schönste unter allen, den Menschen wollet ihr häßlich machen? – das wollet ihr doch nicht? – so hindert es nicht, daß er *gut* werde; so seyd nicht gleichgültig, ob er's sey oder werde! so braucht die göttlichen Kräfte, die in euren Künsten liegen, den Menschen gut zu machen, und er wird auch schön werden!

Die Harmonie des Guten und Schönen, des Bösen und Häßlichen, ist ein großes allweites, herrliches Feld für eure Künste! Denket nicht den Menschen zu verschönern, ohne ihn zu verbessern. So bald ihr ihn verschönern wollt, ohne auf seine moralische Güte Rücksicht zu nehmen: so bald ihr den Geschmack bilden wollt auf Unkosten des Herzens: – so wird er verschlimmert; und dann macht, was ihr wollt, er wird gewiß auch verhäßlichet, und der Sohn und der Enkel, wenn's so fortgeht, wird's noch mehr; und wie sehr habt ihr denn *gegen euren Zweck* gearbeitet!

Tändelt ihr ewig mit dem Menschen ihr schönen Künstler? Was heißt das? Es heißt: Ihr wollt ein prächtiges Haus bauen, und wollt den Bau durch den Rahmenschnitzler und Vergolder ausführen!

Ihr hofft, mit Wollust reizenden Stücken seinen Geschmack zu bilden? Was heißt dieß? Es heißt: Ihr wollt einem Sohne die Weisheit Gottes in der Einrichtung des menschlichen Körpers lehren, und geht hin, ihm die verborgenen Theile eines Cadavers zu anatomiren.

Doch hievon noch manches. –

Ich ende mit einem hohen Trostworte für mich und alle, die wir noch Ursache genug haben, über manches Stück unserer Physiognomie und Bildung, die vielleicht hienieden nicht mehr zu tilgen sind, unzufrieden zu seyn, – und die dennoch emporstreben nach Vervollkommnung des innern Menschen:

Es wird in Unehre gesäet und herrlich auferweckt.

am 2ten Jenner 1775.

Erste Zugabe.

Man verweile einige Augenblicke bey der Vignette, die dieser Zugabe vorgesetzt ist, sie wird Mitzeugniß der Wahrheit der Physiognomie und zugleich Bestätigung der bisher behaupteten Harmonie seyn.

Fürs erste: Wer siehet nicht, wer kennt nicht die Verschiedenheit dieser fünf Gesichter? Welches Kind wird nicht

wenigstens alsdenn die Wahrheit der Physiognomie empfinden, wenn man ihm den Character derselben nennt? Man
mache den Versuch mit einem Kinde, das nur fähig ist, die
Bedeutung der Worte zu fassen; man geb' ihm folgende fünf
Namen in die Hand, und heiß' es zu jedem Gesichte den-
jenigen legen, der ihm zukommt. – Man sage ihm: »Unter
diesen fünfen ist ein leichtsinniger *süßer Geck*! Ein *stolzer
Windbeutel*! Ein *Trunkener*! Ein *Geizhals*! Ein *geiler Bock*!«
– Es wird schwerlich irren, und diese Namen unrecht ver-
theilen. –

Aber zweytens: – Macht nicht gerade das Unehrwürdige,
Häßliche dieser Character – diese Gesichter häßlich? Ist es
nicht jedes in dem Grade, in welchem seine Lasterhaftigkeit
vorausgesetzt wird? – Wie viel angenehmer würde jedes
dieser Gesichter aussehen, wenn die Seele frey von Leidenschaft wäre! – Wenn der erste seinen Mund schlösse, und
seinem Blicke mehr Aufmerksamkeit gäbe? Der zweyte den
Kopf nicht so hoch trüge, und der Untertheil seines
Gesichts nicht so aufgeblasen wäre? Wenn der dritte nüch-
tern wäre? der vierte ein frohes, offenes, wohlthätiges Herz
hätte? der fünfte nicht seine ganze Bocksseele ins Gesicht
jagte – u. s. f. Man vergleiche diese Gesichter mit unzähligen aus den Gemälden und Kupferstichen eines *Lairesse*,
Le Brüns – u. s. f. Man vergleiche *Rembrands*, *Dürers*,
Golzius, *Holbeins*, Hohepriester und Pharisäer in der Lei-
densgeschichte – mit den apostolischen Gesichtern eines
Titians, eines *Vandyks*, mit *Westens Pylades* und *Orest* –
Wie bald wär' ein Band voll der frappantesten Vergleichungen dieser Art zusammengeschrieben? – – Doch, was muß
ich Dinge sagen, die Millionen Menschen täglich eingeste-
hen – und wovon die ganze Welt überall voller Beyspiele
ist. –

Aber nun noch eins, lieber Leser! deute nicht auf Veranlassung der oben stehenden Gesichter – auf diesen oder
jenen wirklichen Menschen. Es sind keine Portraite: – –

lauter Ideale, – die hingesetzt sind – dich durch den Anblick
der Verunstaltung, welche Leichtsinn und Laster wirken,
von Leichtsinn und Laster abzuschrecken. –

Zweyte Zugabe.

Judas nach Holbein.

Der nächste Kopf ist ein genau durchgezeichneter Umriß
von *Judas* aus einem Nachtmalstück von *Holbein*, das sich
auf der Bibliothek zu Basel befindet, die durch einige
unschätzbare Meisterstücke dieses großen Mannes, und
durch unzählige Handrisse der berühmtesten Künstler sich
zu einer beträchtlichen Gallerie erhebt.

Als großen Mahler und trefflichen Zeichner, wer kennt
Holbeinen nicht? Aber diese Wahrheit des Ausdrucks in
erdichteten Personen hab' ich ihm nie zugetraut. Ich will ihn
Raphaeln nicht vergleichen – noch weniger an die Seite
setzen, so nah' er ihm auch bisweilen in der Zeichnung und
im Colorite gekommen seyn mag. Seine Christusköpfe sind
mehr wahre Natur, in Absicht auf Zeichnung und Färbung,
und – auf den Ausdruck – gewissermaßen Modeköpfe – und
nichts weniger als hohe Ideale. Wiewohl mir auch noch
keiner von *Raphael* zu Gesichte gekommen, an dem nicht
verschiedenes auszusetzen wäre. Von *Holbeinen* habe indeß
nichts gesehen, das den reichhaltigen, den unerschöpflichen
Ausdruck des Italieners hätte. Sein todter Christus, dieß
Meisterstück von Zeichnung und Natur, hat keinen Zug von
Raphaels hohem Sinne. Auch der *Christus* in demselben
Nachtmalstücke, den ich auch beyfüge, um die Wahrheit
meiner Behauptungen sichtbarer zu machen, ist, bey aller
Simplicität und Würde, dennoch unter allen Idealen des
unvergleichbaren Genies. Aber dennoch zum Erstaunen
weit, unbegreiflich weit, bracht's das sich selbst überlassene
Genie des Schweizers, das vielleicht Grundkraft genug

Tab. III.

Judas, nach Holbein

gehabt hätte, jenem nachzufliegen, wenn's ihm vergönnt
worden wäre, durch's Anschaun erhabener Werke, sich
Nahrung und Freyheit genug zu verschaffen. Viele physiognomische Einsicht leuchtet gewiß aus allen seinen Werken
heraus. Es ist nicht nur Physiognomie in seinen Gesichtern,
sondern Geist der Physiognomie. Nicht nur einzele Züge
sind weislich bestimmt und glücklich zusammengesetzt: Es
ist im Ganzen seiner Gesichter ein sanfter, lebendiger, uns
entgegenkommender Geist, der tiefes inneres Gefühl verräth. Seine *Erasmus* alle, die er auf mancherley Weise
mahlte, seine *Pelikans*, *Howards*, *Morus* u. s. f. haben
durchaus dieß unerreichbare, unbeschreiblich geistige, was
so vielen tausend glänzenden Portraiten der berühmtesten
Mahler fehlt. – Ich glaube nicht, wenigstens läßt mich's
seine, in allen seinen Bildnissen, mehr kraftvolle und gewaltsame, als erhabene Physiognomie – nicht glauben, daß er
jemals, selbst, wenn er *Raphaels* Schüler gewesen wäre,
seinen hohen Ausdruck erreicht haben würde; aber Wahrheit ergriff er mit gewaltiger Hand, und wirkte sie reichlich
in seine Gesichter, und seine Stellungen. Von beyden diesen
Bemerkungen sey der nachstehende *Judas* ein Beyspiel. Es
ist erstaunlich viel Wahrheit darinn, aber keine Erhabenheit.
Die wahre Physiognomie eines *Geizigen*; aber nicht eines
geizigen *Apostels*; eines Niederträchtigen – aber nicht einer
großen Seele, die von einer Leidenschaft mächtig ergriffen –
zwar ein Satan wird, aber immer noch große Seele bleibt.

Man lache nicht zu früh über diese seltsamen Zusammensetzungen. Sie sind nicht aus der Luft herabgegriffen. Judas
ist der niederträchtigste und dennoch ein großer Mann, auch
in seinen Unthaten scheint noch der Apostel durch.

Wenn Judas so ausgesehen hätte, wie *Holbein* ihn zeichnet, so hätte *Christus* ihn gewiß nicht zum Apostel gewählt.
– So ein Gesicht kann's keine Woche in *Christus* Gesellschaft aushalten. Ist's gleich das niederträchtigste, das sich
gedenken läßt; fehlt gleich noch sehr vieles zum vollen
Ausdruck der Falschheit, und schmeichelnden Schlauigkeit,

so ist's doch für die gute Seite und die großen Anlagen dieses apostolischen Mannes lange nicht gut genug.

Holbeins Judas ist ein Dieb, der tief in der Seele darüber zürnet, daß von den hundert Pfennigen ihm nichts wird, die die Salbe, am Herrn verschwendet, werth seyn mag. Er ist fähig, den besten Menschen, seinen ergrimmtesten Feinden, um einen geringen Preis feil zu bieten. Er lauert auf die Tritte der wohlthätigen Unschuld; er forscht mit schlauer Unruhe das Vorhaben seines Meisters aus. Er fragt mit einer unbeschreiblichen Kälte: *Bin ich's?* Er bleibt ungerührt, scheint's wenigstens bey der treffendsten Warnung, die je in zehn oder zwölf Worten gegeben worden. Er geht, vom Satan besessen, sich an die Spitze der Verfolger seines Herrn zu stellen – giebt den verfluchtesten Kuß – aller dieser Niederträchtigkeiten ist der Mann fähig, der bey den letzten herzdurchdringendsten Reden des göttlichsten Menschen so gefühllos da liegt, und mit dieser Stirn, diesem Blicke, dieser Lippe dem Herrn ins Angesicht schaut; – aber dieser Stirn, der so manche Niederträchtigkeit möglich ist – Es ist ihr nicht möglich, sich so schnell und so hoch wieder zu erheben, und dem tausendfachen Strome zermalmender Gedanken mit dieser edlen Kraft entgegen zu arbeiten – *Judas* hat gehandelt wie ein Satan, aber wie ein Satan, der Anlage hatte, ein Apostel zu seyn.

In dem Holbeinischen Gesichte sind wenig Spuren von der mir noch immer ehrwürdigen Größe seiner Seele – Nichts von der furchtbaren Elasticität, die in dem einen Augenblicke an die Pforten der Hölle, in dem andern über die Wolken treibt. Eine abgehärtete, verjährte Bosheit, die sich von Abgrund zu Abgrund fortgewälzt hat: Ein Geiz, der jedes Menschen Empfindung gelassen Hohn spricht, das ist's, was uns vornehmlich in diesem Gesicht aufstößt: aber wenige Stunden nach der schrecklichsten That geht *dieser Judas* nicht hin die ernsthaftesten Ueberlegungen über sein Herz und sein Betragen zu machen! dieser schaut nicht mit nagender Sorgsamkeit: »Wie geht's meinem Herrn! wie der

Unschuld, die ich verrathen habe?« umher! Er zittert nicht in allen Grundfesten seiner Natur bey dem Gedanken: »dießmal entgeht er seinen Feinden nicht wie mehrmals! Es ist, ist's möglich, o weh mir! es ist um ihn geschehen!« – Dieser eilt nicht hin, der noch lebenden Unschuld gegen die Stimmen vieler tausend, das entscheidendste Zeugniß zu geben! opfert nicht sein liebstes, vermuthlich die größte Summe, die er in seinem Leben beysammen hatte – der Stimme seines Gewissens auf! bringt's nicht denen zurück, die es nie wieder zurückgefordert hätten, die in die größte Verlegenheit kamen, daß er's ihnen zurückbrachte – Nein! dieser wird sich aus Geiz, aber nicht deswegen erhängen, weil er den Gedanken – sich so vergangen zu haben, nicht ertragen kann; Nicht, daß er nicht mehr Geld bekommen – Nein, daß er unschuldiges Blut verrathen hatte! daß er sahe, daß über den gehofften Messias das Todesurtheil gefällt war – – Wehe dem Herzen, das in *Judas* Betragen nicht die schrecklichste Niederträchtigkeit, aber weh' auch dem, das nicht noch apostolische Größe darinn fühlt! *Holbein* zeigt uns nur den *Verräther. Raphael* würd' uns zugleich den *Apostel* gezeigt haben.

Und nun noch ein paar Worte, lieber Leser, von dem allgemeinen Urtheil aller Menschen über die Physiognomie, die wir vor uns haben! – und damit abermal ein Beweis, wie wahr die Physiognomie sey! abermal ein Beweis von der Harmonie moralischer und körperlicher Schönheit!

Was würdest du sagen, wenn man unter dieß Bild, ich will nicht sagen, den Namen *Christus*, sondern – *Petrus, Paulus, Johannes* – schreiben würde? wie würde dir des Mahlers Seele vorkommen, dessen Apostelsideal so ein Gesicht wär'! Käm's dir nicht lächerlich vor, wenn ich dies Gesicht also commentiren wollte: »Schau! welch ein offenes, edles, groß-müthiges Herz! Hat die Stirn nicht das entscheidende Gepräge von einer reinen sich mittheilenden Seele, die ihr Glück in dem Glück anderer sucht! welch ein offenes, menschenfreundliches Aug'! welch eine männliche hohe

Augenbraune! Ist nicht diese Nase die Nase eines Erhabenen! wer erblickt nicht in der Mittellinie der Lefze, eine
liebliche Güte, die nur bey unmittelbaren Schülern *Jesus* zu
suchen ist! Stellung, Bart, Haare, alles ist edel, gefällig – alles
spricht von Größe und Würde des Characters.«

Was würdest du sagen, wenn ich nun so über dieß Gesicht
urtheilte? – Weiter will ich nun nichts sagen. Hast du Augen
zu sehen, so wirst du sehen. Hast du keine, so kann dir mein
Wink keine geben.

Aber nun noch eine entsetzliche Frage: – »Wenn der
Mensch mit dieser Stirn, dieser Bildung geboren wird, so
wäre ihm ja besser, daß er nie geboren wäre?« – »und daß er
so geboren wird, ist es seine Schuld?« – Nein, mein Freund!
Es ist nicht seine Schuld, wenn er so geboren würde; aber er
wird nicht so geboren – Diese Falten der Stirn, dieser Blick
des rechnenden Geizes ist nicht Natur, so wenig der Geiz
eine natürliche Anlage ist. Der Geiz und sein Ausdruck sind
– Folgen der Angewöhnung. »Aber diese Stirn? dieser
Umriß des Oberhauptes?« – auch dieß kommt so nicht
unmittelbar aus der Hand der Natur – und Stirnen, die zu
dieser Form die Grundlage mit auf die Welt zu bringen
scheinen, haben sich, durch das ganze Maaß äußerlicher
Eindrücke, zu den Edelsten, oder doch zu den Heldenhafte-
sten geformt. Doch – wenn's auch möglich wäre, daß *Judas*
so ausgesehen hätte, als *Holbein* ihn zeichnet; ja wenn's
möglich wäre, daß er schon bey seiner Geburt, den Haupt-
zügen nach so ausgesehen hätte; – auch alsdann wär's dem,
der die große Hoffnung giebt: *Siehe ich mache alles neu*;
auch dann noch möglich, aus diesem Gefäße seines Zorns
ein Gefäß der Ehre zuzubereiten. *Denn, o Tiefe des Reichthums der Weisheit! wie unergründlich sind seine Wege! wie
unerforschlich seine Gerichte! – denn, – er hat alle unter den
Ungehorsam beschlossen – daß er sich aller erbarmte.*

den 7. und 8. Febr. 1774.

Christus,   nach Holbein.

Tab. IV.

Dritte Zugabe.

Christus nach Holbein.

Den Christus-Idealen will ich ein eigen Fragment wiedmen. Die Sache verdient in mehr als einer Absicht umständliche Beleuchtung.

Jetzt nur ein Wörtchen über diesen Holbeinischen Christus, das zu unserm Zweck dienen kann.

Der Unterschied ist auffallend. Man frage wieder, wen man will, ohne daß man diesen beyden Köpfen Namen gebe: »Welcher ist schön? welcher tugendhaft? welcher häßlich? welcher lasterhaft? welcher gefällt dir besser? mit welchem willst du lieber umgehen?«

Keine Frage in der Welt wird schneller beantwortet werden können, wie diese.

Vergleichet Stirn und Stirn, Mund und Mund, Gesicht und Gesicht – Wer wird anstehn?

Nimmermehr würde diese Stirn so offen, so runzellos, so heiter und edel seyn, wenn die Unruhe des gierigen Geizes, sie oft in drohende, verdrüßliche Falten gelegt hätte.

Ein offenes, absichtloses, sich jedem Herzen gern mittheilendes Herz, das nicht *leichtsinnig*, sondern *groß* ist – (zwey Dinge, die so oft mit einander verwechselt werden) wird seinen Augenbraunen selten Wendungen geben, die – die Anlagen zu widrigen Runzeln der Stirne würden.

Wenn das Aug' dieses Kopfes offen wäre (diese Art des Niedersehns ist für die Schönheit die fatalste Lage) welch eine Güte und Redlichkeit würde dir entgegen leuchten!

Der Mund ernst zwar und nachdenkend – und durch den zu harten und unbestimmten Umriß der Unterlippe etwas fade, und sonst in mancher Absicht mangelhaft – wie viel schöner dessen allen ungeachtet, als des *Judas*! und wie viel edlern Gemüths! wer kann's ausstehn, diesen von jenem geküßt zu sehen?

Ich würde den für den größten Mahler halten, der den
Kuß des Judas, die beyden Gesichter, in ihrem wahren
Kontraste, ohne Uebertriebenheit und Affektation, aber
doch jedes in seiner unvergleichbaren Individualität, zeichnen und mahlen könnte.

Die nachstehende Vignette – hat sehr wenig von dem, was
ich fordern würde.

J. R. Schellenberg fe.

Sechste Zugabe.

Greuel der Trunkenheit nach Hogarth.

»Wo heulet man? wo schreyet man? wo ist Gezänke? wo ist Klage? wo Wunden und rothe Augen? Bey denen, die sich bey dem Wein aufhalten, und kommen dem, was eingeschenkt ist, nachzufragen. Beschau den Wein nicht, wie er roth sey, und seine Farbe in dem Becher spiele: Er gehet wohl glatt hinein; aber sein Letztes wird beißen, wie eine Schlange, und stechen, wie ein Basilisk. Alsdann werden deine Augen nach fremden Weibern sehen, und dein Herz wird verkehrte Dinge reden; und du wirst seyn, als wenn du mitten auf dem Meere schliefest, und oben auf dem Mastbaum lägest.«*)

Rouſeau führt seinen *Aemil,* – und der vorige König in Preußen seinen Kronprinzen in ein Siechenhaus, um durch die sichtbaren Folgen der Unzucht vor Unzucht zu warnen –

Ein Staat, wo man alle Jahre einmal die vertrunkenen Mißgestalten von Menschen in Proceßion mit einem Gemälde nach *Hogarth,* wie das nachstehende ist, herumführte – sollte dieß nicht mehr als alle Predigten gegen die Trunkenheit wirken?

Nichts verunstaltet den Menschen so sehr, als das Laster! Feste, donnernde Wahrheit! *Nichts verschönert den Menschen so sehr, als die Tugend!* Feste, herrliche Wahrheit! – Der Hauptinnhalt, die Seele meines Werks! wenn dieß nicht empfunden wird, diese Empfindung nichts wirkt, so wünsch' ich, keine physiognomische Zeile geschrieben zu haben.

Siehe das Blatt an – und laß deiner Empfindung den Lauf! – wie tief sinkt der Mensch unter die Menschen, der ein Held ist, Wein zu saufen! wie erniedrigt er sich zum

*) Prov. XXIII. 29–34.

Thoren! zum Bösewicht, zum Hunde! wie schief, wie ekel-
haft, wie lächerlich und abscheulich, wie leichtsinnig und
frech! wie rasend und ohnmächtig wird er zugleich! welche
allgemeine Erschlaffung und Nervenlosigkeit! welcher
seichte Spott und Schwindelgeist! welche allgenugsame
Leerheit bemächtiget sich seiner! – welche Hölle von
Gesellschaft erblickst du hier – Siehe! empfind! urtheile! –
wie, wie könnten solche Gestalten Bürger des Reichs Gottes seyn! – wie unerträglich müßten sie einem Menschen,
wie unerträglich ihnen ein Mensch seyn, der auch nur wie
der Wernersche Christus in der Vignette eines vorgehenden
Blattes aussähe!

Wie hat der fette Tabaksschmaucher oben an der Tafel
alle seinen Geist in Fleisch verwandelt! welches Sattseyn
ohne Genuß! welch unbewegliche Trägheit! und der, der
neben ihm das Glas in die Höhe hält – wie erniedrigt ihn
kleingeistiger Spott! Tolles Geschrey! Bosheit ohne Kraft!
Und der sich mit der Tabakspfeife anlehnt, in welcher
stierigen gedankenlosen Genügsamkeit! Er schaut hin, ohne
was zu sehen! Er horcht, ohne zu hören! – Wie niedrig der
neben und unter ihm mit der schiefen Parucke, mit dem
schiefen liebäugelnden Gesichte! und der neben diesem mit
der Pfeife in der einen, mit der andern Hand auf sich
deutend, mit dem eingekerbten Kinn, dem etwas über sich
schauenden Auge, unvermögend, einen Menschen zu inte-
reßiren, oder etwas hervorzubringen – überhaupt, in allen
diesen schändlichen Gesichtern die Zerstreuung, die
Nichttheilnehmung, die Atonie, die der Ueppigkeit eigen
ist –

Die Vignette dieses Blattes ist ein Porträt eines durch
Brandtewein entnervten gichtischen unbekannten Menschen, der in einem Hospitale vermuthlich sich selbst und
der menschlichen Gesellschaft zur Last war. Ich hätte
gewünscht, daß der Zeichner ihn nicht verschönert hätte,
welches ich wenigstens aus dem Auge zu vermuthen Ursach

Tab. VII.

habe! der Mann muß sonst gewiß nicht der schlechteste in seinen Anlagen gewesen seyn! – und wenn er nicht Verstand im Handeln gezeigt hat, so hat er doch sicherlich in die Classe derer gehört, die Talente hatten, die sie sehr gut hätten nutzen können.

Von einigen Schwierigkeiten bey der Physiognomik.

Dieß Fragment sollte wohl das weitläuftigste in meinem ganzen Werke, und dessen ungeachtet wird's eines der kürzesten seyn. Kein ganzer Band, auch nicht der stärkste, würde hinreichend seyn, alle die unzählichen Schwierigkeiten, womit die Physiognomik umgeben ist, darzustellen und zu entwickeln.

Alle die Einwendungen, die man dagegen macht (und man macht gewiß nicht alle, die gemacht werden könnten) sind, wenn sie auch noch so wenig Grund haben – und wie viele sind doch wirklich gegründet? immer wenigstens ein Beweis von dem allgemeinen Gefühle der Schwierigkeit, womit diese Kenntniß und Erforschung der Natur umgeben zu seyn scheint.

Ich glaube nicht, daß alle Gegner der Physiognomik so viele Schwierigkeiten aufhäufen können, als ein philosophischer Physiognomiste bald genug erfahren wird. Tausendmal bin ich durch die Menge und Mannichfaltigkeit derselben bestürzt, und von allen weitern Erforschungen beynahe zurückgeschreckt worden. Aber allemal ward ich durch das Gewisse, Feste, Zuverläßige, das ich einmal gesammelt hatte, und das durch tausend Erfahrungen bestätigt, und durch keine einzige Erfahrung umgestoßen ward, so weit aufgerichtet und gestärkt, daß ich wieder Muth faßte, mich durch einen Theil der Schwierigkeiten durchzuschlagen, und wo ich mich nicht durchschlagen konnte, dieselben ruhig auf der Seite zu lassen, bis mir etwa ein Licht aufgehen, oder sich ein Vereinigungspunkt so mancher scheinbarer Widersprüche zeigen möchte.

Es ist überhaupt so eine eigne Sache mit den Schwierigkeiten! Eine eigne Gabe – bey allen, auch den leichtesten und flächsten Sachen Schwierigkeiten ohne Zahl und Schranken – zu sehen, zu erschaffen, oder zu erdichten! Ich könnte eine Menge Gesichter nach einander vorführen, die diese Gabe in einem ausnehmenden Grade besitzen. Sie haben einen ganz eignen, ganz bestimmten Character. Uebrigens sind sie ganz treffliche Leute! Salz aller Gesellschaften – aber nicht Speise! – Ich bewundere ihre Talente; aber verbäte mir ihre Freundschaft, wenn's je möglich wäre, daß sie mich um die meinige bitten könnten – Man verzeihe diese kleine Ausschweifung. Ich kehre zu den Schwierigkeiten zurück, womit die Physiognomik umgeben ist. Und bey aller Unzählbarkeit derselben, kann ich dennoch kurz seyn, weil ich hier nicht die *Einwendungen*, die man gegen die Physiognomik macht, anzuführen gedenke. Nach und nach werden die wichtigsten derselben ihre Stelle und ihre Beantwortung in diesem Werke finden. Ich kann kurz seyn, weil kaum ein Fragment dieses Werkes wird geliefert werden können, wobey Verfasser und Leser nicht Gelegenheit haben werden, Schwierigkeiten wahrzunehmen. Ich kann kurz seyn, weil das Fragment von dem *Character* des *Physiognomisten*, das bald folget, noch an manches erinnern wird; kurz seyn endlich, weil die meisten Schwierigkeiten größtentheils auf Einem Punkte beruhen –

Auf der unbeschreiblichen Feinheit unzählbarer Züge und Character – oder, auf der Unmöglichkeit, gewisse Empfindungen und Beobachtungen festzuhalten, auszudrücken, zu analysiren.

Gewissers kann wohl nichts seyn, als dieß; daß die kleinsten, tausend ungeübten Augen kaum merkbaren, Verschiedenheiten oft den verschiedensten Character anzeigen. Man wird dieß fast bey jeglichem Blatte in der Folge dieses Werkes zu bemerken Gelegenheit haben. Eine kleine Biegung oder Schärfe, eine Verlängerung oder Verkürzung, oft auch nur um die Breite eines Fadens, eines Haares; die mindeste Verrückung oder Schiefheit – wie merklich kann dadurch ein Gesicht, der Ausdruck eines Characters, verändert werden! Wer sich selbst auf der Stelle hievon überzeugen will, darf nur dasselbe Gesicht, vier- oder sechsmal mit aller möglichen Genauigkeit nach dem Schatten zeichnen, und diese Silhouettes, wenn sie ebenfalls mit aller möglichen Geschicklichkeit ins Kleine gebracht sind, unter sich vergleichen.

Wie schwer also, wie unmöglich wird, durch diese unausweichliche Verschiedenheit desselben Gesichtes, bey der sichersten Nachahmungskunst, die Präcision? und wie wichtig ist, um eben angeführter Ursachen willen, diese Präcision bey der Physiognomik?

O so oft kann der Sitz des Characters so versteckt, so verborgen und verwickelt seyn, daß ihr ihn nur in gewissen, vielleicht seltenen, Lagen des Gesichtes bemerken könnet, und daß diese Bemerkbarkeit wieder verschwindet, ehe sie den gehörigen Eindruck auf euch gemacht hat; und, wenn auch dieß geschehen ist, so kann dieser Zug so schwer zu fassen, und ganz unmöglich mit dem Pinsel, geschweige mit dem Grabstichel und mit Worten, auszudrücken seyn.

Dieß kann oft so gar mit den bleibendsten und gewissermaßen entscheidendsten und zuverläßigsten Merkmalen geschehen. Unzählige dieser Art, lassen sich weder beschreiben, noch nachmachen, und sehr viele nicht einmal mit der Einbildungskraft sich festhalten. Ihr fühlet sie mehr, als daß ihr sie sehet. Den sanfterleuchtenden, den wärmenden Lichtstral, wer will ihn beschreiben? wer zeichnen? – Wer sieht ihn nur? und wer, wer kann z. E. den Blick der Liebe – das sanfte Zittern des wohlwollenden segnenden Auges, wer das Licht oder die Dämmerung der Sehnsucht und Hoffnung, wer die feinen Züge der uneigennützigen, ruhigen Zärtlichkeit, wer das innige, mächtige, in Demuth und Sanftmuth gehüllte Dringen des Geistes, um sich her Gutes zu wirken, des Elendes weniger, und der Freuden in der Welt und Nachwelt mehr zu machen; wer – alle die geheimen in einen Blick zusammenfließenden Triebe und Kräfte eines Vertheidigers, oder eines Feindes der Wahrheit; eines rettenden Menschenfreundes oder eines schlauen Antipatrioten, wer – den auf- und niederschauenden, mächtigumfassenden, tiefdringenden Blitzblick des Genies, der weit und schnell um sich her erhellt, blendet, zittern macht, und tiefe Nacht hinter sich zurückläßt, wer kann dieses alles beschreiben oder zeichnen? – Wer Feuer mit der Kohle, Licht mit Bleystift, mit Erde und Oel Leben, darstellen?

Es ist mit der Physiognomie, wie mit allen Gegenständen des menschlichen Geschmackes, vom crassesten an bis auf den geistigsten; vom Speisegeschmack bis zum Geschmack an der göttlichsten Wahrheit! Man kann empfinden, aber nicht ausdrücken – Das Wesen jedes organischen Körpers ist an sich selbst unsichtbare Kraft! Das ist Geist! Ohne dieß unerforschliche Belebende ist alles todt und ohne Bedeutung, Kraft, Einwirkung. Und *den Geist siehet die Welt nicht und kennet ihn nicht.* O wie wahr ist dieß, wie's nun immer kalt oder warm, in Paragraphen oder Deklamationen ausgedrückt werden mag, wie wahr ist dieß, vom erhabensten göttlichen Geist an in der Person, den Jüngern und dem Evangelio, unsers großen Herrn bis auf den Geist des gemeinsten Objectes: *die Welt siehet Ihn nicht, und kennet Ihn nicht.* Es ist dieß der allgemeinste Satz, der ausgesprochen werden kann. Der große Haufe der Menschen weidet und sättiget sich unaufhörlich an Worten ohne Sinn, Aeußerlichkeiten ohne Kraft, Körper ohne Geist, Gestalt und Form ohne beseelendes Wesen – (das Eigentliche der *Abgötterey*, so wie das Eigentliche der *Schwärmerey* Verliebtheit in Geistigkeit ohne Körper ist.) – und doch ist's wiederum der allgemeinst wahre Satz, der von allen Buchstäblern, die sich niemals zum großen allgemeinen Sinne göttlicher Reden erheben können, so sehr übersehen und blos auf einen oder zween gelegentliche Fälle eingeschränkt wird, und der doch Schlüssel der ganzen Natur und Offenbarung, Seele alles Wissens, Geheimniß aller Geheimnisse, Offenbarung aller Offenbarungen ist – *der Geist ist's, der da lebendig macht*; *das Fleisch ist gar nichts nütze.*

Und wenn nun hiemit, (und wer will's, wer kann's läugnen?) wenn nun alles Fleisch blos durch den Geist, der in ihm ist, Werth hat; wenn der's ist, der Geist, den allein der Physiognomist sucht, kennen, erforschen, empfinden, offenbaren, beschreiben will; – wie schwer muß es ihm werden, das Feinste, Beste, Geistigste, in Bild und Wort zu fassen, zumal in Bild und Wort für Leute, die oft ohne Aug' und Ohr vor uns stehen! In Bild und Wort, die doch im Grunde wieder anders nichts sind, als gröber Fleisch und Geist?

Was ich hier sage, dürfte wenigen Lesern ganz verständlich und einleuchtend seyn; die wenigen aber, die's ganz begreifen werden, dürften hiebey vieles zu denken finden.

* * *

Doch wir lenken wieder ein.

Wie viel tausend kleinere und größere, physische oder moralische, Zufälle, geheime Begegnisse, Alterationen, Leidenschaften, wie oft auch nur Kleidung, Lage, Verhältniß gegen Licht und Schatten, Unbehaglichkeiten von unzähliger Art, können Euch ein Gesicht so unrichtig zeigen, oder besser zu sagen, können Euch verführen, über die wahre Beschaffenheit dieses Gesichtes und seines Characters ein falsches Urtheil zu fällen; können Euch, o wie leicht! verleiten, das Wesentliche des Characters zu übersehen, und etwas blos Zufälliges zum Hauptgrunde Eurer Beurtheilung zu machen?

»Der weiseste Mann sieht gerade so aus, wie ein Dummkopf, wenn er Langeweile hat.« – sagt *Zimmermann*, und er mag recht haben, wenn er sein Augenmerk blos auf die actuelle *Lage* der beweglichen und muskulösen Theile seines Angesichts richtet –

Und wie erstaunlich können, um aus hundert Beyspielen ein sehr gemeines anzuführen, die Blattern ein Gesicht vielleicht auf Lebenslang verunstalten? wie die feinsten, entscheidendsten Züge verziehen, verwickeln und unkenntlich machen?

Von den Schwierigkeiten, womit die feine Verstellungskunst den geübtesten Beobachter umringt, will ich nichts sagen; ein besonders Fragment wird vielleicht ein Wörtchen davon melden.

Aber, noch *eins* darf nicht verschwiegen werden.

Der beste, der stärkste, der philosophischste Physiognomist ist immer *Mensch*; das heißt hier nicht nur überhaupt: er fehlt, und kann nicht anders, als fehlen; sondern, es heißt: Es ist ein *partheyischer* Mensch, und er sollte unpartheyisch, wie Gott seyn?

Er kann sich, wie selten erwehren, alles, was er ansieht, in einer gewissen Beziehung auf sich selbst, seine Lieblingsneigung, oder Abneigung anzusehen, und zu beurtheilen. Dunkle Erinnerungen an dieß oder jenes Vergnügen oder

Mißvergnügen, welche diese oder jene Physiognomie durch diese oder jene Nebenumstände und Zufälligkeiten in seinem Gemüthe erweckt; Eindrücke, die ein Gegenstand seiner Liebe oder seines Hasses in seiner Einbildungskraft zurückgelassen haben mag – wie leicht können diese, wie nothwendig müssen diese auf seine Beobachtungen und Urtheile Einfluß haben! Und wie viele Schwierigkeiten müssen daher für die Physiognomik erwachsen – so lange die Physiognomik von Menschen, und nicht von Engeln gelehrt wird!

Also wollen wir hier dem Zweifler an der Physiognomik so viel zugeben, als er will – aber dennoch hoffen wir, daß sich in der Folge manche Schwierigkeit auflösen werde, die Anfangs dem Leser, und vielleicht auch dem Verfasser, unauflöslich scheinen mußte.

Wie kann ich übrigens dieß Fragment beschließen, ohne noch die mir schwer auf dem Herzen liegende Besorgniß, wovon ich vielleicht auch schon etwas zu verstehen gegeben habe, abzuladen –

»Daß viele schwache und unphilosophische Köpfe, die in ihrem Leben niemals beobachtet haben, niemals beobachten werden, sich nun vielleicht durch diese Schrift aufs neue veranlaßt und vielleicht gar berechtigt glauben werden, den Physiognomisten zu machen!« –

O! wer Ohren hat zu hören, der höre!

Ihr werdet so wenig *deswegen* Physiognomisten werden, weil ihr mein Buch leset, würdet's nicht werden, wenn's auch noch zehenmal gründlicher, und hundertmal vollständiger wäre; so wenig ihr große Mahler zu werden, deswegen hoffen könnt, weil ihr *Preyslers* Zeichnungsbuch copirt, und *Hagedorn* von der Mahlerey gelesen habt; so wenig ihr deswegen große Aerzte werdet, weil ihr *Boerhave* gehört; oder große Staatsmänner, weil ihr *Grotius* und *Puffendorf* gelesen habt, und *Montesquieu* beynah auswendig könnet!

Vom Nutzen der Physiognomik.

Ob deutlichere, bestimmtere, richtigere, ausgedehntere – hiemit vollkommenere *Menschenkenntniß* an sich nützlich sey oder nicht – ob hiemit auch die Kenntniß innerer Eigenschaften aus äußerlicher Bildung und Zügen Nutzen haben könne oder nicht? das ist eine Frage, deren Beantwortung in diesen Fragmenten eine der ersten Stellen verdient. Wäre die Antwort auf dieselbe bey mir nicht vor allem andern die ausgemachteste Sache gewesen, diese Fragmente würden wohl niemals das Licht der Welt erblickt haben. Es ist aber auch eine Frage, die für mich nicht schwer zu beantworten war, und es mir auch nicht für andre scheint.

Fürs erste gehört sie unter die allgemeinere Frage, ob überhaupt Kenntnisse, und ihre Vermehrung und Verbesserung den Menschen nützen? Mich dünkt, jedem uneingenommenen Menschen sollt's zum voraus lebhaft ahnden, wie diese Frage zu beantworten ist. Man muß in der That die Natur des Menschen und der Dinge oder das Verhältniß der menschlichen Glückseligkeit zu seinen Kräften und Trieben, das so sehr in die Augen springt, ganz verkennen; man muß durch sehr einseitige Urtheile sehr geblendet seyn, wenn man nicht einsieht, daß *der proportionirte Gebrauch jeder Kraft und die proportionirte Befriedigung jedes Triebes, – die im Menschen liegen, gut, nützlich, zur menschlichen Wohlfahrt unentbehrlich sey.* So gewiß der Mensch körperliche Kräfte und einen Trieb hat, zu wirken, zu schaffen, seine Kräfte zu brauchen – so gewiß ist es gut, ist es *nützlich*, daß er seine körperlichen Kräfte brauche. So gewiß er Fähigkeit und Kraft zum lieben hat, und Trieb zum lieben, so gewiß ist es gut, ist es nützlich, daß er liebe. Und eben so nun auch: so gewiß der Mensch Erkenntniß, Vermögen und Wißtrieb hat, so gewiß ist es gut, nützlich, nothwendig, daß er in gehörigem Maaße auch diesen Trieb befriedige, auch diese Kraft brauche! Wie gekünstelt kommen alle Beweise heraus, daß die Wissenschaften, daß Kenntnisse dem Menschen mehr schädlich seyn, und ein Zustand der Unwissenheit dem allen vorzuziehen sey?

Ich kann es, und muß es an diesem Orte voraussetzen, daß Physiognomik fürs erste wenigstens *den* Anspruch auf innere Nutzbarkeit habe, den man vernünftiger Weise *allen menschlichen Wissenschaften* und Kenntnissen überhaupt zugestehen muß.

Welch ein Vorzug der Wichtigkeit und Nutzbarkeit ist nun aber billig der Menschenkenntniß von je her gegeben worden? Was geht den Menschen mehr an, als der Mensch? welche Kenntniß kann mehrern Einfluß auf seine Wohlfahrt haben, als die Kenntniß seiner selbst? Physiognomik ist es also auch da wieder, die sich dieß besondre Verdienst von Nutzbarkeit zueignen darf.

Noch mehr: von allem dem, was sich immer vom Menschen wissen läßt, von allem, was sich immer über ihn, und zwar über seinen Geist raisonniren läßt, ist das, was aus Zeichen, die in die Sinne fallen, erkannt wird, was hiemit Erfahrungserkenntniß giebt, immer das Zuverläßigste und Brauchbarste, und der Nutzen desselben hiemit um so viel sichrer; welcher Philosoph wird nicht den empyrischen Theil der Psychologie allem übrigen vorziehen?

Als *Kenntniß* überhaupt, als *Menschenkenntniß* demnach, und endlich als *empyrische Menschenkenntniß* hat auch schon ohne weiters die Physiognomik das dreyfache Verdienst der Nutzbarkeit.

Wer sich nun noch eigentlicher von dem Nutzen der Physiognomik überzeugen will, der lasse sich einen Augenblick seyn, daß alle, auch die undeutlichen physiognomischen Kenntnisse, aller physiognomische Sinn aus der Welt heraus gehoben würden; welche Verwirrung, welche Unzuverläßigkeit und Unsicherheit, welche Ungereimtheit würden nicht in tausend und Millionen menschlichen Handlungen entstehen? Was ist die ewige Unsicherheit im Handeln für eine immerwährende Plage und ein schreckliches Hinderniß in allem, was wir unmittelbar mit den Menschen zu thun haben; und wie unendlich würde alsdann die Sicherheit, die auf einer Summe angeblicher, oder blos confus gedachter, deutlich bemerkter, oder blos empfundener Wahrscheinlichkeiten beruht, geschwächt! Wie viele Millionen Handlungen und Unternehmungen, die die Ehre der Menschheit sind, würden unterlassen werden!

Der Umgang mit den Menschen ist ja das erste, was uns in der Welt aufstößt; der Mensch ist berufen, mit Menschen umzugehen. Kenntniß des Menschen ist ja die Seele des Umgangs, das was den Umgang lebendig, angenehm und nützlich macht; Kenntniß des Menschen ist etwas, das auf einen gewissen Grad einem jeden Menschen schlechterdings unentbehrlich ist. Wie nun aber den Menschen leichter, besser, sicherer kennen lernen, als durch Physiognomik (im weitern Sinne des Worts) da man sie in so vielen tausend und tausend Fällen nicht aus den Handlungen kennen lernen kann?

Man bedenke nur, wie mancherley Eigenschaften eines Menschen ich in so manchen Fällen, wo ich etwas mit ihm zu thun habe, wo ich ihn zu etwas brauchen, ihm etwas auftragen etc. soll, kennen muß. Mit den unbestimmten Wörtern *gut* und *böse, verständig* oder *schwach* – wie wenig ist noch mit diesem gesagt, wenn es drum zu thun ist, einen Menschen zu kennen!

Du sagst: das ist ein guter und verständiger Mensch: – allein *ich* habe den Menschen noch nie gesehen. Wie wenig weiß ich noch mit diesen zwey Prädicaten – und was wollen die sagen bey den Millionen Arten und Graden der Güte, und den Millionen Arten und Graden des Verstandes, welche meynst du? – Ja wenn du mir noch so viel Prädikate von ihm herzählst – die Wörter alle, wie unbestimmt ist ihr Sinn und Grad? wie unsicher bin ich bey deiner Beobachtung, deiner Art zu schließen u. s. f. – Hingegen: Ich *sehe* den Menschen, seh' ihn in seinen Bewegungen und Gebärden! hör' ihn reden – welche Bestimmtheit für mich bekommen

plötzlich alle die Prädikate, die du mir von ihm hersagtest –
wie schnell modificiren und bekräftigen sie sich mir, oder
widerlegen deine Urtheile, oder setzen mich in Zweifel?
Und wie vieles weiß ich, – fühl' ich von diesem Menschen,
seit dem ich ihn gesehen habe, wie viel Convenienzen oder
Inconvenienzen an ihm, die du mir nicht beschrieben hast,
nicht hättest beschreiben können, anders als eben auch
wieder aus seinem Aeußerlichen? Als Physiognomist hiemit
– und so beweisest du also gleich wiederum den Nutzen der
Physiognomik? – Ich hoffe, ihr sehet, fühlet doch etwas von
dem unaussprechlichen Werthe der Physiognomik? –

Laßt nun den Physiognomisten – Beobachtungen machen,
Mannichfaltigkeiten und Erfahrungen, feinere Unterschiede
bemerken, Kennzeichen angeben, immer neue Wörter zu
neuen Bemerkungen machen, allgemeinere Sätze abstrahiren, physiognomische Wissenschaft, Sprache und Sinn vermehren, verfeinern und vervollkommnern – so steigt und
wächset also auch mit diesem die Brauchbarkeit und der
Nutzen der Physiognomik.

Man denke sich in die Sphären eines Staatsmanns, Seelsor-
gers, Predigers, Hofmeisters, Arztes, Kaufmanns, Freundes, Hausvaters, Ehegenossen – hinein, und schnell wird
man empfinden, wie mannichfaltigen, wichtigen Gebrauch
jeder in seine Sphäre von physiognomischen Kenntnissen
machen kann. Man könnte für jeden dieser Stände eine
besondere Physiognomik schreiben.*) (Von dem Character
des Physiognomisten, und von den Behutsamkeiten im Urtheilen – werden wir auch noch zu reden Gelegenheit haben,
und ich muß meine Leser zum voraus bitten, die Fragmente
über diese Stücke mit doppelter Aufmerksamkeit zu lesen
und durchzudenken.)

* * *

*) In *Strykii dissertationibus Iuridicis* findet sich eine *de Physiognomia*, die
verschiedenes Lesenswürdiges enthält, obgleich sie sehr mangelhaft ist. Es ist
die XIII. S. 461. T. V.

Ferner. Man muß, wenn man von dem Nutzen der Physiognomik redet, nie blos auf das sehen, was im strengern Sinne *wissenschaftlich* heißen kann, und was in dieser Absicht geleistet wird, vielmehr muß man dieses in Verbindung mit einer unmittelbaren Folge betrachten, die alle öffentliche Beyträge zur Physiognomik ohne Zweifel haben; ich meyne die Erweckung und Veranlassung zur Verfeinerung der Beobachtung und des physiognomischen Sinnes.

Wenn nun aber dieser physiognomische Sinn je mit der Empfindung des Schönen und Häßlichen, mit Gefühl der Vollkommenheit und Unvollkommenheit gepaart geht – (und welcher wohldenkende physiognomische Schriftsteller wird nicht immer beyde zugleich üben und reizen wollen?) welchen wichtigen ausgebreiteten Nutzen kann nicht da die Physiognomik haben? wie erhebt sich meine Brust bey der Ahndung – daß so viel Gefühl fürs Edle und Schöne, so viel Abscheu vor dem Niedrigen und Unedlen erweckt wird – daß so viele Reize zum Guten auf jeden Menschen, der sein Auge physiognomisch übt, wirken müssen; daß der Mensch, der nun mehr im Anschaun und unmittelbaren Gefühl von der Schönheit der Tugend und Häßlichkeit des Lasters wandelt, so mächtig, so sanft, so mannichfaltig und unaufhörlich angereizt wird, und erweckt zur Vervollkommnung seiner Natur.

* * *

Die Physiognomik ist eine Quelle der feinsten und erhabensten Empfindungen; ein neues Auge, die tausendfältigen Ausdrücke der göttlichen Weisheit und Güte zu bemerken, um den anbetenswürdigen Urheber der menschlichen Natur, der so unaussprechlich viel Wahrheit und Harmonie in dieselbige gelegt hat, in neuen Liebenswürdigkeiten zu erblicken. Wo das stumpfe, das ungeübte Auge des Unaufmerksamen nichts vermuthet, da entdeckt das geübte des Gesichtkenners, unerschöpfliche Quellen des geistigsten, sittlichsten und zärtlichsten Vergnügens. Nur er versteht die schönste, beredteste, richtigste, unwillkührlichste und bedeutungsvolleste aller Sprachen, die Natursprache des moralischen und intellectuellen Genies; die Natursprache der Weisheit und Tugend. Er versteht sie im Gesichte derjenigen, die selbst nicht wissen, daß sie dieselbe sprechen. Er kennet die Tugend, so versteckt sie immer seyn mag. Mit geheimer Entzückung durchdringt der menschenfreundliche Physiognomist das Innere eines Menschen, und erblickt da die erhabensten Anlagen, die sich vielleicht erst in der zukünftigen Welt entwickeln werden. Er trennt das Feste in dem Character von dem Habituellen, das Habituelle von dem Zufälligen. Mithin beurtheilt er den Menschen richtiger: er beurtheilt ihn blos nach sich selbst.

Ich kann das Vergnügen nicht beschreiben, das ich so oft, das ich beynahe täglich empfinde, wenn ich unter einem Haufen unbekannter Menschen – Gesichter erblicke, die, wenn ich so sagen darf, das Siegel Gottes auf ihrer Stirne tragen! wenn ein Fremder in mein Zimmer tritt, dessen Gesicht mich durch seine leuchtende Redlichkeit, seinen triumphirenden Verstand sogleich ergreift! – Wie da Menschenseligkeit gefühlt, Sinn und Geist und Herz aufgeschlossen – wie da Kraft gegen Kraft rege wird! wie da die Seele emporgetragen, begeistert, um einige Stufen höher geführt wird! – – O – du Menschen durch Menschen segnender Gott! – In einer solchen Stunde sollt' ich vom Nutzen der Physiognomik schreiben!

Die Physiognomik reißt Herzen zu Herzen; sie allein stiftet die dauerhaftesten, die göttlichsten Freundschaften. Auf keinem unumstößlichern Grunde, keinem festern Felsen, kann die Freundschaft ruhen, als auf der Wölbung einer Stirne, dem Rücken einer Nase, dem Umriß eines Mundes, dem Blick eines Auges! –

Die Physiognomik ist die Seele aller Klugheit. Indem sie das Vergnügen des Umgangs über allen Ausdruck erhöhet, sagt sie zugleich dem Herzen, wo es reden und schweigen, warnen und ermuntern, trösten und strafen soll.

* * *

Furchtbar ist die Physiognomik dem Laster! Laßt physiognomischen Sinn erwachen, und wirken in den Menschen, und da stehen sie gebrandmarkt die Kammern und Consistoria und Klöster und Kirchen voll heuchlerischer Tyranney, Geizhälse, Schmeerbäuche und Schälke u. s. f. die unter der Larve der Religion ihre Schande, und Vergifter der menschlichen Wohlfahrt waren.

Abfallen, wie welkes Herbstlaub, wird alle Ehrfurcht, Hochachtung und Zuneigung, die das betrogene Volk zu ihnen hatte. Man wird empfinden lernen, daß es Lästerung sey, solche bedaurungswürdige Figuren für Heilige, für Säulen der Kirche und des Staats, für Menschenfreunde und Religionslehrer zu halten.

* * *

Indem ich dieses schreibe, erhielt ich ein Theil meines Manuscriptes aus den Händen des Censors zurück. Dieser überaus scharfsichtige Mann hat die Gütigkeit, sich unter seine Würde gegen mich herabzulassen, und mir einige sehr feine Einwendungen und wichtige Anmerkungen mitzutheilen, die ich, mit seiner Erlaubniß, an gehörigen Orten, größtentheils anzuführen, mir die Freyheit nehmen werde. – Unter diesen Anmerkungen befindet sich eine, die gerade hieher gehört: »wenn es möglich wäre,« sagt dieser eben so kluge als philosophische Kopf, »diese Wissenschaft zu ihrer Evidenz und Stärke durchzuführen, so würde ich einen erstaunlichen Nutzen daraus prophezeyen. Ich sage von dem erhabenen Nutzen nichts, von welchem Sie reden. – Ich vermuthe: es würde ein thätiges Mittel seyn, das Laster auszurotten, oder doch einzuschränken und zu vermindern. Wenn wir einmal die Characteristik kennten, einmal den überwiegenden moralischen Hang eines Menschen in seinen

Gesichtszügen eingeprägt sehen könnten; ja wenn es unter das gemeine Volk käme, daß man das Laster im Gesicht erkennen könne; daß in einer jeden Stadt nur zwo Personen, nur zween Gelehrte seyn, die dieses können; wie sehr würde das Laster erschrecken? Auch der determinirte Bösewicht will nicht lasterhaft scheinen, zum wenigsten, nicht heißen. Wie viele blos zufällig, blos aus Unbedachtsamkeit und Leichtsinn Lasterhafte, die sich vor Gott, und den Ideen von Gott nicht scheuen, würden sich vor dem Auge des Beobachters scheuen; würden in sich selbst gehen, ihre Unarten besiegen; – um mit einem tugendhaftern Gesichte zu erscheinen?« –

Es wäre blos vom Nutzen der Physiognomik ein ganzes großes Buch zu schreiben; eine Menge Bücher – der gewisseste aber *geringste* Nutzen ist für die *Mahler*, deren ganze Kunst nichts ist, wenn sie nicht Physiognomik ist – und der *grösseste* ist – die *Bildung, Leitung und Besserung der menschlichen Herzen.* Ich werde häufige Gelegenheit haben, einzelne Anmerkungen anzubringen, die diesen Nutzen fühlbar genug machen werden. So viel will ich nur noch zum Beschluß dieses – ach! wie unvollkommenen Fragmentes sagen – was ich zum Theil auch schon habe sagen müssen – »das Bischen physiognomische Kenntniß, das ich mir erworben – und die Erweiterung meines physiognomischen Gefühls – ist mir nicht nur täglich unbeschreiblich nützlich, sondern – ich darf sagen, beynahe unentbehrlich, und ich darf, aus Furcht vor dem Vorwurfe des Enthusiasmus, den man jedem Liebhaber einer Sache sogleich zu machen pflegt, nicht den zehenten Theil von dem Nutzen bekannt machen, den ich für meine Person, theils daraus geschöpft habe, theils für mich und andere Menschen daraus zu schöpfen mir noch versprechen darf – und dessen Ueberdenkung allein mich nicht nur unter der Last dieser gleichsam verstohlener Weise erfochtenen Arbeit unterstützt, sondern auch oft Freudenthränen entlockt.«

Vom Schaden der Physiognomik.

»O du, der du sonst ein Freund der Religion und der Tugend bist, was machst du da?« – hör’ ich mir eine redliche Seele entgegen rufen! – »O wie viel Unheil wirst du stiften mit deiner Physiognomik? Du willst den Menschen die unselige Kunst lehren, seinen Bruder auch aus jeder zweydeutigen Miene zu richten? des Splitterrichtens, der Tadelsucht, des Auflaurens auf anderer Mistritte soll noch nicht genug seyn? Du willst die Menschen auch noch lehren auflauren auf des Herzens Geheimnisse, die tiefsten Fehler, auf jeden Mistritt der Gedanken? – Sieh von nun an, mit scharfem Blick – mit bewaffnetem Auge überall nur Beobachter! Nur Physiognomienbeobachter in Gesellschaften – bey Leichenbegängnissen – in der Kirche – wo sie hin kommen, diese Beobachter, sie hören nichts mehr, empfinden nichts, nehmen an nichts Antheil; sie beobachten nur Physiognomien, belauschen nur Herzen; diese alle hast du, hat dein Werk entzündet – und es flammt und wütet in ihnen, das unreine Feuer der Richter- und Tadelsucht, und verzehrt jeden Rest von Tugend und Menschenliebe in ihrem Herzen!«

»O! du sprichst vom Nutzen deiner Physiognomik, daß du die Menschen Schönheit des Ausdrucks der Tugend, und der Häßlichkeit des Lasters erkennen und fühlen lehrest, und sie so zur Tugend reizest? sie mit Abscheu vor dem Laster auch durch das Gefühl seiner äußerlichen Häßlichkeit erfüllest? – Dieß käme also, genauer betrachtet, auf das hinaus; daß der Mensch soll lernen gut werden, damit er gut scheine? daß das so schon eitle Geschöpf, das gern immer nur um Lob handelt, gern immer nur *scheint*, was es *seyn* sollte, noch eitler werde – nicht nur mit jeder That und jedem Worte, sondern selbst noch mit Mienen, jeglicher Miene, um Hochachtung und Liebe – und Lob der Menschen – buhle? Statt diese nur allzumächtige Triebfeder menschlicher Handlungen zu schwächen, und eine bessere zu stärken; statt den Menschen in sich zu weisen – sein Innwendiges zu bessern, ihn zu lehren, in Stille gut seyn, und unschuldig – ohne über den schönen Ausdruck des Guten, des Häßlichen, des Bösen mit ihm zu räsonniren.« – –

Ich bin schwer angeklagt, und die Klage hat großen Schein der Wahrheit. Aber wie leicht ist mir die Vertheidigung, wie angenehm gegen jeden, der diese Klage aus Menschen liebendem Kummer hervorbringt, und nicht aus Sentimentsprahlerey.

Die Klage ist gedoppelt. »Ich befördere die *Menschenrichterey* und die *Eitelkeit*; ich lehre den Menschen mehr richten und tadeln, und ich mache ihn eitel und scheingut?«

Ich will auf jede antworten, und es denke ja niemand, daß ich das, was Wahres an diesen Vorwürfen seyn mag, mir selbst nicht schon oft gesagt, nicht sehr oft in aller Stärke gefühlt habe.

Der erste Vorwurf betrifft einen zu erwartenden möglichen *Mißbrauch* dieser Wissenschaft.

Freylich kann eine gute Sache nicht gemißbraucht werden, bis sie da ist: und wenn sie da ist, so fängt sie an, diesen Schaden zu stiften, weil sie unschuldiger Weise von nun an Gelegenheit giebt, gemißbraucht zu werden. – Deswegen nun sollte eine gute Sache nicht seyn?

Alle wehmüthige Klage über den möglichen, sehr wahrscheinlichen, und, wenn man will, *unvermeidlichen* Mißbrauch dieser Sache, hat am Ende doch nur ihr bestimmtes Gewicht: denn wer billig seyn will, läßt sich durch kein Deklamiren *über den Schaden allein* einnehmen.

Er wiegt den Nutzen dagegen, und wenn das Uebergewicht desselben augenscheinlich ist, so beruhigt er sich und sucht den Schaden, so gut wie möglich, abzuwenden und zu vermindern.

Wer kann diese heldenmüthige Standhaftigkeit bey etwas Gutem, das auch Böses mit sich führt, besser in uns nähren: wer uns mehr heilen von jener kleinmüthigen Aengstlichkeit, die sich durch jede unvermeidliche böse Nebenfolge vom Guten abschrecken läßt – als der große Unternehmer und Stifter des größten Guten, der bey aller seiner zärtlichen Menschlichkeit, bey aller seiner Geräusch hassenden Friedfertigkeit so kühn sprach! »Ich bin nicht gekommen, Friede auf Erden zu senden, sondern das Schwerdt?«

Leid um jede schlimme Folge seines Thuns ist's ihm gewesen; aber ruhig war er doch bey allem, was an sich gut war, was überwiegend gut in seinen Folgen seyn mußte.

Leid will ich mir's seyn lassen um jede beyläufige schlimme Folge dieses Buchs, aber ruhig will ich seyn bey dem großen Uebergewichte des Guten, das es wirken wird. – Ich sehe sie deutlich und bestimmt voraus: ich verberge sie mir nicht, alle die schädlichen Wirkungen, die unfehlbar, oder doch sehr wahrscheinlich, besonders in den ersten Monaten oder Jahren – und bey denen, welche sich mit dem *leves gustus* in göttlichem und menschlichem Wissen begnügen, durch diese Schrift werden veranlasset werden; ich vergegenwärtige sie mir so sehr, wie möglich, um mich beständig im mächtigen Triebe zu erhalten, alle meine Kräfte aufzubieten, es so unschädlich, es so nützlich, wie möglich, zu machen. Diese beständige Vergegenwärtigung aller schlimmen Wirkungen, die es, wie jede gute, jede rein göttliche Sache so gar, haben *muß*, ist indessen nicht vermögend, mich muthlos zu machen, da ich bey jedem Fortschritte meiner Arbeit in der Ueberzeugung fester werde – »daß ich etwas Gutes schaffe, und daß jeder, jeder Mensch, der mich mit einiger Aufmerksamkeit lieset, und nicht das verdorbenste Herz hat, eher besser, als schlimmer werden muß?« –

Dieß überhaupt. Und nun noch nähere Antwort, auf den *ersten* Vorwurf!

I.

1) Ich lehre nicht eine schwarze Kunst, ein Arkanum, das ich hätte für mich behalten mögen, das tausendmal schadet und einmal nützt, und eben darum ein so selten entdeck-

bares Arkanum ist. Ich lehre nur – oder lieber: ich theile
Empfindungen, Beobachtungen und Schlußfolgen mit, in
einer Kenntniß oder Wissenschaft, die die allgemeinste, die
alleroffenste, die das Loos und Theil jedes Menschen ist.

Man vergesse ja nie, daß äußerer Ausdruck ja eben deswegen da ist, daß das Innere draus erkannt werde! Man vergesse ja nicht, daß der Mensch gar nichts mehr wissen müßte
noch dürfte, wenn er nicht aus Aeußerm Inners sollte erkennen lernen! Man vergesse nicht, daß jeder, jeder, jeder
Mensch, wer er auch sey, mit einem gewissen Grade des
physiognomischen Sinnes geboren sey; so gewiß jeder, der
keine Mißgeburt ist, zwey Augen im Kopfe hat. Man vergesse ja nicht, daß immer und immer in allen Zusammen-
künften, in allem Verkehr und Umgang der Menschen mit
einander physiognomisch – – nach dunkeln Gefühlen oder
klärern Bemerkungen physiognomisch geurtheilt werde! –
Daß also bekanntlich – – wenn auch physiognomische Wissenschaft niemals in ein System gebracht würde – – fast ein
jeder, nach dem Maaße, daß er mit vielen und mancherley
Menschen im Verkehr steht, sich auf seine Menschenkenntniß aus dem ersten Anblick wirklich etwas zu gute thun
würde – und es längstens gethan hat, ehe ich diesen Versuch
wagte. Ob's nun hierinn so viel schaden könne, wenn man
die Menschen, anstatt dunkler, etwas klärer und deutlicher
urtheilen lehrt; anstatt sie mit grobem Gefühl unrichtig und
verworren urtheilen zu lassen, sie mit verfeinertem Gefühl
richtig urtheilen lehrt; anstatt sie derb hinein tappen, und
mit physiognomischen Urtheilen um sich hauen zu lassen,
sie durch das Beyspiel erfahrner Physiognomisten und durch
Regeln der Klugheit und Behutsamkeit, und durch die erho-
bene Stimme der Menschenliebe, wo sie Böses zu sehen
vermeynt, mißtrauisch in ihre Physiognomik, und behutsam
im Urtheilen zu machen strebt – ob dieß alles so sehr
schaden könne? laß ich jedem zu beurtheilen über!

Das sag' ich laut und feyerlich auch bey dieser Gelegenheit: »wer aller meiner Warnungen nicht achtet; nicht achtet

aller angeführten Gründe und Beyspiele von der leichten Möglichkeit, sich noch zu irren; nicht achtet alles dringenden Zurufs der Menschenfreundlichkeit – und hingeht und wie mit einem Messer in der Hand umher wütet und seiner Brüder Redlichkeit und guten Namen damit ermordet, – der thue es auf seinen Kopf; und meine Seele sey rein von seiner Schuld, wenn einst alles Böse ans Licht kommen und seine Strafe empfangen wird, und unter allem die schärfste das unbrüderliche Richten.«

2) Ich glaube, behaupten zu dürfen, daß sehr wenige Menschen um deswillen von neuem anfangen werden, andere Menschen unbrüderlich zu belauren, zu beobachten und zu richten, die es sonst nicht gethan haben.

Leider, auch ohne daß die Physiognomik Anlaß dazu giebt, wissen viele ihren Geist und ihr Herz, für sich allein und im Umgange, mit nichts anderm zu nähren und zu unterhalten, als mit Beurtheilung anderer, und was andre thun und lassen, was anderen begegnet und warum es ihnen begegnet; was sie seyn und nicht seyn; was sie im Schilde führen, und was von ihnen zu erwarten stehe, was ihr Character, ihr Herz werth sey u. s. f. – Ja das alles wird beobachtet, belauret, erzählt, gewogen, beurtheilt, behauptet – herum geträtscht von solchen Leuten.

Und was ist's denn, was in tausend Fällen das Fundament der kühnsten und entscheidendsten Urtheile über den Geist und vornehmlich über das Herz und den Character eines Menschen abgiebt? Eine Handlung, ein Wort – eine Anekdote, die herum geboten wird – vielleicht etliche Handlungen, etliche Anekdötchen – die aber ganz gewiß wahr seyn sollen? Nun, wir wollen's seyn lassen; wollen sehen, was dann das für ein sichres Fundament der Beurtheilung der Character sey?

»Diese schlimme Handlung, und hier eine unrechte, und dort eine zweydeutige!« sagt ihr. Nun gut; aber ist sie auch pünktlich erzählt? wie schwer ist dieß! und in welchen Umständen allen? In welcher Verbindung? Mit welchen dabey vorgegangenen Gemüthsbewegungen, mit welchen dabey erregten Trieben und Empfindungen? »Das wissen wir freylich nicht alles so genau?« Das glaub' ich wahrlich! Ihr wißt das eben nicht alles so genau! und das soll nun das *sichre Fundament* der Beurtheilung – des entscheidenden Urtheils über den Character, über das Herz eines Menschen seyn? –

O wie lob' ich mir da das weit sichrere Fundament der Beurtheilung eines Menschen – die Physiognomie seines Angesichts, seiner ganzen Gestalt und Gebehrden, als einige Handlungen, außer ihrem Zusammenhange mit allen Umständen heraus geschnitten!

Ich höre K... ist ein hitziger gähzorniger Mann? woher weiß man das? Aus Handlungen. Gut: ich bekomm' ihn zu sehen, und erstaune über den Ausdruck der Sanftmuth und des bescheidenen Wesens, den ich in seinem Angesicht und seinem ganzen Wesen erblicke. Ich seh' in ihm einen sanften aber geistreichen Mann, der allenfalls zürnen kann, (wer's nicht kann, ist kein *Mann*; wer's nicht kann, dessen Sanftmuth ist keine ächte Tugend;) ich seh' ihn – aber gar nicht den hitzigen, den gähzornigen Cholerikus! Nun ruh' ich nicht, bis ich die Anekdoten, die ihn als einen hitzigen Mann taxirten, bis auf den Grund weiß. Und siehe da! der Mann hat sich einigemale in unbescheidenen Ausdrücken vergangen; und warum? – ach, ein stolzer vornehmer Herr – reizt' ihn durch die ungerechteste Zumuthung!

Ein anderer – er soll sehr große Einkünfte haben; und dennoch seine Tafel, sein Hausgeräthe und seine Kleider – wie eingeschränkt! – Diese Mäßigkeit gefällt mir; ich lobe sie – und gleich fährt man zu: »Was sie sagen! Sie sind an den Rechten gekommen! der Knicker mag sich das Eßen kaum gönnen!« Ich zucke die Achseln und denk' und sage: »dieß weiß ich mit dem edeln, gütigen Wesen seines Angesichts, der offnen Natürlichkeit seines Betragens nicht zusammen zu reimen.« Und nach kurzer Zeit werd' ich inne, daß dieser Edle, den die ganze Stadt für einen Knicker ausschreyt, alles mögliche aufhebt, und seinem angesehenen, aber ehemals verschwenderischen Vater zusendet, um ihn von einer drük-kenden Schuldenlast zu befreyen!

»Dieser Jude hat nicht den mindesten Respect für seine Obrigkeit und seine Lehrer – Er peitscht die Leute mit Stricken, die ihm wohl nie was zu Leide gethan! Er geht zu Gaste, wo man ihn nur haben will, und läßt sich's wohl seyn. Er ist ein rechter Händelstifter! Neuerlich sagte er selbst zu seinen Consorten: *Ich bin nicht gekommen Friede zu senden, sondern das Schwerdt!*« – – Welch ein Urtheil werdet ihr hier aus etlichen Handlungen fällen? – Stellet hingegen den Mann vor euch hin, nur wie ihn – nicht *Raphael*, nicht der größte Mahler, nur wie ihn etwa ein *Holbein* sich gezeichnet hat; habt nur ein wenig physiogno-misches Gefühl; o mit welcher überschwenglichen Sicher-heit und Richtigkeit werdet ihr gerade das Gegentheil aus seinem Anblick urtheilen? –

Kurz: man überlege das wohl: wie vielmehr die Physio-gnomie einen ganzen Menschen einem geübten Auge zeigt und darstellt; wie lautsprechend und wie richtig sprechend, welch ein lebendiger tausendzüngiger Ausdruck des ganzen Innwendigen der Mensch ist, der vor Euch – da steht; – So wird man gewiß des unbesonnenen und unrichtigen Rich-tens und Urtheilens halber gewiß nicht mehr, wohl aber weit weniger von der Physiognomik zu besorgen haben, wenn diese das Glück haben sollte, allgemein zu werden und das Gefühl der Menschen mehr zu schärfen.

II.

Der andere Vorwurf, den man der Physiognomik macht, ist dieser: »Sie vereitle den Menschen noch mehr, indem sie ihn reize, nur deswegen gut zu werden, um schön zu seyn.«

Wie du dieß oben sagtest, Beschützer der Unschuld, o wie war's so hinreissend gesagt! aber, wie leid es mir auch thue, ich muß dir sagen: »daß dein Ideal aus einer Unschuldswelt herabgegriffen ist, und nicht in unsere Welt paßt.«

Die Menschen, die du bessern willst, sind nicht Kinder, die gut sind und nicht wissen, daß sie's sind. Es sind Menschen, die Gutes und Böses durch Erfahrung unterscheiden lernen sollen; Menschen, die, um vollkommen zu werden, nothwendig ihr Böses, und hiemit ganz gewiß auch ihr Gutes kennen müssen. Laß neben dem Triebe edler Güte, das Verlangen nach dem Wohlgefallen der Guten immer auch mitwirken, immer eine Stütze – wenn du willst, eine Krücke menschlicher Tugend seyn; laß den Menschen immerhin erkennen und fühlen, daß Gott das Laster mit Häßlichkeit brandmarkt, und der Tugend unnachahmliche Schönheit zum Gepräge giebt – Laß ihn – sich des immerhin freuen, wenn er die Verschönerung seiner Züge mit der Veredlung seines Herzens zugleich fortgehen sieht; nur sag ihm dabey: »daß *Güte* aus *Eitelkeit* nie lautere Güte, sondern Eitelkeit sey; daß Eitelkeit ewig ihr eignes unedles Gepräge habe, und wahre Tugendschöne gerade durch nichts anders und ewig nichts anders, als durch Tugend selbst, hiemit auch durch Reinigung von Eitelkeit – erlangt werde.«

Siehst du die Thräne im Auge des Jünglings, der von der Tugendbahn wich, und dem sein Spiegel oder der bestürzte traurig verweilende Blick eines physiognomischen, das ist, eines feinfühlenden Freundes, seinen Verfall, und jedes edle Ideal eines edlen Mahlers die Würde der menschlichen Natur zeigt; – Laß ihn – Es flammt von nun an ein Entschluß in seiner Brust, eine würdigere Zierde der schönen Gottesschöpfung zu werden, als er's bisher war! ....

Der Physiognomist.

Jeder Mensch hat Anlage zu allem; und dennoch läßt sich sicherlich behaupten, daß er zu sehr wenigem besondere Anlage habe.

Alle Menschen haben Anlagen zur Zeichnungskunst, denn alle können gut oder schlecht schreiben lernen. Aber unter zehentausenden wird nicht Einer ein guter Zeichner. So mit der Beredtsamkeit und Dichtkunst. So mit der Physiognomik.

Alle Menschen in der Welt, die Augen und Ohren haben, haben Anlagen zur Physiognomik. Aber unter zehentausenden wird nicht Einer ein guter Physiognomist werden.

Es wird also wohl einiger Untersuchung werth seyn – »wer keine, wer große Anlagen habe, Physiognomist zu werden, – mithin ein Bild des wahren Physiognomisten zu entwerfen.« –

Ich wünschte sehr, daß mir dieses Fragment vor allen andern gelingen möchte, weil mir unendlich viel daran liegt, jeden von dem eigentlichen Studium der Physiognomik wegzuschrecken, der nicht vorzügliche Anlagen und Talente dazu hat. Ein Afterphysiognomist mit schlechtem Kopf und schlimmen Herzen, ist wohl das verächtlichste und schädlichste Geschöpfe, das auf Gottes Erdboden kriecht.

* * *

Keiner ohne gute Bildung wird ein guter Physiognomiste werden. Die schönsten Mahler wurden die größten Mahler. *Rubens, Vandyk, Raphael*, drey Stufen von Männerschönheit! drey Stufen mahlerischen Genies! Die wohlgebildetsten Physiognomisten – die besten. So wie die Tugendhaftesten am besten über Tugend, die Gerechten am besten über Gerechtigkeit urtheilen können, so die besten Gesichter am besten über das Gute, Schöne, und Edle der menschlichen Gesichter, mithin auch, wie schon bemerkt worden, über das Unedle und Mangelhafte. Die Seltenheit wohlgebildeter Menschen ist sicherlich ein Grund, warum die Physiognomik in einem so übeln Rufe steht, und so vielen Bezweifelungen ausgesetzt ist.

Wie waren die Alten hierinn so überlegend und scharfprüfend! wie können's ach! so wenige unter uns seyn, – »in unsern lauen polizirten lieben Verfassungen und Himmelsstrichen – denn was noch von physischer Kraft aus den Lenden unserer Väter zu uns übergedunstet seyn mag, ist durch schöne Wissenschaften und warme Stuben, und die elende Speise, und den tödtlichen Genuß unserer neuweltischen Getränke so verdünnet, oder versäuert, daß ich gar nichts davon reden oder hören mag.«*)

»Wer einen Leibesmangel hatte; blind oder lahm war, oder eine eingedrückte Nase hatte, oder Glieder, die sich nicht schicken; oder höckericht, oder unnatürlich dünne war; der durfte sich nicht hinzunahen zum Altar des Herrn,**)« – und ins Heiligthum der Physiognomik soll sich keiner wagen, der eine krumme Seele, eine verworrene Stirn, ein schiefes Auge, einen verzogenen Mund hat. –

»_Das Aug' ist des Leibes Licht:_ wenn nun dein Aug' _einfältig_ ist, so ist auch dein ganzer Leib _heiter_. Wenn es aber _bös_ ist, so ist auch dein Leib _finster_. So siehe nun, ob nicht das Licht, das in dir ist, _Finsterniß_ sey. Denn, wenn das _Licht_, das in dir ist, _Finsterniß_ ist, wie groß wird dann die Finsterniß seyn? Wenn aber dein ganzer Leib heiter ist, also daß er keinen finstern Theil hat, so wird's eben so viel seyn, als ob ein Licht dich mit Glanz erleuchtete?«***)

Diese Worte kann der nicht genug erwägen, nicht tief genug erforschen, der Physiognomist werden will.

Einfältiges Auge, und das alles sieht, wie's ist, nichts hineinsehen, nichts übersehen, nichts schief sehen, alles nur gerade sehen will, was und wie es sich ihm darstellt – O du

*) Aus einem Schreiben eines Freundes.

**) III. B. Mos. XXI.17–23.

***) Matth. VI.22.23. Luc. XI.34.35.36.

vollkommenstes Bild der Vernunft und Weisheit! Was sag'
ich: *Bild*? Du einzige wahre Vernunft und Weisheit – ohne
dich, helles Licht, wird alles in und um den Physiognomisten herum dunkel seyn.

Wer dieß nicht versteht – nie unterstehe sich der ein Wort
über Physiognomie oder Physiognomik zu faseln? Hier
flüchtige Leser und seichte Beurtheiler – ohn' Augen und
ohne Licht – hier ein Zielpunkt eures Spottes, und ein
Ruheplatz seelenlosen Gelächters . . . .

Wer in seinem Leben einmal gesagt hat, oder es hätte
sagen können – »Es gilt mir gleichviel, wie der Mensch
aussehe! Ich geh' auf seine Thaten, und nicht auf sein
Gesicht;« einmal gesagt hat, oder es hätte sagen können:
»Mir scheinen alle Stirnen gleich; ich kann an den Ohren
keinen Unterschied bemerken,« oder so was; der unterstehe
sich nie über die Physiognomie ein Wort zu reden.

Wer nicht sehr oft beym ersten Anblick einzelner Menschen, die sich ihm nähern, um etwas von ihm zu verlangen,
oder etwas mit ihm zu behandeln, eine geheime Bewegung,
Zu- oder Abneigung, Anziehung oder Widerstand fühlt, der
wird in seinem Leben nie Physiognomist werden.

Wer einmal ein Wort davon fallen lassen, daß er Kunst
mehr suche, als Wahrheit; mahlerische Manier höher schätze
als Sicherheit der Zeichnung; wen der übermenschliche Fleiß
im *Vanderwerf* und sein poliertes elfenbeinernes Fleisch
mehr rührt, als ein Kopf von *Titian*: wer sich nicht gern in
Geßners Landschaften hineinträumt; in *Bodmers* Arche keinen Ort findet, wo sein Fuß ruhen kann; in *Klopstocks*
Aposteln nicht die edelste Menschheit, in seinem *Eloa* nicht
den Erzengel, in seinem *Christus* bey Samma nicht den
Gottmensch fühlt; wem *Goethe* nur witzig, *Herder* nur
dunkel, *Haller* nur hart ist; wessen Herz nicht still und innig
zittert vor dem Kopf des *Antinous*; wen *Apollos* Erhabenheit
nicht erhebt; wer sie *Winkelmannen* nicht wenigstens nach-
fühlt; wer beym ersten Anblick dieser Trümmer alter ideali-
scher Menschheit nicht über Verfall der Menschheit und

ihrer Nachahmerinn, der Kunst, beynahe Thränen vergießt; wer auf den ersten Anblick in den trefflichsten antiken Gemmen, im *Cicero* nicht den offnen Kopf, im *Cäsar* nicht den unternehmenden Muth, im *Solon* nicht tiefe Klugheit, im *Brutus* nicht unüberwindliche Festigkeit, im *Plato* nicht göttliche Weisheit; und in den neuern Medaillen eines *Montesquieu* nicht die höchste menschliche Sagacität, in *Hallern* nicht den heitern Blick voll Ueberlegung, und den untadelhaften Geschmack, in *Locken* nicht den tiefen Denker, in *Voltairen* nicht den witzreichen Satyr, auf den ersten Blick entdeckt – wird in seinem Leben kein erträglicher Physiognomiste werden.

Wer nicht verweilt beym Anblick und anbetendem Betrachten eines unbemerkt sich glaubenden – Wohlthäters: wen die Stimme der Unschuld, und der unerfahrne Blick unentheiligter Keuschheit; wen der Anblick eines schlafenden hoffnungsvollen Kindes im Arm der auf seinen Odem niederhorchenden Mutter – wen der Händedruck eines treuen Freundes, und sein Blick, der in einer zerfloßnen Zähre schwimmt – wen das nicht rührt, wer drüber weghüpfen kann, sich dem Anblick entreißt – und spottlächelt, der wird eher seinen Vater erwürgen, als ein Physiognomist werden.

Und was fordern wir denn von einem Physiognomisten? – welches werden denn seine Anlagen, Talente, Eigenschaften und Fertigkeiten seyn müssen?

Vor allen Dingen, wie zum Theil schon bemerkt worden, soll der Physiognomist, einen wohlgebauten, wohlgestalten und fein organisirten Körper und scharfe Sinne haben, welche der geringsten Eindrücke von außen fähig, und geschickt sind, dieselben getreu und unverändert bis zum Gedächtniß, oder, wie ich lieber sagen wollte, zur Imagination fortzuführen, und den Fibern des Gehirns einzuprägen. Insonderheit muß sein Auge vorzüglich fein, hell, scharf, schnell und feste seyn.

Diese feinen Sinne müssen seinen Beobachtungsgeist bilden, und hinwiederum durch den Beobachtungsgeist ausgebildet und zum Beobachten geübt werden. Der Beobachtungsgeist muß Herr über sie seyn.

Die schärfsten Augen sind nicht allemal, sind selten bey dem besten Beobachter. Die gemeinsten Köpfe haben sehr oft das beste Gesicht; und der blinde *Sanderson* würde beym schwächsten Gesicht ein trefflicher Beobachter geworden seyn. –

Beobachten oder wahrnehmen mit Unterscheiden, ist die Seele der Physiognomik. Es ist alles. Der Physiognomist muß den feinsten, schnellesten, sichersten, ausgebreitetsten Beobachtungsgeist haben. Beobachten ist Aufmerken. Aufmerken ist Richtung der Seele auf etwas besonders, das sie sich aus einer Menge Gegenstände, die sie umgeben, oder die sie zu ihrer Betrachtung wählen könnte, ausnimmt; Aufmerken ist, etwas mit Beyseitsetzung alles andern absonderlich betrachten, und die Merkmale und Besonderheiten davon zergliedern; folglich unterscheiden. Beobachten, Aufmerken, Unterscheiden, Aehnlichkeiten und Unähnlichkeiten, Verhältniß und Mißverhältniß entdecken, ist das Werk des Verstandes. Ohne einen scharfen, hohen, vorzüglichen Verstand wird also der Physiognomist weder richtig beobachten, noch seine Beobachtungen reihen, und vergleichen, noch vielweniger die gehörigen Folgen daraus herleiten können. Die Physiognomik ist die größte Uebung des Verstandes; die Logik der körperlichen Verschiedenheiten! – Welch eine Festigkeit, Sicherheit, Reife des Verstandes erfordert's – recht zu sehen? Nicht mehr, und nicht weniger zu sehen, als sich der Beobachtung darstellt? Nicht mehr und nicht weniger zu schließen, als richtige Beobachtungen und Prämissen in sich fassen? Welche Uebung des Verstandes, den Punkt zu wissen, wo man der sichern, zuverläßigen, bestimmten Beobachtungen genug hat; die verschiedenen Wege zur physiognomischen Wahrheit zu entdecken, ihren verhältnißmäßigen Werth zu schätzen; und jeden brauchbar zu machen?

Mit dem hellesten und tiefsten Verstande verbindet der wahre Physiognomist eine lebhafte, starke, vielfassende Imagination, und einen feinen und schnellen Witz. Imagination, um sich alle Züge, nett und ohne Mühe einzuprägen, und sich, so oft er will, mit Leichtigkeit zu erneuern: in seinem Kopfe die Bilder, wie er will, zu reihen; als ob sie ihm vorm Auge stünden, als ob er sie mit seinen Händen hin und her versetzen könnte, so muß er's mit der Imagination zu thun im Stande seyn.

Witz ist ihm eben so unentbehrlich, um die Aehnlichkeit gefundener Merkmale mit andern Dingen leicht zu finden. Er sieht, zum Exempel, einen solchen oder solchen Kopf, solch oder solche Stirne, die etwas Characteristisches haben. Dieß Characteristische prägt sich seine Imagination sogleich ein, und sein Witz führt ihm Aehnlichkeiten herbey – die seinen Bildern mehr Bestimmung, Festigkeit, Zeichen und Ausdruck leihen können. Er muß die Fertigkeit besitzen, Approximationen zu jedem bemerkten characteristischen Zuge zu bemerken – und die Grade dieser Approximationen vermittelst des Witzes zu bezeichnen. Ohne einen großen Grad von geübtestem Witze wird es ihm unmöglich seyn, seine Beobachtungen auch nur einigermaßen erträglich auszudrücken. Der Witz allein bildet und erschafft die physiognomische, itzt noch so unaussprechlich arme, Sprache. Ohne einen unerschöpflichen Reichthum der Sprache wird keiner ein großer Physiognomist werden können. Der höchstmögliche Reichthum der Sprache ist Armuth gegen das Bedürfniß der Physiognomik. – Der Physiognomist muß die Sprache vollkommen in seiner Gewalt haben. Er muß ein Schöpfer einer neuen Sprache seyn, die eben so bestimmt als angenehm, natürlich und verständlich ist. Alle Reiche der Natur, alle Nationen, alle Werke des Geistes, der Kunst und des Geschmackes, alle Magazine der Wörter müssen ihm zu Gebote stehen, und ihm darleihen, was er bedarf.

Unentbehrlich ist ihm, wenn er in seinen Urtheilen sicher, und in seinen Bestimmungen fest seyn will, die Zeichnungskunst. Ein Mahler von bestimmter Theorie – der zugleich Uebung hat; ein Arzt von bestimmter Theorie, dem zugleich die wichtigsten Krankheiten schon durch die Hände gegangen – wie unendlich richtiger und sicherer werden die von Mahlerey und Arzneykunst sprechen oder schreiben können, als gleich große, vielleicht als viel größere Theoristen ohne Uebung? Zeichnung ist die erste, die natürlichste, die sicherste Sprache der Physiognomik; das beste Hülfsmittel für die Imagination; das einzige Mittel unzählige Merkmale, Ausdrücke und Nüances zu sichern, zu bezeichnen, mittheilbar zu machen, die nicht mit Worten, die sonst auf keine Weise zu beschreiben sind. Der Physiognomist, der nicht zeichnen kann, schnell, richtig, bestimmt, characteristisch zeichnen – wird unzählige Beobachtungen nicht einmal zu machen, geschweige zu behalten und mitzutheilen, im Stande seyn.

Auch soll er die Anatomie des menschlichen Körpers und nicht nur derjenigen Theile, welche sich dem Gesichte darstellen, richtig verstehen; er muß die Verbindung und den Gang, auch die Aeußerung der Muskeln kennen; genau kennen die Proportion und den Zusammenhang aller menschlichen Gefäße und Gliedmaßen; das höchste Ideal eines vollkommenen menschlichen Körpers wohl inne haben; nicht nur, um jede Unregelmäßigkeit, so wohl in den festen als in den muskulösen Theilen, sogleich zu bemerken, sondern auch um alle diese Theile sogleich nennen zu können, und also in seiner physiognomischen Sprache fest zu seyn. Eben so unentbehrlich ist ihm die Physiologie oder die Lehre von der Vollkommenheit des menschlichen gesunden Körpers. Er muß ferner die Temperamente genau kennen; nicht nur die äußerlich durch die verschiedenen Blut-

mischungen bestimmten Farben des Körpers, sein Air
u. s. f. sondern auch die Bestandtheile des Geblütes, und die
verschiedene Proportion derselben; vorzüglich aber die
äußerlichen Zeichen der Beschaffenheit des ganzen Nervensystems wissen, worauf bey Erforschung der Temperamente
so viel mehr ankömmt, als auf die Kenntniß des Blutes.

Aber welch ein geübter tiefer Kenner des menschlichen
Herzens und der Welt sollt' er seyn? Wie tief sich selbst
durchzuschauen, zu beobachten, zu ertappen gewohnt! –
Diese schwerste, diese nöthigste, diese wichtigste aller
Kenntnisse sollte der Physiognomist auf die vollkommenste
Weise besitzen, wie's nur möglich ist. Nur nach dem Maaße
als er sich kennt, wird er andere zu kennen fähig seyn. Nicht
nur überhaupt ist ihm diese Selbstkenntniß, dieses Studium
des menschlichen, und besonders seines eignen Herzens, der
Genealogie und Verschwisterung der Neigungen und Leidenschaften, der Symptomen und Verwandlungen derselben
unentbehrlich. Diese genauste Selbsterkenntniß ist ihm auch
noch um eines andern Grundes willen äußerst nöthig. »Die
besondern Nüancen« (ich bediene mich hier der Worte eines
Recensenten meiner ersten kleinen Versuche, von denen ich
das wenige Brauchbare nun dem gegenwärtigen Werke ein-
schmelze; des einzigen Recensenten, der sich die Mühe
genommen, und die Billigkeit gehabt hat, in den Körper und
Geist dieser Brochüren einzudringen, und mich gegen die
unbesonnenen Verurtheilungen so mancher Witzlinge, ohne
mit mir in dem geringsten Verhältnisse zu stehen, in Schutz
genommen hat, wiewohl er sonst in hundert andern Dingen
so verschieden, wie möglich, von mir denket; dieses Mannes
Worte will ich hier anführen:) »die besondern Nüancen in
den Empfindungen, die der Beobachter an dem Objecte
vorzüglich wahrnimmt, beziehen sich oft auf seine eigne
Seele, und werden ihm nur durch die Art, mit der seine
eigene Geisteskräfte gemischt sind, durch die besondere Art,
mit der er alle Gegenstände in der physikalischen und moralischen Welt betrachtet, vorzüglich vor andern sichtbar, und

erscheinen ihm auch unter einem besondern Augpunkte. Daher sind eine Menge solcher Beobachtungen nur blos für den Beobachter selbst, und so lebhaft sie auch von ihm empfunden werden, können sie von ihm doch nicht leicht andern mitgetheilt werden. Gleichwohl haben diese feinen Beobachtungen sicherlich einen Einfluß in das Urtheil. Der Physiognomist muß also, wenn er sich selbst kennt (und dieß sollte man billig, ehe man andere wollte kennen lernen) das Resultat seiner Beobachtungen wieder mit seiner eigenen Denkensart vergleichen, und dasjenige, was allgemein zugegeben ist, von demjenigen absondern, was aus seiner individuellen Beobachtungsart entstehet.«*) – Ich lasse diese wichtige Anmerkung itzt unberührt. Ich habe oben schon in dem Stücke von den *Schwierigkeiten*, die Physiognomik zu studiren, und noch früher schon eine ähnliche Anmerkung gemacht.

Also, will ich itzt nur noch bekräftigen, daß Kenntniß, genaue tiefe Kenntniß seines eignen Herzens eines der trefflichsten Ingredienzien zu dem Character des Physiognomisten ist . . . .

O – wie merk' ich's mir an, wie ahnd' ich's mir in meinem Gesichte, wie muß ich die Augen niederschlagen und das Angesicht wegwenden, – wie Menschenaug' und Spiegel fliehen, wenn ich eine unedle Regung in mir wahrnehme! wie fürcht' ich mich vor meinem eignen prüfenden Blicke, oder dem beobachtenden Blicke anderer, wenn ich mein Herz über einem unredlichen Kunstgriffe gegen sich selber oder andere ertappe – – O! Leser, wenn du nicht oft über dir selber erröthest – wenn dich, und wärest du auch der Beste aller Menschen, denn auch der Beste aller Menschen ist Mensch! – wenn dich diese Schaam nicht sehr oft durchwandelt; wenn du nicht oft deine Augen vor dir und andern um deinet willen niederschlagen mußt; wenn du nicht dir und deinem Freunde gestehen kannst, daß du die Wurzel aller

*) Allgem. deutsch. Bibliothek. XXIII. B. II. St. S. 327.

Laster in deinem Herzen fühlest; wenn du dich nicht tausendmal in der Einsamkeit, wo niemand als Gott dich sahe, niemand als dein Herz mit dir sprach, vor dir selber tief geschämt hast – wenn du nicht Stärke genug hast, dem Gange deiner Leidenschaften bis auf den ersten Fußtritt nachzuspüren, und den ersten Stoß zu deinen guten und schlimmen Handlungen zu erforschen – und dir zu gestehen, Gott und einem Freunde zu gestehen; wenn du keinen Freund hast, dem du's gestehen darfst – keinen Freund, dem du dich ganz zeigen darfst, der dir sich ganz zeigen darf, dem du Repräsentant des Menschengeschlechts, und der Gottheit bist; der dir Repräsentant des Menschengeschlechts und der Gottheit ist; – in dem du dich erspiegeln kannst, der sich in dir erspiegeln kann; – wenn du nicht ein guter edler Mensch bist – so wirst du kein guter, würdiger Menschenbeobachter, Menschenkenner, Physiognomist werden!

Soll dir deine Beobachtungskunst nicht zur Quaal, und deinem Nebenmenschen nicht zum Nachtheil gereichen; wie gut, wie sanft, unschuldig und liebreich muß dein Herz seyn! Wie willst du Liebe sehen, ohne Liebe zu haben? Wenn Liebe dir die Augen nicht schärft, die Züge der Tugend, die Ausdrücke edler Gesinnungen sogleich zu bemerken, wie viel tausendmal wirst du sie in einem durch diesen oder jenen Zufall, diese oder jene Aeußerlichkeit verunstalteten Gesicht übersehen? Wenn niedrige Leidenschaften, wie eine Leibwache um deine Seele herumstehen, – wie viele falsche Nachrichten, wie schiefe Beobachtungen werden sie dir hinterbringen! Feindschaft, Stolz, Neid, Eigennutz seyn fern von dir – oder dein Auge wird böse, und dein ganzer Leib finster seyn! du wirst Laster auf der Stirne lesen, wo Tugend geschrieben steht, und dem andern die Fehler andichten, deren dein eigen Herz dich anschuldiget! Wer eine Aehnlichkeit mit deinem Feinde hat, der wird alle die Fehler und Laster an sich haben müssen, die deine gekränkte Eigenliebe dem Feinde selbst aufbürdet! die schönen Züge wirst du übersehen; die schlechtern verstärken, und allenthalben Carrikatur und Unregelmäßigkeit wahrnehmen. –

Hätt' ich etwas vom Geiste jener erhabnen Menschenkenner, die mit Gottes Gewißheit Geister prüften und die Gedanken der Menschen lasen – so würd' ich, ach! wie viel mehr noch von dem Herzen der Physiognomisten fordern dürfen! Ich eile zum Beschluß. –

Daß der Physiognomist Kenner der Welt seyn, mit den verschiedendsten Menschen in den verschiedendsten Angelegenheiten und Verhältnissen Umgang haben müsse; daß er nicht in einem Winkel seines Hauses eingesperrt leben, oder nur selten des Umgangs mit den Menschen, und nur mit gemeinen, nur immer mit einerley Menschen, pflegen müsse; daß besonders Reisen und weitläuftige mannichfaltige Bekanntschaften, – daß genauer Umgang mit Künstlern, Menschenkennern, sehr lasterhaften und sehr tugendhaften, sehr weisen und sehr dummen Personen, am meisten aber mit Kindern – daß Literatur und Geschmack an Mahlerey und allen Werken bildender Künste, daß dieß und noch vieles andere ihm unentbehrlich sey – wird dieses eines Beweises bedürfen? Ich fasse zusammen: Der Physiognomist verbindet mit einem wohlgebildeten und wohl organisirten Körper, mit einem feinen Beobachtungsgeiste, mit einer lebhaften Einbildungskraft, mit vorzüglichem Witze und mit manchen andern Kunstfertigkeiten und Kenntnissen, ein starkes, sanftes, heiteres, unschuldiges von menschenfeindlichen Leidenschaften freyes mit sich selbst wohl vertrautes Herz. Gewiß versteht niemand die Blicke der Großmuth und die Züge erhabner Eigenschaften, als wer selber großmüthig, edel und erhaben denket, und großer Thaten fähig ist.

1.

3.

Physiognomische Uebungen zur Prüfung des physiognomischen Genies.

Vier Silhouetten.

Alle diese vier Silhouetten sind von ganz außerordentlichen Menschen. Drey davon sind beynahe ohne Cultur. Die vierte kennen wir schon, denn es ist eben dieselbe mit der in der letztvorhergehenden Vignette.

Die erste hat etwas *Unbiegsames* und bisweilen Trotziges. Nicht im Munde sollst du's suchen, denn der ist im Kupfer zu sehr beschnitten worden. Wo mag der Ausdruck dieser Unbiegsamkeit seyn? Sie hat dabey ausnehmenden Verstand, und ein recht gefälliges, gutes, dankbares Herz. *Entsetzliche Kraft* und *Ohnmacht* in *beständigem Streit* – ist ihr wahrer Character. Ausdruck der erstern glaub' ich in der Stirne, der letztern im Untertheil des Gesichtes zu bemerken.

Die *zweyte* Silhouette – ist eine zur Schwermuth, und eingezogensten Stille verwöhnte, unbekannte, sehr gütige, fromme Seele von großem Verstande, erstaunlicher Empfindlichkeit, und die all' ihre Kraft zu innerm Leiden, wie eine dürftige Wittwe Holz zu Flammen, zusammenrafft. Noch nie hab' ich sie heiter, noch nie – sich in ihrer unaussprechlichen Güte fühlend gesehen. Sehr verschlossen, – und dennoch die aufrichtigste Seele. O könnte ich ihr Ruh ins Herz – *predigen*; denn das ist noch die Sprache, die sie am meisten versteht; am liebsten hört – So sehr sie ganz Ohr ist: sie hört nur, was wider sie, nicht was für sie ist. Sie würde ihr Leben für den unbekanntesten Menschen aufopfern, und klagt immer über Mangel der Liebe. Sie hat kein Leiden, als wenn ihr Anlaß und Kraft fehlt, Gutes zu thun – Sie thut's, wo sie's kann, und dennoch wähnt sie nichts zu thun. Kennte sie mehr die menschliche Natur; hätte sie mehr Umgang mit Menschen; – würde sie Stärke des Geistes genug haben, zu sehen, daß die alleredelsten Seelen schwach, und die unschuldigsten Menschen – Menschen sind. Bis aufs Unterkinn halt ich das für ein treffliches Profil. Das Unterkinn zeigt in *diesem* Gesicht einigen Hang zur Trägheit.

Von der *dritten* wär' ein Buch zu schreiben. Die allerstillste, erhabenste und freyste Seele! So stillerhaben und erhabener noch, als die vorige, aber so frey und stark wie möglich! In der äußersten Demuth sich dennoch ganz fühlend. Voll des kühnsten Muths in der Tiefe der Seele! Fest in sich verschlossen, nur blitzweise hervorleuchtend. Ohne Cultur voll des sichersten unbestechlichsten Geschmacks! unersättlich im stillen Forschen! Feindinn alles Geräusches und dennoch in der unbegreiflichsten Aktivität. Verachtend alles, was nicht das Edelste, Schönste, Göttlichste ist, und im Kleinsten, Verächtlichsten – Gott erblickend, Gott findend, Gott anbethend –

Die beygestochnen Linien sollen fürs erste nur aufmerksam machen; nur Wink zur Uebung seyn. Wir werden wieder drauf zurückkommen.

[...]

Neun erdichtete Silhouetten.

Es ist keine von allen diesen Silhouetten nach der Wahrheit und Symmetrie der Natur gezeichnet.

Es sind dem Zeichner nur gewisse Gesichtspunkte und allgemeine Ideen vorgehalten worden, die ihn leiten sollten. Es sollten Uebungen des physiognomischen Gefühles seyn, dunkle Wahrnehmungen in bestimmtere Bilder verfaßt – Zeichen, wodurch dem Leser manche sonst unausdrückbare Idee anschaulich gemacht; Gelegenheiten, wobey ihm auf einmal vieles gesagt, worauf er in der Folge mehrmals verwiesen werden kann.

Setze dich also neben mich, freundschaftlicher Leser, und laß dir etwas von dem Resultat bisheriger Beobachtungen mittheilen, und antworte mir im Geiste mit den deinigen.

1.

Solche scharfe eckigte Gesichter hab' ich immer vorzüglich verstandreich und tiefschauend gefunden. Das Kinn scheint mir zu diesem eckigten Umrisse zu glatt.

2.

Die Stirne gut; je tiefer herab, desto schwächer.

3.

Ein sehr mittelmäßiges Gesichte, die untere Hälfte der Nase ausgenommen.

4.

Die Nase sicherlich edel und verständig, das Uebrige gemein, zaghaft, leer; solche Stirne hab' ich noch nie bey solcher Nase gesehen, auch nicht ein so blödes Untergesicht.

5.

Die Stirne ziemlich gemein. Unter der Stirne viel Nachdenken, Ueberlegung, Klugheit und Ruhe. Aber keine Erhabenheit der Seele, und keine siegende Schnellkraft.

6.

Bis zur Oberlippe forschender, systematischer Verstand. Untenher weibliche Bonvivanterey.

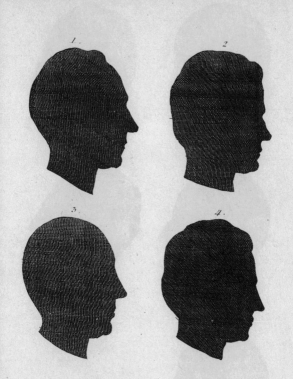

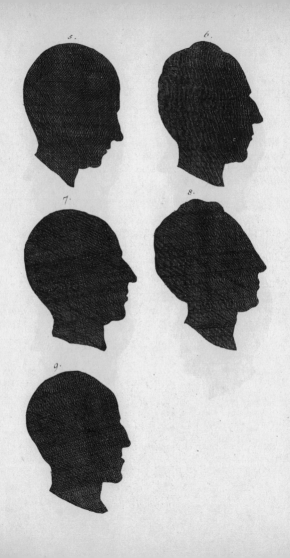

7.

Ein ziemlich leeres, zaghaftes, kraftloses, trocknes Gesicht, das in der Welt gewiß nie was Großes wirken wird.

8.

Bis unter die Nase ausnehmend viel fester männlicher Verstand – Bemerke das Schiefe, und das Eckigte. – Auch bis zum Unterkinn ist Verstand. Das Unterkinn harmonirt nicht mit dem ganzen Obertheile des Gesichtes.

9.

Ein Gemisch von Verstand und Etourderie; die Länge des Untertheils des Gesichtes, und die Beugung der Linie der Oberlippe von der Nase an zeigt Etourderie an.

Von den Hintertheilen des Gesichtes, die größtentheils schlecht sind, will itzt nichts sagen.

Die nachstehende Silhouette ist nicht vollkommen, aber dennoch bis auf den etwas verschnittenen Mund, der getreue Umriß von einem der größten und reichsten Genies, die ich in meinem Leben gesehen.

Kleinjogg.

Kleinjogg.

Sollte nicht auch ein Porträt von einer ganz schönen, ganz edlen Seele unter die Uebungen in diesem Fragmente gehören? Ja wär's nicht am besten gewesen, statt aller Ideale bloße Porträte im ganzen Buche vorzulegen, um die Harmonie physischer und moralischer Schönheit und Schlechtigkeit außer allen Zweifel zu setzen? – um alle physiognomische Kenntnisse blos auf unmittelbare Erfahrungen zu gründen? . . . Ja, mein Freund, aber Porträte von schlechten Menschen würden beleidigen – und Porträte von guten, stolz machen? Das will ich eben nicht sagen! – aber – man kann sie nicht machen. Das Schönste wird schlecht auf dem Papier! Welch ein Unterschied, das bewegsamste Fleisch und das harte und zähe Kupfer! Welch ein Unterschied, die Wölbung eines Muskels, der aus wallendem Licht und Schatten zusammenschmelzende Zug der Augen oder der Lippen – und eine, wie mit einer Pflugschaar gezogene, oder mit einschneidendem Aezwasser ausgefressene Furche! – und dann noch Leben und – Leblosigkeit! Ein Punkt, und Millionen sich fortwälzende Punkte. –

Daß man eigentlich gar kein Menschengesicht ganz richtig zeichnen kann, so wenig sich der Character eines Menschen von irgend einem Menschen richtig beschreiben läßt – das ist bey mir die ausgemachteste Sache von der Welt.

Je originaler ein Mensch ist, desto weniger ist sein Gesicht zu zeichnen; sein Character zu beschreiben; obgleich sich vielmehr von ihm zeichnen, gewiß mehr von ihm erzählen läßt, als von tausend Alltagsgesichtern und gemeinen Charactern.

Man könnte es fast als eine Regel annehmen: *Je mehr von einem Menschen gesagt werden kann, desto weniger kann von ihm gesagt werden.* So, wie's, bey mir wenigstens, ausgemachte Wahrheit ist – *Je mehr du Gott kennest, desto mehr weißt du, daß du Ihn noch nicht kennest.* – *Je mehr man von deinem Herzen Gutes zu erzählen weiß, desto mehr Gutes ist unerzählbar und – desto mehr Böses!* – Je herrlicher ein Menschengesicht, desto unnachahmlicher.

Und nun auf *Kleinjogg*, oder den *philosophischen Bauer*! Gerade so ein Gesicht! Gerad ein solcher Character!

Wenn Herr *Hirzel* kein Verdienst hätte (und er hat so viele erkannte und unerkannte!) als daß er den *philosophischen Bauren* geschrieben, oder wie ich lieber sagen will, diesen Mann saisirt und empfindbar gemacht hat, der so ganz *Mensch* ist, so würde sein Verdienst schon sehr groß seyn. So oft ich *Kleinjoggen* sehe, so oft dank' ich's *Hirzeln* aufs neue, daß er ihn aus der Dunkelheit hervorgezogen hat.

Wenige Menschen hab' ich so scharf geprüft, von so manchen Seiten, in so verschiedenen Situationen beobachtet, und keinen, nicht einen durchaus sich so gleich, so fest, so zuverläßig, so lauter, so rein, so unbestechlich, so selbstständig, so in sich lebend, so einfach, so ganz nur das, was er ist, nur das, was er seyn will, – so einzig in seiner Art gefunden, wie diesen in meinen Augen ganz unvergleichbaren Mann.

Ich lege die neuste Ausgabe seiner Lebensbeschreibung diesen Augenblick weg, und mußte oft lächeln, wenn sein *Xenophon* sich mehrmals in eine Schwärmerey dahin gerissen glaubt, wenn er von gewissen schönen Situationen spricht, in denen er seinen *Sokrates* gesehen. Entschuldigung wird's doch wohl nicht bedürfen, wenn man mit einiger Wärme von diesem Manne spricht. Kein Mensch, der *Kleinjoggen* genau kennt, keiner wird sagen, daß zu viel von ihm gesagt worden, und verzeihen wird man mir, wenn ich eher das Gegentheil glaube; das ist, wenn ich glaube: *Kleinjogg* kann mit der Feder so wenig beschrieben, als mit dem Bleystift gezeichnet oder mit dem Pinsel gemahlt werden.

Schon so oft hab' ich ihn beredet, zu sitzen; drey sehr geschickte und im Treffen glückliche Porträtmahler haben ihre Kräfte an ihm versucht. Ich hab' alles aufgeboten, daß er erreicht werde. Alle Zeichnungen waren kennbar; aber vollkommen ähnlich keine! Alle mehr oder weniger Karrikatur. Ich gebe alle Hoffnung auf, daß sein herrliches Gesicht jemals vollkommen abgebildet, und der Welt und Nachwelt überliefert werden könne.

Wie es den Mahlern mit *Kleinjoggs* Gesicht gieng, so glaub' ich, dürft' es den Beschreibern seines Characters gehen. Alles, was *Hirzel* von ihm sagt, ist reine Wahrheit. Dieser, – jener Zug vollkommen! aber das ganze Gemälde – ja es ist *Kleinjogg*, wenn's nicht neben ihn gestellt wird! Wird's neben ihn gestellt; wer muß nicht gestehen: *Kleinjogg* kann nicht gezeichnet werden. So wenig ich die Schuld auf die Mahler werfen will, so wenig auf seinen Geschichtschreiber. Es kann schwerlich jemand für seine Talente und seine Verdienste mehr Hochachtung haben, wie ich; schwerlich jemand sein Buch mit mehr Vergnügen lesen, wie ich, und ich darf hinzuthun, schwerlich jemand die Wahrheit seiner Beschreibung tiefer empfinden – und dennoch muß ich gestehen, das Original ist mir über die Copie! oder mit andern Worten: es ist keine Copie von einem solchen Originale möglich – und dann muß ich auch das nicht vergessen – *Hirzel* wollte nur *Geschichtschreiber* nicht Panegyrist seyn.

Wenn ich's versuche, auch eine Copie zu skitziren, unvermerkt kommen mir eben die Züge, die Ausdrücke alle nach einander wieder, womit sein würdiger Biograph ihn zeichnete – und dennoch will auch ich einen Versuch wagen.

So oft ich bey *Kleinjogg* war, so oft rufte seine Gegenwart und seine Wirksamkeit in mir eine Art von Gefühl auf, das noch in keines Menschen Gegenwart in meinem Herzen rege wurde! Nicht ein warmes enthusiastisches Gefühl! Es war, wie wenn ein dunkles Menschenideal in meiner Seele lebendig – und beleuchtet werden wollte! So was Einfaches, Zartes, Unausdrückbares regte sich sanft in mir. Es war nicht Ehrfurcht, nicht Liebe, nicht Freundschaft. Es war eine stille Erweiterung meiner Seele! Ein sanftes Ahnden der unverdorbenen Menschheit, die vor mir stünde.

Diese ganze wahre Menschengestalt vor mir! der ganze Mensch Bauer! der ganze Bauer – Mensch! – So ohne Sorgen! ohne Anstrengung! ohne Plan! Ein Licht ohne

Blendung! Wärme ohne Hitze! So inniges Gefühl seiner selbst – ohne Selbstsucht! Solch ein Glaube an sich ohne Stolz! Nicht glänzender, nicht tiefer Verstand, aber – so gesund, so unansteckbar vom Hauche des Vorurtheils. So unbestechlich – so durch keine Labyrinthe verführbar! Immer in Arbeit und Ruhe! Voll edler Betriebsamkeit und einfältiger Gelassenheit! So immer in seinem Kreise! So eine Sonne in seiner Welt! So schön in seiner Thätigkeit! In seiner Unangestrengtheit, seiner Offenheit so herrlich! So seine ganze Seele herausgebend! und ohn' es zu fühlen, ohne daran zu denken, daß er giebt! So treffend alles, was er sagt – Immer Gold im Erdenklos! oft Diamante aufm Mist! Immer so ein Ganzes! Alles so fließend aus seiner Ganzheit! so rückfließend in sie! das Gemeinste, das Trivialste, was er sagt, wie ist's in ihm, und aus ihm! Wie hat's das Gepräge seiner Individualität! – Was ich ihm immer, und wenn auch noch so getreu, nacherzählte, wie war's nie das, was ich erzählen wollte! Immer Schaum, abgeschöpft von der sprudelnden Quelle! Körper ohne Seele! Alltagsgeschwätze – was in ihm so ruhiges Anschaun, so – ungelerntes, unnachgesprochnes Urgefühl ist! – – Wie ist er mir so sicher Thermometer des Verstandes, der Redlichkeit, des Menschengefühles, aller derer, die mit ihm umgehen!*) Wie ist mir so sehr – *Statthalter der schöpfenden Gottheit!***) und wie vollkommen wahr ist's, und was läßt sich Ganzeres, Vollständigeres von *Kleinjogg*, und was mehr von einem Menschen sagen, als: »denken, reden und handeln sind bey ihm immer in der größten Harmonie.«***). Ein Zug der alles zeichnet und Meisterhand verräth.

Und nun auch ein paar Worte über seine Physiognomie und sein Porträt! *Hirzel* sagt von ihm: »Seine feurigen Augen lachen beständig aus seinem röthlichen gesunden Gesichte, und entdecken jedem Kenner der Gesichtszüge

---

*) Hirzel. S. 147.
**) S. 263.
***) S. 151. der neuesten Ausgabe.

bey dem ersten Anblicke die Schönheit seiner Seele!«*) Blos *feurige* Augen sind eigentlich niemals ein Zeichen einer *schönen* Seele; *lichtvolle*, leuchtende Augen, sollt's ohne Zweifel heißen. Und solche hat *Kleinjogg*. Nicht tief, nicht hervorstehend, nicht halb verschlossen, nicht aufgesperrt, – so aufgesperrt nicht, wie in unserm Porträt. – Seine schwarzen gebognen Augenbrauen unter einer weder geraden, noch schiefen, noch zu stark bognen, weder hohen noch niedern Stirne kleiden ihn trefflich! – Seine Nase ist äußerst fein, und vergröbert sich in allen Zeichnungen. Sie scheint mir im Originale etwas spitzer und zärter. Die wahrhaftig fürstlichen Prinzessinnen von Darmstadt, die von der heitern, offnen Natürlichkeit unsers lieben Mannes äußerst gerührt waren, versicherten, daß sie der Nase ihrer verstorbnen hochseligen Frau Mutter ähnlich wäre – und ich weiß nicht, ob das der trefflichen Prinzessinn oder dem *Kleinjogg* mehr Ehre macht. Bey dieser Gelegenheit muß ich meinen Lesern zum voraus sagen, daß, man mag sagen, was man will, und lachen, wie man will – unzähligen Beobachtungen zufolge, die Nase auch an sich betrachtet, und ohne alle Rücksicht auf den übrigen Theil des Gesichtes eines der wichtigsten, der entscheidendsten, sensibelsten, und zugleich unverstellbarsten Theile des menschlichen Angesichts ist. –

Ich komm' auf *Kleinjoggen* zurück. Sein unnachahmlicher Mund auch in diesem ziemlich harten Porträte, – wie sprechend ist er dennoch in seiner edlen Ruhe! Wie ist Unschuld und Güte, Klugheit und Entschlossenheit so glücklich darinn ausgedrückt!

Ausnehmend gefällt mir auch das Kinn. So viel Männlichkeit ohne Härte! So viel Verstand ohne Schlaugkeit! So nichts von Weichlichkeit und Verzärtelung – – Nur gewinnen, nicht verlieren kann *Kleinjogg* bey einem gesunden physiognomischen Auge! Alle Falten und Schattierungen seiner Backen geben seinem Gesichte den zusammenstim-

*) Hirzel. S. 143. der neuesten Ausgabe.

menden Ausdruck der Gesetztheit, Mäßigkeit, Festigkeit, Gemüthsruhe!

Auch stimmt das Ohr mit seiner bestimmten Zeichnung, seiner Rundung, seinen Umrissen allen mit ein.

Ein Fehler in diesem Bilde, der schwer zu finden, und dennoch wichtig ist, muß wohl im äußersten Umrisse des Profils liegen. Ich denke, der Umriß unsers Bildes ist im Ganzen genommen, zu perpendikulär, zu wenig gebogen, und um etwas zu gedehnt, oder zu gespannt. Auch scheint mir der Vorbug am Stirnbeine zu flach zu seyn. Dadurch verliert das Bild etwas Wesentliches vom Original – die höchste, behaglichste Natürlichkeit. –

Ich will itzt weiter nichts sagen, vielleicht aber noch einmal auf dieß Gesichte zurückkommen, und eines und anderes nachholen.

Nachstehende Vignette hat im obern Theile des äußern Umrisses sehr viel Wahres, und Characteristisches; um den Mund etwas Fremdes, Eitles, Süßes; Haar und Kinn hingegen gut.

Acht Paar Augen.

Diese acht Paar Augen sind aus Kupferstichen vergrößert, mithin haben sie merklich verlieren müssen. Sie sind aber zu unserm Zwecke immer noch characteristisch genug.

Alle achte sind von Künstlern, Baumeistern, Mahlern, Kupferstechern, Medailleurs. So verschieden sie alle sind (und sie müssens seyn, wenn's eine Physiognomie giebt, weil sich die ähnlichsten Genies immer noch sehr verschieden sind) so kommen doch die meisten darinn überein, daß das obere Augenlied mehr oder weniger unter den Augenknochen eingeschoben ist; daß die Augenbraunen stark behaart sind.

Das oberste Paar der zweyten Tafel (die zweyte ist die, wo die Augen näher beysammen stehen) hat dieses am stärksten. Es sind des berühmten *Dinglingers*, eines prächtigen Silberarbeiters, Augen.

Ganz entgegengesetzter Art ist das zweyte Paar! Hier ist nicht kleinlicher, geduldiger Fleiß, der aus microscopischem Anschauen und scharfem Betrachten entsteht! Hier ist tiefere Ueberlegung, innigeres Gefühl, und viel mehr Feinheit, Geschmack, und Größe! Obgleich es eine sehr schlechte Copey von *Wreens* Augen seyn mag, ist's sicherlich noch Character genug von Genie.

[. . .]

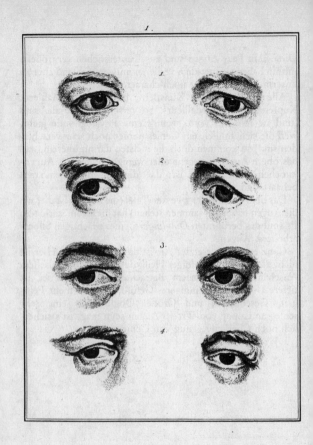

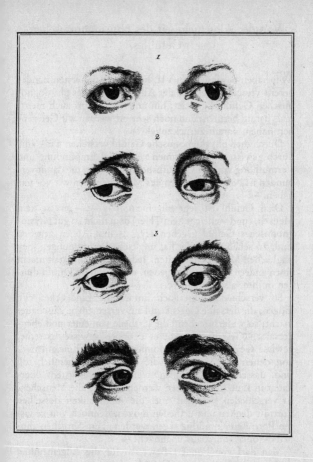

Von der Allgemeinheit des physiognomischen Gefühles.

Wir haben besonders im VII. Fragmente des ersten Bandes bereits verschiedenes von der Allgemeinheit des physiognomischen Gefühles geredet; hin und wieder uns auch mehrmals darauf berufen; und noch sehr oft werden wir Gelegenheit haben, darauf zurückzukehren.

Durch dieß physiognomische Gefühl verstehen wir – »die durch gewisse Physiognomien veranlaßte Empfindung und Vermuthung von der Gemüthsbeschaffenheit, die damit verbunden ist; von dem Innern des Menschen, den wir vor uns haben. –«

Dieß Gefühl ist sehr allgemein, das ist – es ist kein Mensch, (und vielleicht kein Thier) dem nicht so gut physiognomisches Gefühl gegeben sey, als ihm Augen gegeben sind, zu sehen. Ein jeder hat ungleiche Empfindungen, bey ungleichen Menschengestalten. Jede Menschengestalt macht einen andern Eindruck auf jeden, erregt andere Empfindungen in ihm, als jede andere.

So verschieden nun auch immer die Eindrücke seyn mögen, die derselbe Gegenstand auf verschiedene Zuschauer macht; so widersprechend die Urtheile von einer und ebenderselben Gestalt; so giebt es dennoch gewisse Extreme, gewisse Gestalten, Physiognomien, Mienen, Lineamente – von denen alle Menschen, die nicht augenscheinlich toll sind, dasselbe Urtheil fällen, welche sie wenigstens überhaupt in Eine Classe setzen werden. So wie alle Menschen, so verschieden sie sonst über die Aehnlichkeit desselben Porträts denken und urtheilen mögen, dennoch von gewissen Porträten einmüthig sagen werden »zum Sprechen ähnlich« – oder »durchaus unähnlich! –«

Man darf von hundert Beweisen für die Allgemeinheit dieses physiognomischen Gefühles nur einige nennen, um die Sache außer Zweifel zu setzen.

Die schon angeführte allgemeine schnelle Beurtheilung aller Menschen nach ihrem Aeußerlichen will ich nicht wiederholen. – Nur so viel will ich noch sagen: Man gebe nur ein Paar Tage Acht auf alles, was man etwa von Menschen hört, oder liest. Man wird allenthalben, selber von Gegnern der Physiognomik, physiognomische Urtheile von Menschen hören und lesen. – »Man sieht's ihm an den Augen an« – »Man darf den Mann nur ansehen« – »Er hat ein ehrlich Gesicht« – »Bey dem ist einem wohl zu Muthe« – »Der hat ein schlimmes Paar Augen« – »Er sieht kränklich aus« – »Die Ehrlichkeit spricht ihm aus den Augen« – »Ich gäb' ihm was bloß auf sein Gesicht« – »Wenn der mich betrügt, so betrügt mich alles in der Welt« – »Der Mann hat ein offnes Gesicht« – »Ich traue diesem Lächeln nicht« – »Er darf ja niemanden in die Augen sehen« – – Selber die antiphysiognomischen Urtheile – bestätigen, als Ausnahmen, die Allgemeinheit des physiognomischen Gefühles – »Seine Physiognomie ist wider ihn« – »Das hätt' ich dem Manne nicht angesehn; nicht zugetraut« – »Er ist besser, ist schlimmer, als sein Gesicht« u. s. w.

Man beobachte vom höchsten Weltmann an bis auf den gemeinsten Menschen aus dem niedrigsten Pöbel – und höre ihre Urtheile über die Menschen, mit denen sie umgehen, und man wird erstaunen, wie viel bloß physiognomisches mit unterläuft. Ich habe diese Bemerkung seit einiger Zeit so oft zu machen Gelegenheit gehabt, bey Leuten, die nicht wissen, daß ich eine Schrift über diese Sache verfertige – bey Leuten, die in ihrem Leben das Wort *Physiognomie* nie gehört hatten, daß ich's auf die Probe will ankommen lassen, wo man will, ob nicht alle Menschen, ohn' es zu wissen, mehr oder weniger dem physiognomischen Gefühle folgen?

Noch ein anderer eben so auffallender, obgleich nicht genug bemerkter, Beweis für die Allgemeinheit dieses physiognomischen Gefühles, das ist, dieser dunkeln Empfindung des Unterschiedes des innern Charakters nach dem Unterschiede des Aeussern – ist die Menge physiognomi-

scher Wörter in allen Sprachen und bey allen Nationen; die
Menge *moralischer* Benennungen, die im Grunde bloß *physiognomisch* sind. Dieser Beweis verdiente eine ganz besondere Ausführung; für die Sprachkenntniß und Bestimmung
des Sinnes der Wörter, wie wichtig – und wie neu und
interessant! – Hieher gehörten auch die physiognomischen
Sprüchwörter. Ich bin aber dieses auszuführen nicht gelehrt
genug, und nachzusuchen, hab' ich nicht Muße genug, um
dieß durch viele Beyspiele, Beyspiele aller Sprachen, ins
Licht zu setzen.

Hieher gehört vielleicht auch die Menge physiognomischer Züge, Charaktere, Beschreibungen, die man in den
größten Dichtern so häufig findet – und die sich allen Lesern
von Geschmack, Empfindung, Menschenkenntniß und
Menschentheilnehmung so sehr empfehlen – Man bemerke
z. E. nur die häufigen physiognomischen Stellen in der
Messiade – wie wahre, allgemein verständliche, allgemein
treffende Poesie! wie sicher des Beyfalls aller Menschen, die
Menschen sind! –

Doch ich lenke wieder ein auf einzelne Wörter – Nur
einige Beyspiele anzuführen.

Aufrichtig – welch ein wichtig moralisches Wort –
zugleich, wie physiognomisch – der *aufgerichtet*, gerade
steht; der die Augen nicht niederschlagen, der gerade vor
sich hinsehen darf! –

Tückisch, der sich mit dem Angesichte *tuckt*, oder bückt,
das ist, gegen die Erde kehrt.

Aufgeblasen – *hochtragend*, (ein Schweizerwort) *hoffär-
tig, hochfahrend, hitzig, kalt, plump, unbeständig* – (vielleicht auch *leichtsinnig?*) *schielender Charakter* – *massiv,
grob*, u. s. w.

Allein dieß allgemeine physiognomische Gefühl bezieht
sich nicht nur auf ganze gegenwärtige Menschen. Es bezieht
sich auf Gemählde, Zeichnungen, Schattenrisse, einzelne
Linien – Es ist kaum ein Mensch, dem nicht hundert,

fünfhundert, tausend Linien vorzuzeichnen wären, deren Ausdruck und Bedeutung er entweder von selbst errathen, oder doch gewiß, auf die erste Erklärung, die man ihm davon gäbe, anerkennen würde.

[. . .]

Für Leser – mit Menschenherzen – das ist: für alle?

Trefflichkeit aller Menschengestalten.

Oder,

In wiefern sich kein Mensch seiner Physiognomie zu schämen habe?

Oder,

Warnung vor intolerantem Idealisiren.

Fast kein besonderes Fragment, das ich über Physiognomik schreibe, duldet Ausführlichkeit; weil bey der Menge von Tafeln, bey der Mannichfaltigkeit von Gesichtern, die ich in dieß Werk zusammen zu drängen suche, unaufhörlicher Anlaß ist, alles zu sagen, was man sagen will, und was gesagt werden soll. Aus Besorgniß aber, daß ich das eine und andere, das mir sehr wichtig scheint, dennoch vergessen, oder daß es sich zu sehr verstecken und verlieren möchte – möcht' ich oft gleichsam nur die *Aufschrift* eines Fragments, das gemacht werden sollte – hersetzen, bloß um die Aufmerksamkeit des Lesers ein wenig zu reizen – und um den Gedanken vorm Untergange zu retten.

Was ich z. E. in der Aufschrift des gegenwärtigen Fragmentes sage – ist gewissermassen wiederum Innhalt und Seele des ganzen Buches. – Was ich also itzt in einem besondern Abschnitte darüber sagen kann, ist so viel als nichts; und dennoch, wie viel kann's, der Würkung nach, seyn für den nachdenkenden! den *Menschen*!

Jedes Geschöpf ist unentbehrlich in Gottes unermeßlicher Welt; aber nicht jedes weiß, daß es unentbehrlich ist. Auf dem Erdboden freuet sich nur der Mensch seiner Unentbehrlichkeit. –

Kein Glied am menschlichen Körper kann durch irgend ein ander Glied – ersetzt werden.

So viel vortrefflicher das Auge ist, als der Nagel an der kleinsten Zehe – der Nagel an der kleinsten Zehe ist dennoch an sich zur Vollkommenheit des ganzen Körpers unentbehrlich, und kann durch das, obgleich viel herrlichere und vollkommenere, Auge, nicht ersetzt werden.

Kein Mensch kann einen andern Menschen entbehrlich machen; kein Mensch durch einen andern ersetzt werden. –

Dieser Glaube an die Unentbehrlichkeit und Unersetzbarkeit aller Menschen außer uns – an unsre eigne metaphysische Unentbehrlichkeit und Unersetzbarkeit – ist wieder eine von den unerkannten, herrlichen Früchten der Physiognomik. –

Eine Frucht, voll von Samenkörnern zu herrlichen Cedern – der Toleranz und Menschenliebe – Möchten sie, Nachkommenschaft, dir aufwachsen! Folgende Jahrhunderte, möchtet Ihr Euch unter ihren Schatten lagern!

Der schlechteste, verzogenste, verdorbenste Mensch – ist doch noch Mensch, und unentbehrlich in Gottes Welt – und einer dunklern oder deutlichern Erkenntniß seiner Individualität und unersetzbaren Unentbehrlichkeit fähig. Die schlechteste, lebende Mißgeburt so gar ist doch noch edler – als das beste, schönste, vollkommenste Thier – – O Mensch – sieh auf das, was *da* ist – nicht auf das, was *mangelt*. –

Menschheit in allen Verzerrungen ist immer noch bewundernswürdige Menschheit.

Siebenmal – möcht' ich dir dieß in Einer Viertelstunde wiederholen!

Du bist besser, schöner, edler, als so viele deiner Nebenmenschen? – – wohlan! freue dich deß, und bete nicht dich,
sondern den an, *der aus einem Thone ein Gefäß der Ehre,
und ein Gefäß der Unehre schuf!* – Ihn, der ohne deinen
Rath, ohne deine Bitte und ohne dein Verdienst dich das
werden ließ, was du bist!

*Ihn! .... Denn was hast du, o Mensch, das du nicht
empfangen hast; so du's aber empfangen hast, was rühmest
du dich, als ob du es nicht empfangen hättest? – darf auch das
Auge zu der Hand sagen: Ich bedarf deiner nicht? – – wer
den Armen verachtet, der schmähet den Schöpfer desselben –
Gott hat das ganze Geschlecht der Menschen aus Einem
Blute gemacht.*

Wer fühlt alle diese Gotteswahrheiten tiefer, inniger, als
der – – ächte *Physiognomist! ....* der, ach nicht bloß Littera-
tor, Leser, Recensirer, Schriftfabrikant, der . . . . . . Mensch
ist. –

Freylich! auch der menschlichste Physiognomist, der so
gern das Gute, das Schöne, das Edle der Natur aufsucht,
sich so gern am Ideale weidet, seinen Geschmack an der
bessern, heiligern, vollkommenern Menschheit täglich übt,
nährt, verfeinert – freylich auch der ist oft in Gefahr,
wenigstens in Versuchung – sich wegzuwenden von dem
gemeinen, alltäglichen, schlechten Menschen, – von den
Mißgestalten voll – – Leerheit, – den Larven, aus lauter
Grimassen zusammen gesetzt – dem Pöbel der Menschen; –
in Gefahr und Versuchung – zu vergessen, daß auch diese
Mißgestalten, diese Larven, dieser Pöbel – *Menschen* sind; –
daß Er, bey aller seiner eingebildeten oder auch würklichen
Vortrefflichkeit, bey allem Adel seiner Gesinnungen, aller
Reinheit seiner Absichten – und wer kann sich dieser immer
rühmen? – aller Festigkeit und Gesundheit seiner Vernunft –
aller Zartheit seiner Empfindung, aller Kraft seiner Natur –
daß er, und wenn er auch an die hohen Ideale alter griechischer Kunst zu gränzen scheint – daß er dennoch sehr
vermuthlich durch eigne moralische Schuld in den Augen

höherer Wesen, in den Augen seiner Menschenbrüder, der *vollendeten Gerechten*, so gut eine *Karikatur* ist – als die lächerlichste oder schädlichste moralische oder physische Mißgeburt des Erdbodens es in seinen Augen ist. –

Ja freylich vergessen wir das oft! – also ist Erinnerung nöthig, nöthig dem Schreiber und Leser dieses Werks – »Vergiß nicht, daß auch die schlechtesten Menschen Menschen sind; – auch in dem verwerflichsten, wie viel positif Gutes ist noch! – auch der schlechteste Mensch – wie ist er doch so gewiß und so gut *Einzig* in seiner Art, als du? unentbehrlich, wie du? unersetzbar, wie du? – Er hat von oben bis unten, er hat weder auswendig noch innwendig das Geringste, genau so wie's du hast! Er ist im Ganzen, ist in allen seinen unzähligen Theilen so individuell, wie du – . . . . . Er, weniger? und ein Buchstabe der Schöpfung fehlte, so gut, wie wenn du nicht wärest! Er, weniger? – er nicht so, wie er ist? – und mit ihm, oder vielmehr ohn' ihn unzählige Dinge und Menschen anders, als sie sind! Er das – Resultat aus millionen Dingen – und millionen Dinge das Resultat von Ihm! von seiner so bestimmten Existenz! seiner so beschaffenen Natur!« –

»Schau' ihn an, untersuch' ihn – als wenn er allein wär'! Auch dann wirst du Kräfte und Trefflichkeiten an ihm bemerken, die ohne Vergleichung mit andern, an sich schon alle Aufmerksamkeit und Bewunderung verdienen.« –

»Und dann, vergleich' ihn wieder mit andern! – seine Aehnlichkeit, seine Unähnlichkeit mit so vielen seiner vernünftigen Nebengeschöpfe; wie wird dich dieß in Erstaunen setzen? wie wirst du die Einzelheit, die Unentbehrlichkeit seines Daseyns zu schätzen anfangen? wie .wirst du die Harmonie aller ihn zu Einem Ganzen machenden Theile – wie seine Beziehung, die Beziehung seiner millionenfachen Individualität auf so manche andere – bewundern? – Bewundern und anbeten, die so einfach und so millionenfach sich abwechselnde Aeusserung der unerforschbaren Allkraft, die sich in der Menschheit besonders so – herrlich offenbaret.«

»Kein Mensch hört auf, Mensch zu seyn, und wenn er noch so tief unter die Würde der Menschheit herabzusinken scheint – So lang' er kein Thier wird – ist er immer noch der Verbesserung und der Vervollkommnung fähig. Auch die schlechteste Physiognomie ist noch eine Menschenphysiognomie. Menschheit bleibt immer Ehre und Zierde des Menschen.«

»So wenig ein Thier ein Mensch werden kann, obgleich es in manchen Geschicklichkeiten dem Menschen gleich kommt, oder ihn allenfalls übertrifft; – so wenig wird ein Mensch ein Thier; obgleich sich mancher Mensch Dinge erlaubt, die wir nicht einmal an unvernünftigen Thieren ohne Abscheu ansehen könnten.«

Aber selbst die *Fähigkeit*, sich freywillig unter die Thierheit, dem Scheine nach wenigstens, zu erniedrigen – selbst diese ist Ehre und Vorrecht der Menschheit; – denn eben dieselbe Fähigkeit, die Fähigkeit alles mit Verstand, Willkühr und Wahl nachzuahmen – eben diese Fähigkeit hat doch nur der Mensch – und durchaus kein Thier.

Die Thierphysiognomien sind keiner merklichen Verschlimmerung – aber auch keiner merklichen Verbesserung und Verschönerung fähig.

Die schlechteste Menschenphysiognomie kann noch schlechter werden, kann aber immer auch wieder, wenigstens bis auf einen gewissen Grad, verbessert und veredelt werden.

Unbeschreiblich ist die Verderblichkeit und die Vervollkommlichkeit des Menschen.

Dadurch hat auch die schlechteste Physiognomie gegründeten Anspruch auf die Aufmerksamkeit, Achtung und Hoffnung aller guten Menschen.

Also noch einmal: *In jeder Menschenphysiognomie*, so verdorben sie seyn mag, ist noch *Menschheit* – das ist, *Ebenbild der Gottheit!* –

Ich habe die verruchtesten Menschen gesehen – gesehen in den verruchtesten Augenblicken ihres Lebens – und – all' ihre Bosheit und Gotteslästerung und Drängen der Unschuld konnte nicht vertilgen das Licht Gottes in ihrem Angesichte, das ist – den Geist der Menschheit, die unauslöschbaren Züge innerer ewiger Perfektibilität – den *Sünder* hätte man zermalmen – den *Menschen* noch umarmen mögen.

O Physiognomik! welche Bürgschaft bist du mir – für die ewige Huld Gottes gegen die Menschen! – Ich armer Unmensch, wollt' ich sagen – denn wie oft bin ich das in schauerhaften Augenblicken hölzerner Seelenlosigkeit! – Ich armer Unmensch kann, wenn ein Stral der Physiognomik mich anleuchtet, den ich in einen zerschmetternden Blitz wider alle Unmenschheit im Menschen verwandeln möchte – ich kann in demselben Augenblicke kaum aufhören, in die Menschheit, die noch durchscheint, verliebt zu seyn – Ewiger, Einziger Vater aller Liebe und Menschlichkeit – wie muß dir beym Anblicke der schlimmsten Menschen zu Muthe seyn – was mußt du noch in ihnen entdecken. – Ist wohl Einer – ohn' allen Zug deines Ebenbildes – Jesus Christus – –

Also – Forscher der Natur! forsche, was da ist! – also Mensch – sey Mensch in allen deinen Untersuchungen! vergleiche nicht sogleich – vergleiche nicht bloß mit willkührlichen Idealen. Wo Kraft ist – ist etwas bewundernswürdiges, etwas unerforschliches; – und Kraft, – menschliche, oder, wenn du lieber willst, göttliche Kraft, ist in allen Menschen. *Wo Menschheit ist, da ist Familiensache.* Du bist Mensch, und was Mensch neben dir ist, ist – Zweig Eines Stammes, Glied Eines Leibes; – ist, was du bist – noch mehr achtungswerth, als wenn's gerade das, gerade so gut, so edel wäre, wie du – weil es dann ja nicht mehr das einzelne, das unentbehrliche, das unersetzbare Individuum wäre, das es itzt ist. – –

O Mensch, freue dich deß, was sich seines Daseyns freut, und dulde, was Gott duldet –

Itzt – Bruder, in die Stille, und laß einige Augenblicke der Menschenfreude Raum, daß du so gewiß unentbehrlich bist, als gewiß dein Gesicht, und alles an dir und in dir, von den Gesichtern aller Menschen, und allem was an ihnen und in ihnen ist, verschieden ist – und freue dich der Unentbehrlichkeit aller deiner Nebenmenschen, die so gewiß ist, so gewiß diese im Ganzen und in allen ihren Theilen, von dem Ganzen und von allen Theilen aller andern verschieden, obgleich dem Ganzen und den Theilen aller andern ähnlich sind. Freue dich deß –

Und dann, wenn Ein Blick gen Himmel dem Vater so vieler Kinder Anbetung zugeblickt oder zugethränt hat – dann magst du auch noch die folgende Zugabe – mit einem Herzen lesen, ohne welches sie dir unverständlich – oder schädlich seyn würde.

Vereinigung und Verhältniß der Menschenkenntniß und Menschenliebe.

Ich will, lieber Leser, durch dieß Werk Menschenkenntniß und Menschenliebe zugleich befördern. Diese gedoppelte Absicht, kann sie zugleich statt haben? – Menschenkenntniß, hebt sie die Menschenliebe nicht auf? schwächt sie wenigstens dieselbe nicht? – verlieren doch die meisten Menschen durch die genauere Kenntniß, die man von ihnen erlangt? und, wenn sie verlieren, wie kann die Menschenliebe gewinnen? – die Liebenswürdigkeit, muß diese nicht abnehmen, wenn das geschärfte Auge immer mehr Unvollkommenheiten erblickt; desto schneller, desto mehr, desto heller erblickt, je mehr es sich übt, Vollkommenheiten zu entdecken?

Was du hier sagst, mein Freund, ist – – *Wahrheit!* – aber
nur *einseitige* Wahrheit. Einseitige Wahrheit aber – welche
ergiebige Quelle von Irrthum und Mißverstand!

Es ist allerdings wahr, daß die meisten Menschen durch
genaue Kenntniß, die man von ihnen erlangt, verlieren –
aber nicht weniger wahr ist's, daß die meisten Menschen
dadurch, daß man sie genauer kennet, oft gerade so viel, oft
noch mehr von der andern Seite gewinnen, als sie von der
einen verloren hatten.

Ich rede nicht von denen, die *beynahe nur gewinnen
können*, je genauer sie gekannt werden, wofern es solche
Menschen geben sollte, die durchs Gekanntseyn, ich sage
nicht: *viel*, sondern *bloß* gewinnen würden.

Ich rede von denen, die viel verlieren, wenn Menschenkenntniß genauer und gemeiner wird.

Wer ist so weise, daß er nicht zuweilen ein Thor sey? wo
ist der Tugendhafte, der nie lasterhaft handle? Nie, wenigstens unreine, uneinfältige Absichten habe?

Also will ich annehmen, daß, mit äusserst seltener Aus-
nahme, – alle Menschen durchs Gekanntseyn verlieren.

Aber beweisen will ich, durch die mächtigste Induktion,
wenn man will – »daß auch alle durchs Gekanntseyn hinwiederum gewinnen.«

Mithin – »daß Menschenkenntniß der Menschenliebe im
Ganzen nichts schade,« – »ob aber nützet?« – Ja – »daß sie
ihr nützet!« –

Menschenkenntniß lehrt uns nicht nur, was der *Mensch
nicht ist*, und nicht *seyn kann*; sondern auch: *warum* er's
nicht ist, und nicht seyn kann? sondern auch: *was er ist und
seyn kann?*

Befremdung – diese so reiche *Quelle von Intoleranz*,
nimmt in ebendemselben Grade ab, wie die ächte Menschenkenntniß zunimmt.

Wenn du weißt, warum ein Mensch so denkt, so handelt –
das heißt, wenn du dich in seine Lage, wie viel mehr? wenn
du dich in den Bau seines Körpers, seine Bildung, seine

Sinne, sein Temperament, seine Empfindsamkeit, hinein denken kannst; wie wird dir alles begreiflich? erklärbar? natürlich? – und hört denn nicht gerade da die Intoleranz, die sich bloß auf die Menschen, als *Objekt*, bezieht, auf – wo lichthelle Erkenntniß seiner individuellen Natur anfängt? wird da nicht viel eher Mitleiden an die Stelle der Verdammung, und brüderliche Nachsicht an die Stelle des Hasses treten? –

Ich will damit Fehlern nicht das Wort reden, viel weniger Laster, als solche, in den Schutz nehmen; aber es ist allgemein angenommene richtige Billigkeit – daß man z. E. einem hitzigen Menschen eher vergeben könne, wenn er sich durch harte Beleidigungen zum Zorne reizen läßt, als einem kältern.

Allein nicht nur von dieser Seite – (ich berühre hier die Sache nur) gewinnt der Fehlerhafte durch physiognomische Menschenkenntniß anderer. Er gewinnt noch von einer andern.

Die Physiognomik entdeckt in ihm würkliche und mögliche Vollkommenheiten, die ohne sie immer verborgen bleiben könnten. Je mehr der Mensch beobachtet wird, desto mehr Kraft, positifes Gutes wird an ihm beobachtet. Wie der Mahler, mit geübtem Auge tausend kleine Nüancen und Farbenspielungen wahrnimmt, die hundert andern Augen unbemerkt bleiben, so der Physiognomist eine Menge würklicher oder möglicher Trefflichkeiten, die tausend Augen gemeiner Menschenverachter, Menschenverläumder – oder liebreicher Menschenbeurtheiler unbemerkbar sind.

Ich rede aus Erfahrung. Das Gute, das ich als Physiognomist an meinem Nebenmenschen bemerke, hält mich mehr als schadlos für die Menge Böses, das ich ebenfalls bemerken und unterdrücken muß. Je mehr ich Menschen beobachte, desto deutlicher bemerk’ ich in allen Gleichgewicht der Kräfte; bemerk’ ich, daß die Quelle alles Schlimmen in ihnen – gut ist, – das heißt, daß eben das, was sie schlimm macht, Kraft, Würksamkeit, Reizbarkeit, Elasticität – immer an

sich etwas Gutes, Positifes, Reales ist – dessen Abwesenheit
freylich unendlich viel Schlimmes unmöglich gemacht hätte
– aber zugleich auch unendlich viel Gutes – dessen Daseyn
zwar viel Schlimmes würklich gemacht hat – aber zugleich
auch die Möglichkeit zu noch ungleich viel mehr Gutem in
sich schließt.

Bey dem geringsten Fehltritt eines Menschen entsteht
sogleich ein übertäubendes, verdammendes Geschrey – das
den ganzen Charakter des Menschen verdunkelt, zu Boden
schreyt, vernichtet – Der Physiognomist sieht den Mann an
– den alle Welt verdammt – und – lobt das Laster? – Nein! –
Entschuldigt den Lasterhaften? – auch nicht; – was dann?
Sagt Euch ins Ohr, oder laut: »Behandelt den Mann so, und
Ihr werdet erstaunen, was noch aus ihm, dem Manne,
werden kann und – wird! Er ist nicht so schlimm, als er
scheint. Sein Gesicht ist besser, als seine Thaten! zwar auch
seine Thaten sind lesbar in seinem Gesichte – aber noch
mehr als die, deutlicher noch, die große Kraft, die Empfindsamkeit, die Lenksamkeit des nie recht gelenkten Herzens –
dieselbe Kraft, die dieß Laster hervorgebracht – Gebt ihr nur
eine andere Richtung; gebt ihr andere Gegenstände, und sie
wird Wundertugenden verrichten.« – Kurz, der Physiognomist wird – begnadigen, wo der liebreichste Menschennicht-
kenner – verdammen muß.

Ferner – seit ich physiognomisire, hab' ich viele so vortreffliche Menschen näher kennen gelernt – so viel Anlaß
gehabt, mein Herz mit Freud' an Menschen zu nähren – zu
erweitern, daß ich mich dadurch gleichsam mit dem übrigen
Menschengeschlechte versöhnte. Ja, ich darf sagen, daß ich
Einen meiner erklärtesten Gegner, trotz alles dessen, was er
heimlich und öffentlich wider mich gethan hat – bloß seiner
Physiognomie und Gestalt wegen, lieben muß, so sicher,
daß er mein künftiger Freund seyn wird, als es gewiß ist, daß
ich's itzo schon bin. Bloß Mangel an physiognomischem
Auge oder Gefühl ist's, daß er mich mißkennt – so wie's
bloß physiognomisches Gefühl auf meiner Seite ist, daß ich

Ihn, und wenn er noch mehr wider mich wüten, und wenn er auch sagen sollte – »Ich suchte mich ihm dadurch einzuschmeicheln« – *liebe*, obgleich ich seine *Thaten* gegen mich – *verabscheue*. Was ich hier als wahre Erfahrung getreulich sage – wird jeder Physiognomist, der Mensch ist – unfehlbar erfahren.

Noch mehr. Wie die Barmherzigkeit durch Anblick physischen Elendes erweckt, genährt, und entflammt wird – so das *edelste* und *weiseste* Mitleiden mit der Menschheit durch feines Wahrnehmen und Empfinden des Verfalls der Menschheit – und wem ist das eigner, als dem ächten Physiognomisten? das *edelste* Mitleiden – sag' ich, denn es bezieht sich unmittelbar auf den bestimmten, gegenwärtigen Menschen, auf sein geheimes aber tiefes Elend – das nicht ausser ihm, das in ihm ist – das *weiseste* Mitleiden! – Denn, weil es den Schaden als innerlich erkennt und anschaut, denkt's nicht auf Palliatife, sondern innere tief würkende Mittel, auf Verbesserung der Wurzel! auf Mittel, die nicht zurückprallen! auf Mittel, wozu man empfängliche Seiten wahrnimmt!

Ich beschließe dieß Fragment eines Fragments mit einer Stelle aus einem berühmten Schriftsteller, die hieher zu gehören scheint, und als Einwendung oder Bestätigung angeführt zu werden verdient. »In der That, heißt's, *Momus* war nicht klug mit seinem Fenster vors menschliche Herz. Die besten Menschen würden gerade am schlimmsten dabei gefahren seyn.« –

»Das heißt – die schlimmen Menschen denken ohnehin Arges in ihrem Herzen von allen andern, denn keiner von ihnen hält andere Leute für besser, als sich selbst; und da keine Krähe der andern die Augen aushackt, so wagen die Bösen nichts dabei, wenn sie einander über der That ertappen; denn sie haben ein augenscheinliches Interesse säuberlich mit einander zu verfahren. Die besten Menschen hingegen denken, so lang' es nur immer möglich ist, von jedermann Gutes, und hierinn besteht ein so großer Theil ihrer

Glückseligkeit, daß sie nothwendig sehr unglücklich werden müßten, wenn ein Fenster vor der Brust der Leute sie auf einmal aus dem angenehmen Irrthum in die traurige Gewißheit versetzte, von so vielen falschen und bösen Geschöpfen umgeben zu seyn. Es ist also klar, daß die besten am meisten dabey verloren hätten, wenn *Momus* mit seinem vorbesagten Vorschlag, den Menschen ein Fenster vor die Brust zu setzen, durchgedrungen wäre.«*)

Freylich, Ihr guten Seelen, Ihr werdet oft blutige Thränen weinen, daß die Menschen so viel schlimmer sind, als Ihr glaubet – aber sicherlich tausendmal auch Freudenthränen weinen, daß Ihr die Menschen besser findet, als die allherrschende, allvergiftende Verläumdungs- und Verurtheilungssucht – sie verkündigte.

Ueber Schattenrisse.

Das Schattenbild von einem Menschen, oder einem menschlichen Gesichte, ist das schwächste, das leereste, aber zugleich, wenn das Licht in gehöriger Entfernung gestanden; wenn das Gesicht auf eine reine Fläche gefallen – mit dieser Fläche parallel genug gewesen – das wahreste und getreueste Bild, das man von einem Menschen geben kann; das *schwächste*; denn es ist nichts Positifes; es ist nur was Negatifes, – nur die Gränzlinie des halben Gesichtes; – das *getreueste*, weil es ein unmittelbarer Abdruck der Natur ist, wie keiner, auch der geschickteste Zeichner, einen nach der Natur von freyer Hand zu machen im Stande ist.

Was kann weniger Bild eines ganz lebendigen Menschen seyn, als ein Schattenriß? und wie viel sagt er! wenig Gold; aber das reinste!

*) Deutscher Merkur 1775.

In einem Schattenrisse ist nur Eine Linie; keine Bewegung, kein Licht, keine Farbe, keine Höhe und Tiefe; kein Aug', kein Ohr – kein Nasloch, keine Wange, – nur ein sehr kleiner Theil von der Lippe – und dennoch, wie entscheidend bedeutsam ist Er! der Leser soll bald urtheilen – hat schon im I. Theile häufigen Anlaß gehabt, sich davon zu überzeugen, und sein Urtheil zu üben.

Schatten von Körpern waren vermuthlich die ersten Veranlasser und Lehrer der Zeichnungs- und Mahlerkunst.

Sie drücken, wie gesagt, wenig, aber dieß wenige sehr wahr aus. Keine Kunst reicht an die Wahrheit eines sehr gut gemachten Schattenrisses.

Man versuch' es, und lege den zartesten Schattenriß mit der äussersten Genauigkeit erst nach der Natur, und mit eben dieser Genauigkeit hernach auf ein feines durchsichtiges Oelpapier ins Kleine gezeichnet, auf eine gleich große Profilzeichnung von dem besten, geschicktesten Zeichner, die auch noch so ähnlich scheinen mag. Man wird leicht Unterschiede und Abweichungen bemerken.

Ich habe die Versuche unzähligemale gemacht, und allemal gefunden, daß die größte Kunst – die Natur nicht erreicht; nicht erreicht die *Freyheit* und *Bestimmtheit* der Natur – daß sie immer *lockerer* oder *gespannter* ist, als die Natur.

Die *Natur* ist *scharf* und *frey*. Wer ihre Schärfe mehr beobachtet, als ihre Freyheit, wird *hart* – wer ihre Freyheit mehr studirt, als ihre Schärfe, wird *locker* und unbestimmt.

Der sey mein Mann, der beyde, ihre Schärfe und ihre Freyheit, gleich studirt, gleich gewissenhaft und unpartheyisch nachahmt.

In dieser Absicht, Künstler – Nachbilder der Menschheit, – übe dich erst im genauen Schattenrißziehen – dann im Nachzeichnen derselben von freyer Hand – dann vergleiche und verbessere sie! – Ohne dieß wirst du das große Arkanum – *Bestimmtheit* und *Freyheit zu vereinigen*, schwerlich finden können.

Aus bloßen Schattenrissen hab' ich mehr physiognomische Kenntnisse gesammelt, als aus allen übrigen Porträten; durch sie mein physiognomisches Gefühl mehr geschärft, als selber durch's Anschauen der immer sich wandelnden Natur. –

Der Schattenriß faßt die zerstreute Aufmerksamkeit zusammen; concentriert sie bloß auf Umriß und Gränze, und macht daher die Beobachtung einfacher, leichter, bestimmter; – die Beobachtung und hiemit auch die Vergleichung.

Die Physiognomik hat keinen zuverlässigern, unwiderlegbarern Beweis ihrer objektifen Wahrhaftigkeit, als die Schattenrisse.

Wenn ein Schattenriß, nach dem allgemeinen Gefühl und Urtheil aller Menschen, für oder wider einen Charakter entscheiden kann – was wird das volle lebendige Antlitz, was die ganze physiognomische und pantomimische Menschheit entscheiden? – wenn Ein Schatten Stimme der Wahrheit, Wort Gottes ist, wie wird's das beseelte, von Gottes Licht erfüllte, lebende Urbild seyn!

»Was sollte man aus einem bloßen Schattenrisse sehen können?« – hab' ich schon hundert Menschen fragen gehört – aber keinem Einzigen von diesen hunderten Schattenbilder vorgelegt, die sie nicht wenigstens zum Theil beurtheilten – oft sehr richtig – oft richtiger, als ich!

Um die erstaunenswürdige Bedeutsamkeit eines bloßen Schattenrisses recht anschaubar und gewiß zu machen, darf man entweder nur die entgegengesetztesten Charaktere von Menschen im Schattenbild gegen einander halten – oder noch besser – höchst ungleiche willkührliche Gesichter aus schwarzem Papier schneiden, oder sonst zeichnen – oder, wenn man im Beobachten einige Uebung erlangt hat, nur z. E. ein schwarzes Stück Papier doppelt zusammen legen, und aus diesem doppelten Papiere ein Gesicht ausschneiden; denn dasselbe auflegen und nachher die Eine Seite mit der

Scheere nur sehr wenig, dann immer mehr ändern, und bey
jeder Aenderung aufs neue sein Aug', oder vielmehr sein
Gefühl fragen; oder endlich, nur von demselben Gesichte
mehrere Schattenrisse nehmen lassen, und diese vergleichen – Man wird erstaunen, wie kleine Abweichungen den
Eindruck verändern – Man erinnere sich an den Apoll im
I. Theile – Beyspiele ohne Zahl werden uns noch aufstoßen.

Im nächsten Fragmente wollen wir unsere Leser durch
eine Menge bloßer Silhouetten durchführen und sehen – was
gesehen werden kann? Vorher noch nur Ein Wort von der
besten Art Silhouetten zu ziehen.

Die gewöhnliche ist mit vielen Unbequemlichkeiten
begleitet. Die Person kann schwerlich stille genug sitzen –
der Zeichner ist genöthigt, seinen Platz zu verändern – er
muß der Person so nahe aufs Gesicht kommen, daß eine
Störung auf irgend einer Seite beynah' unausweichlich ist –
und überhaupt ist der Zeichner in der unbequemsten Stellung – und die Zurüstung ist weder allenthalben möglich –
noch simpel genug.

Ich befinde mich daher weit besser bey einer geflissentlich
zu diesem Zwecke verfertigten Sesselrahme; wo der Schatten
auf ein Postpapier, oder besser, ein zartgeöltes und wohl
getrocknetes Papier fällt; wo man den Kopf und den Rücken
fest anlehnen kann; der Schatten fällt aufs Oelpapier, dieß
liegt hinter dem reinen flachen Glase, mit einer gevierten
Rahme festgedrückt, die vermittelst einiger kleinen Schiebergen los und festgemacht werden kann. Der Zeichner sitzt
hinter dem Glase auf einem an dem Sessel, der allenfalls
zusammengelegt werden kann, festgemachten, dem Theile,
auf welchem der zu zeichnende sitzt, das Gegengewicht
haltenden Sitze; hält sich mit der Linken an der Rahme, und
zeichnet mit der Rechten mit einem scharfen Bleystift. Man
kann das Glas, das in einer besondern Rahme festgemacht
ist, höher und tiefer stellen, nach der Höhe der Person.

Mitten über das Glas ist ein schmales Stück Holz befestigt, in dessen Mitte ein kleines rundes Küssen an einem kurzen, etwa 1½ Zoll langen, Stiehl steckt, woran sich der anlehnt, der sich zeichnen läßt.

Nachstehende Vignette kann die Idee vielleicht deutlicher machen, obgleich manches dran auszusetzen ist. –

Durchs Sonnen-Vergrößerungsglas läßt sich der Umriß noch ungleich schärfer, reiner, trefflicher zeichnen – der Unterschied eines an der Sonne gezeichneten Schattenbildes gegen eines am Lichte gezeichneten verhält sich beynahe gegen einander, wie das am Lichte – gegen das von freyer Hand gezeichnete.

Wie viel man aus den Schattenrissen sehen kann?

Nicht alles – oft sehr viel, oft aber auch nur sehr wenig, kann aus einem genauen Schattenrisse von dem Charakter eines Menschen gesehen werden.

Ich bin gesonnen, eine Menge Schattenrisse hier vorzulegen, um dadurch, unter andern, begreiflich zu machen, was sich aus verschiedenen bloßen Umrissen menschlicher Gesichter mit Sicherheit und Wahrscheinlichkeit schließen lasse?

Wer alles aus dem bloßen Schattenrisse sehen will, ist so thöricht, wie der, der aus dem Wasser eines Menschen alle seine Kräfte und Schwachheiten, würkliche und mögliche Beschwerden errathen will; und wer nichts aus einem Schattenrisse zu sehen für möglich hält, ist dem Arzte ähnlich, der schlechterdings kein Wasser ansehen will.

Aber! so ist nun einmal der Gang aller menschlichen Meynungen – »Alles Ja! – oder alles – Nein!« – »Von einem Aeussersten zum andern« – »Entweder alles – oder nichts« –

Weder alles, noch nichts – läßt sich aus einer bloßen Silhouette sehen – nämlich von *uns* – nämlich in unserer Beschränktheit. Was ein höheres Wesen hiezu denken könnte? Ob's nicht vom Umriß auf den Innhalt, die Figur, Elasticität, Feuer, Kraft, Beweglichkeit, Leben der Nase, des Mundes, der Augen – von diesen auf den ganzen Charakter, die würklichen, die möglichen Leidenschaften schließen, sicher schließen, im Schattenbild den ganzen Menschen sehen könne? das will ich nicht entscheiden. Aber unmöglich scheint es mir gar nicht. Nicht nur nicht unmöglich! höchst wahrscheinlich! etwas davon ist – so gar den gemeinsten Menschen möglich. Beweise werden wir bald anführen.

Wahr ist's, über viele Silhouetten, bisweilen selbst von ausserordentlichen Menschen, weiß man, weiß wenigstens ich, so viel als nichts zu sagen. – Aber alle diese ausserordentlichen Menschen, denen man's nicht wohl in der Sil-

houette ansieht, daß sie sich auszeichnen – sehen dennoch

Bloß in der Silhouette betrachtet, weder dumm aus, wenn
sie vorzüglich weise – noch boshaft aus, wenn sie vorzüglich
gut sind; höchstens bemerkt man nicht, was sie sind.

Das Ausserordentliche ihres Charakters ist gewiß eben so
wenig auffallend, als ihre Silhouette.

Es kann da seyn, wenigen vertrauten Freunden bekannt,
aber sich nicht hervordringen. – Oder –

Der Mann kann durch tausend glückliche äussere Umstände mit sehr mittelmäßigen Talenten – so zu handeln, zu
schreiben, zu reden, zu leiden geübt worden seyn – daß er
ausserordentlich scheinen muß, und es in sich, in seiner
eignen Person, *nicht ist.* Ein Fall, der sich oft ereignet, der
die Menschenkenntniß irre macht, und der Physiognomik
oft sehr ungünstig ist, oder vielmehr, es zu seyn *scheint.*
Beyspiele könnt' ich die Menge anführen, aber – Beyspiele
beleidigen. Und beleidigen will ich nicht in einem Werke –
zur *Beförderung* der *Menschenliebe!*

Ferner – Ist's auch leicht möglich, daß diejenigen Züge,
welche auch in der Silhouette das Ausserordentliche des
Menschen bezeichnen könnten, so fein sind, so angränzend
z. E. ans Ueberspannte, Thörichte, daß sie sehr leicht entweder nicht zart und bestimmt genug, oder zu hart bezeichnet werden. Es giebt Gesichter, die, wenn ihr Schattenriß
nur um ein Haar breit schärfer, oder um ein Haar breit
platter, stumpfer ist, alles verlieren, was sie Auszeichnendes
haben, oder denen solches den fremdesten, falschesten Charakter geben kann. *Die zartesten, feinsten, engelreinsten
Seelen – verlieren durch die geringste Nachlässigkeit in der
Zeichnung gemeiniglich in der Silhouette das, was sie in
jedem Urtheile, das über sie gefällt wird, verlieren.* – »Die
anmaßungslose Einfalt« – »das Freyrichtige« – Sie werden
locker oder gespannt.

Endlich ist's auch möglich, daß Blattern, oder andere
Zufälle den feinen Umriß solchergestalt vergröbern, verzie-

hen, schief lenken, aufschwellen, oder zusammenschrump-fen, daß der wahre Charakter des Gesichts aus der bloßen Silhouette, entweder gar nicht, oder nur äusserst schwer und nicht genau, zu bestimmen ist.

Aber dann ist's unwidersprechlich, und Beyspiele wer-den's jedem Freunde der Wahrheit beweisen, daß unzählige Gesichter sich durch den bloßen Schattenriß solchergestalt charakterisiren, daß man von seiner Existenz kaum gewisser werden kann, als von der Bedeutung dieser Silhouetten.

Ich getraute mir, und ich werd' es vielleicht noch thun, zwey idealische Schattenrisse gegen einander zu setzen, – wovon der Eine allgemeinen Abscheu, und der andere allge-meinen Glauben und Liebe sogleich erwerben würde. Noch dürft' es eben kein Christus und Belial seyn – – doch ich verspare das mehrere auf den letzten Theil.

So viel von diesem. Nun die Frage:

»Welche Charaktere zeichnen sich in dem Schatten am meisten aus? – Was zeigt die Silhouette am deutlichsten? bestimmtesten?« –

Hier Fragment einer Antwort.

Am bezeichnetesten sind die Silhouetten von zornmüthi-gen und sehr sanften; von äusserst eigensinnigen und sehr weichen; von tiefforschenden oder nur sanft auf die Oberflä-che tretenden Charaktern.

Stolz und Demuth – drücken sich in der Silhouette viel eher aus, als Eitelkeit.

Natürliche Güte, natürliche innere Kraft, Weichlichkeit, Sinnlichkeit im hohen Grade – vorzüglich aber kindliche Unschuld, drücken sich in der Silhouette sehr gut aus.

Großer Verstand – eher als große Dummheit. Tiefer Verstand viel eher, als heller.

Schöpferische Kraft eher, als der größte Reichthum der Ideen. Besonders im Umrisse der Stirn und des Augkno-chens.

Und nun noch ein Paar Anmerkungen über Silhouetten, und die Weise, sie zu beobachten. Zuerst eine kleine Classifikation von Linien, welche die menschlichen Gesichter zu bestimmen und zu begränzen pflegen.

Perpendikulare – lockere perpendikulare, hart gespannte! So vorwärts sinkende; so zurückstrebende! gerade – weiche Linien – gebogne, gespannte, wellenförmige Sektionen von Zirkeln – von Parabolen, Hyperbolen; konkave, konvexe, gebrochne, eckigte – gepreßte, gedehnte, zusammengesetzte, homogene, heterogene – kontrastirende! – Diese alle, wie rein können diese durch den Schatten ausgedrückt werden, und wie mannichfaltig, bestimmt und sicher ist ihre Bedeutung!

Man kann an jeder Silhouette 9. horizontale Hauptabschnitte bemerken.

1.) Den *Bogen des Scheitels* bis zum Ansatz des Haars. 2.) Den *Umriß* der *Stirne* bis *zur Augenbraune*. 3.) Den *Raum von der Augenbraune* bis zur *Nasenwurzel*, dem Ansatz der Nase. 4.) Die *Nase bis zur Oberlippe*. 5.) Die *Oberlippe*. 6.) Die *eigentlichen Lippen*. 7.) Das *Oberkinn*. 8.) Das *Unterkinn*. 9.) Den *Hals*. Sodann noch das *Hinterhaupt*, und den *Nacken*.

Jeder einzelne Theil dieser Abschnitte ist an sich ein Buchstabe, oft eine Sylbe, oft ein Wort, oft eine ganze Rede – der Wahrheit redenden Natur.

Wenn alle diese Abschnitte harmoniren, so ist der Charakter so offenbar, daß Bauer und Kind ihn aus der bloßen Silhouette kennen kann. Je mehr sie kontrastiren, desto schwerer die Entzieferung des Charakters.

Jedes Profil, das nur aus einer Art von Linien besteht, z. E. nur aus konkaven, oder konvexen, nur aus geraden oder gespannten, ist Karrikatur oder Mißgeburt.

Proportionirte Mischung und sanfte Ineinanderfließung – verschiedener Linien bildet die feinsten und besten Gesichter.

Bey dem Ganzen der Silhouette hat man auf die Länglichkeit oder Breite des Gesichtes zu merken.

Wohl proportionirte reine Profile sind so breit als hoch. Eine Horizontallinie, gezogen von der Spitze der Nase an bis ans Ende des kahlen Kopfes, wenn der Kopf nicht vorwärts und nicht zurücksinkt, ist gemeiniglich gerade so lang, als die Perpendikularlinie von dem höchsten Punkte des Scheitels an bis wo Kinn und Hals sich scheiden.

Merkliche Abweichungen von dieser Regel scheinen immer sehr glückliche oder sehr unglückliche Anomalien zu seyn.

Diese Messung und Vergleichung der Höhe und Breite eines Kahlkopfes, geschieht am leichtesten durch die Silhouette.

Ist der Kopf länger als breit, so ist's, wenn die Umrisse hart und eckigt sind, Zeichen ausserordentlichen Hartsinns; – Zeichen ausserordentlichen Schlaffsinns, wenn der Umriß locker und zugleich gedehnt ist.

Ist der Kopf, nach der bemeldeten Art zu messen, breiter als lang, so ist's, bey hartem, steifem, eckigt gespanntem Umrisse – die furchtbarste Unerbittlichkeit, die selten ohne verruchte Bosheit ist – Sind aber bey größerer Breite, die Umrisse schlaff und weich – so ist Sinnlichkeit, Weichlichkeit, Trägheit, Wollust, in hohem Grade sichtbar.

Ueberhaupt aber, um nun von hundert Sachen, die hierüber noch gesagt werden könnten, (die aber noch nicht vorbereitet genug sind, und hin und wieder, besonders bey vorkommenden Beyspielen, ihre Stellen finden werden, und vornehmlich, wenn Gott Leben, Lust und Kraft erhält, dem letzten Theile dieses Werkes vorbehalten sind) nur noch Eine zu sagen: – *Ueberhaupt drückt die Silhouette vielmehr die Anlage, als die Würklichkeit des Charakters aus.* Der zweyte und dritte Abschnitt zeigt am öftersten und sichersten den Verstand – und die Leidens- oder Würkungskraft des Menschen. – Die *Nase* – den Geschmack, die Empfindsamkeit, das Gefühl – die *Lippen*, am vorzüglichsten Sanftmuth und Zornmuth, Liebe und Haß.

Das *Kinn* den Grad und die Art der Sinnlichkeit; der *Hals* samt dem Nacken und der Stellung – entscheidet die Lockerheit, Gespanntheit oder freye Geradheit des Charakters; der *Scheitel* – nicht so wohl die Kraft, als den Reichthum des Verstandes –

Das *Hinterhaupt*, die Beweglichkeit, Reizbarkeit, Elasticität des Charakters.

Abermal, wie wenig und wie viel gesagt! – wie wenig für den bloß Kurzweil und Unterhaltung suchenden Leser – wie viel für den Forscher, der selbst prüfen will, und kann, berichtigen, näher bestimmen, weiter gehen will und kann.

Nun ist's Zeit – durch eine Reihe von allerley Beyspielen das eine und andere vom Gesagten begreiflicher, anschaubarer, gewisser zu machen – und noch manches nachzuholen.

Es war unmöglich, und bey der unabsehbaren Menge dessen, was wir sonst noch zu sagen haben, wär's Mißverhältniß zum Ganzen – eine vollständige Sammlung – noch weniger möglich, eine Classifikation und unwillkührliche Ordnung von Schattenrissen vorzulegen. Ich liefere, was ich liefern kann.

Ein künftiger physiognomischer Schriftsteller liefert vielleicht einmal einige Bände bloßer Silhouetten. Der's liefern wird, liefert viel, und wenn er ohne Partheylichkeit reihet, hat er mehr geleistet, als ich, im Gedränge meiner Umstände, und bey der Geringheit meiner Kräfte immer werde leisten können.

Die folgenden Tafeln, so sehr ich aussuchen wollte, und die Wahl zu überlegen glaubte – zusammen genommen – in jedem Sinn – kleinliches Fragment.

Nachstehende Vignette – das nicht ganz genaue Schattenbild eines der größten Männer unserer Zeit – von dem wir noch mehr reden werden. Bemerkt in demselben die 9. oben bemeldten horizontalen Abschnitte eines Schattenrisses im Profil. Die Stirn ist von vielfassender Kraft. Bemerkt die Höhe derselben von 2. bis 3. die Basis derselben von 3. bis

zur Spitze des Augknochens; die Figur derselben – eine halbe Parabel. –

Genauere, reinere, schärfere Schattenrisse, mit genauen Abtheilungen, werden uns noch Tiefen göttlicher Ordnung, Weisheit und Wahrheit in jedem Menschengesichte, jedem Umrisse, jedem Abschnitte eines Umrisses aufdecken. Ich freue mich innigst der aufheiternden Zukunft, und wünsche der Nachkommenschaft Glück, wenn ein mathematisches Genie – diese Bahn betreten und seine Kraft an den Curven der Menschheit versuchen wird.

* * *

Schwache, thörichte Menschen.

Lässige Verzogenheit, thierische Stumpfheit, zuckendes Behagen, schiefes Lächeln, Unständigkeit, Unbestimmtheit, Stierigkeit, Lockerheit – die gewöhnlichsten, allgemeinsten, auffallendsten Zeichen der angebohrnen und natürlichen Dummheit.

Lässige Verzogenheit, Lockerheit, Unständigkeit – nicht nur Zeichen, Sache.

Und was ist am Menschen bloß Zeichen, und nicht Sache?

O wir schlauen Taschenspieler mit Worten – wie verführen wir uns! – was ist am Menschen Sache, das nicht Zeichen? Zeichen, das nicht Sache sey? welches Glied? welches Gliedes Glied? welcher Muskel? welcher Zug? welche Miene?

Doch, ich scheine vielleicht auszugleiten? Sey's! – der Gedank' ist wesentlich, und mehr als Grundpfeiler der Physiognomik! Neue Bestätigung davon die vorliegenden ziemlich ähnlichen Profilumrisse von mehr und minder thörichten Menschen.

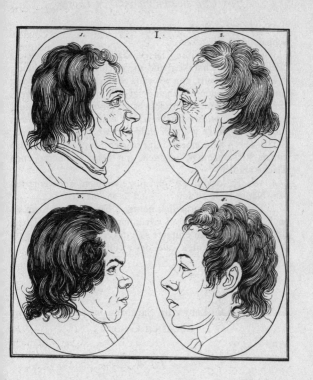

Vier Umrisse von männlichen Thoren.

Diese vier sind alle Thoren, aber Thoren von dem verschiedensten Charakter.

Die Thorheit hat ihre Classen, Gattungen, Arten, wie die Weisheit. Ihre Charakter sind so verschieden, als sie selber.

Die zween obern, von wie ganz anderer Art, als die zween untern! Der Einen Thorheit zeigt sich in der *Vielfaltigkeit*; (im eigentlichsten, buchstäblichsten Sinne des Wortes) der andern in *faltenloser Flachheit*; der einen in *Verzogenheit*, die sich *anspannen* will; der andern in *ruhiger Trieblosigkeit*.

Die obern sind einem aufgerührten Moraste, die untern einem stillstehenden, seichten, mit Schleim überzogenen Teiche ähnlich.

4. scheint (das große Ohr ausgenommen) am wenigsten von Natur Thor zu seyn. 1. und 3. am meisten.

2. scheint ein entsetzlich heftiger, hartnäckiger Kopf zu seyn. Welch ein Hals im Verhältnisse mit dem obern Theile des Schädels! – Man erinnere sich des Kahlkopfs, Silhouette 4. auf der sechzehnten Tafel des zwölften Fragments.

Gelehrte, Denker, vom Sammlergeiste an bis zum höchsten Genie.

J. J. B.

Wir steigen von Kraft zu Kraft –

Weder alle Trefflichkeiten, noch alle Pockennarben eines Gesichtes oder eines Charakters, will ich, kann ich kommentiren. Das eine würde Schmeicheley, das andere Bosheit scheinen müssen – und zu unserm Zwecke ist's würklich auch nicht ganz nothwendig; genug, wenn wir gewisse

J. J. B.

entscheidende Züge des Gemüthes in entscheidenden Gesichtszügen erblicken. –

Dieß zum voraus, damit nicht wieder jemand nach dem
richte, was *nicht* da ist, nicht da seyn soll. Also nur sehr
wenig, was unsers Zweckes ist.

Die helleste Denkenskraft, die planmachendste Klugheit,
unbezwingliche Festigkeit, unermüdete Betriebsamkeit,
pünktliche Ordnungsliebe, – eine unglaublich treue fortge-
setzte Dienstfertigkeit gegen Liebgewonnene sind einige
entschiedene Züge aus dem großen Charakter, den wir vor
uns haben; Züge, die alle augenscheinlich auf diesem
Gesichte ausgedrückt sind.

Den festen, selbstständigen Mann, und wie der Verfasser
des *Sendschreibens von einem zürcherschen Geistlichen* richtig sagt – »den *feinen* durchdringenden Geist, womit er *alle
andere* übersieht, durch die bestgewählten Mittel bedächtig
zu seinem Zwecke schreitet, und beynah' unübersteiglichen
Hindernissen auf den Kopf tritt.« – Wer sieht ihn nicht im
ganzen kraftvollen Gesichte, das wir vor uns haben, und
noch weit mehr im Originale?

Denn dieses unser Bild ist, nach dem wohlhergebrachten
Gebrauche unserer blöden geschmackreichen Künstler,
denen immer nur für *Härte*, wie *Sie* sagen; und wie *ich* sage,
für *Kraft* und *Bestimmtheit* bange ist, überhaupt gar sehr
kraftlos gegen das von Kraft und Drang überfließende Original.

Die Stirn und die Gegend um die Schläfe hat erstaunlich
verloren. Der gewaltige, felsigte Augenknochen, dieser Sitz
von Muth, Kraft und Verstand ist von dem höflichen Zeichner – versüßt, verschwemmt, weggewischt worden.

Daher in diesem Gesichte so viele physiognomische
Widersprüche – die in der Natur nicht sind; wie z. E. der
hohle, uneckigte Umriß des Kinns von der Spitze der Unterlippe an – mit der ganzen Oberlippe bis zur Nase.

Dieser spitzige Winkel, dieser *Buchstabe von herrschen-
der Klugheit* (bey keinen widersprechenden Zügen) –

Wie kontrastirend, wie zusammen unmöglich mit dem
untern Theile des Gesichtes! . . .

O ihr Zeichner, o ihr Mahler – wie lange werd' ich Euch
noch umsonst zuschreyen – »Glaubet nicht die Natur zu
ehren, wenn ihr sie stümpfet, abschleifet, oder wie ihr saget:
ihr ihre Härte benehmet. Die Natur ist nicht hart; sie ist
frey, aber sie ist *bestimmt.* Ihre Bestimmtheit abschleifen,
heißt, ihre Kraft abschleifen.«

Ihr meynet dem Gesichte Ehre zu erweisen, wenn Ihr's
rundet, und ihr raubt ihm dadurch seine Urkraft.

So in dem Gesichte, das wir vor uns haben, das jedermann
kenntlich nennt, das äusserst kenntlich ist – und dennoch
von seinem Grundcharakter, *innere Festigkeit*, so viel verloren hat.

Doch nicht alles verloren – und nicht alles verlieren
konnte.

Der größte Verläumder kann in gewissen Charaktern
gewisse Kräfte nicht weg verläumden – der zaghafteste
Mahler gewissen Gesichtern nicht allen Ausdruck rauben.
Abermal so bey unserm Bilde.

Muth, und mehr ordnenden, setzenden, reihenden, schei-
denden, als schaffenden Sinn –

Mehr Verstand, als Dichtungskraft; mehr Geschmack und
kritischen Scharfsinn, als zärtlich schmachtende Empfindsamkeit –

Dieß alles glaub' ich im treffenden, schauenden, klein
scheinenden, aber nicht kleinlichen Auge, und in der schiefen, festen, über den Augen nicht sehr vordringenden Stirne
zu erblicken.

Kraft, Geschäfftsthätigkeit, Thatweisheit in der feuer-
vollen, prägnanten, unschlaffen und unbeschnittenen Nase.

Leutseligkeit, höfliche Dienstgefälligkeit im Munde.

Cholerisches Temperament in allem, besonders im Untertheile des Gesichtes und dem vollen, gedrängten, krausen
Haarwuchse.

Alles zeigt, daß sein Symbol nicht Wort und erschlichenes Ordensband, daß es Wahrheit, Kraft, That war: –

Sapere aude! Incipe!

So lange Zürich steht, wird Zürich sagen – »das war ein Mann von That!« und so lang ich lebe, werd' ich sagen: »Ich hab' ihm so viel zu danken – daß mich keine Mißverständnisse kaltsinnig gegen ihn machen sollen.«

Isaac Neuton. Vier schattirte Köpfe.

Wie sehr die verschiedenen Vorstellungsarten der Mahler, und ihre verschiedenen Fähigkeiten ein und ebendenselben Mann umbilden und verschieben – davon haben wir schon manches Beyspiel angeführt. Ein neues sey *Neuton.*

Wir haben hier vier Copien von Copien – die alle einen großen ausserordentlichen Mann – aber denselben Mann in sehr ungleichem Lichte zeigen.

1.

Das erste wird wohl das beste seyn?

Voll innerer Kraft die *Augen,* den Gegenstand zu fassen; ihn zu ergreifen, nicht bloß *zu beleuchten;* nicht ihn ins Gedächtniß *aufzuhäufen;* sondern ihn zu verschlingen, und in das große All, das im Haupte ist, *immaniren* zu lassen. – Augen voll Schöpfungskraft – und Augenbraunen voll der lichtvollsten, solidesten Fruchtbarkeit.

Die Stirn ist zu unbestimmt schattirt; doch ist sie vielfassend und Gedanken schaffend. Mehr hohes, gewaltiges Denken, als abstraktes scheint sie auszudrücken. Mächtiger Drang, Drang der Zuversicht und der Gewißheit schwebt drauf.

Markige *Nase* – lieblich zufrieden, nicht selbstgefällige *Lippe*; festes, redliches *Kinn*.

Die rechte, nicht hängende, nicht angestrengte *Wange* – wie viel besser, weniger gravitätisch, als im zweyten? – wie, obgleich verschliffen und unbestimmt – wie viel zutraulicher, als der übrigen!

Auffallend ist die Reinheit, die Ruhe des Ganzen, bey der sichtbaren innern Anstrengung – Anstrengung mit Glauben an sich selbst.

2.

Das Grobe, Bürgerliche liegt im Verschobenen des Kreuzes, der dadurch zu breiten Backe, der Hängwange. Nichts als *Kraft* ist von *Neuton* übrig geblieben.

Ein Republikaner ist's, der, ohne zu befehlen, herrscht, immer widerstehen muß, viele Geschäffte geordnet, eingerichtet, gebaut hat. Wie fest ergreift er sinnlichen Eindruck, – macht prüfenden Entwurf, nicht ohne Zutrauen zu sich und seiner übermannenden Kraft.

An der Nase das Aufgezogene gehässige – und das Fleischige unbedeutende zusammen, machen einen fatalen Effekt.

3.

Ein Gelehrter mit dem Blicke der Kenntniß . . . die – ach! – wie unbestimmte *Stirn* ist offener und reicher, als die obigen; behält mehr, aber nicht so fest, nicht so tief – zum tiefen Forschen ist sie überm Auge nicht gedrängt genug – zum Gedächtniß oben nicht gewölbt genug.

Die *Augenbraunen* sind näher am Auge, und bey weitem nicht so kräftig, als die obern. Die Nähe kontrastirt mit der Offenheit der Stirn.

Eine reine, aber schwache *Nase*. –

Liebliche, mehr ausser sich, als in sich selbst gefällige *Lippe*.

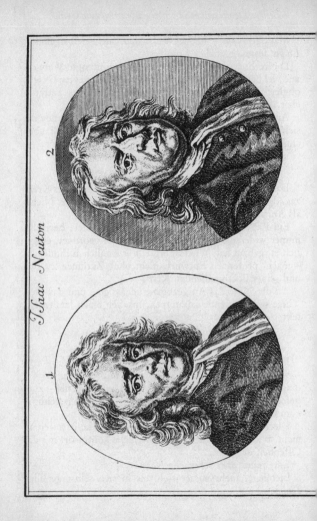

Isaac Newton

M. Wachsmut Sculp.

Stirn und rechte *Wange* haben was Unerträgliches. –

In der Stellung des Kopfes was Unnatürliches – Mahler-
manier –

Wie überhaupt das ganze Gesicht was Verschwebtes,
Gelecktes, Entkräftetes hat.

4.

Antikisirt! unwahr, aber groß! Ein Mann von Wissen und
That.

Die *Stirn*, wie gedrängt in Erinnerung von Würkungen!
Ahndung künftiger Seelennoth in gegenwärtiger Kraft!

Wie verschieden von 3.! So verschieden in der Expression,
wie Marmor und Fleisch in der Härte.

Die *Augenbraunen* – des Schöpfers neuer Systeme!

Das *Auge*, bloß Aussprache innerer Festigkeit, ohne
Falsch, ohne Verlangen.

Die *Nase* im Ganzen – lauter Kraft, Entschlossenheit,
Klugheit; doch um die Spitze und Flügel etwas wenig –
Ungehöriges.

Die *Lippe* Widerhalt – innerer Kraft.

* * *

1. und 2. – derselbe Hauptcharakter oben – unten sehr
verschieden. –

3. und 4. sind zwey Extreme, das eine von Verwässerung
– das andere von Verstärkung.

Alle 4 – ich muß es wiederholen – Copien von Copien –
aber alle vier – Männer, die ihre Existenz in die Nachwelt
wurzeln lassen.

Zweyte Tafel.

1. ist der Umriß vom Originale, wornach 1. auf der
vorhergehenden Tafel copirt ist. Viel mehr Kraft und viel
weniger Bonhomie. –

Neuton.

N.1.

2.

Ein edler, gerader, tiefer, starker Mann, – etwas zu trutzig, welches vielleicht von der Schiefheit des Umrisses, und von der zu starken Bezeichnung der Schatten herrührt.

Die *Augen* – Augen des großen Mannes! Fast wollt' ich diese zur Regel setzen dürfen. –

Das *Haar* – obwohl vielleicht ein wenig idealisirt, dennoch im Ganzen herrlich! zart, voll, wuchsreich, ohne Verwirrung und schwerlästige Gedrängtheit – nicht glatt und nicht hartkraus – wahrer Ausdruck der höchsten Lichthelle des Verstandes ohne Poesie und – Schwäche.

Das zweyte, Umriß vom zweyten der vorhergehenden Tafel, fester, zusammengezogener, gedrängter. –

Die *Augenbrauen* – bestimmter, denkender, schrekkender.

Die *Augen* – weit weit unter 1.

Die *Nase*, der Mund, das Ganze steifer. –

Religiöse, Schwärmer, Theosophen, Seher.

H....nn.

Siehe den hochstaunenden Satrapen. Die Welt ist seinem Blicke Wunder und Zeichen voll Sinnes, voll Gottheit! .... Rücke den Kopfbund, der itzt das Netz eines frisirten Kopfes zu seyn scheinet, zum Krankentuche der schmerzvollen, gedankenschwangern Stirn hinunter. Lege sodann auf die mittlere, itzt so helle, platte, gespannte, Fläche zwischen den Augenbraunen, die dem Urbilde, auch in Zeiten großer Mühe, nur selten ist, eine dunkle, elastische Wolke, einen Knoten voll Kampfes, und du hast, dünkt mich, eine kleine Schattengestalt seines Wesens.

H.....nn.

Im Auge ist gediegner Lichtstral. Was es sieht, sieht's durch, ohne mühsame Meditation und Ideenreihung – Ist es dir nicht beym Blicke und Buge des Augenbrauns, als ob es seitwärts oder von untenher schaue, und sich seinen eigenen Anblick gebe? Ist's nicht, als kreuzten sich seine Stralen? oder der Brennpunkt liege tief hin? – Kann ein Blick mehr tiefer Seherblick seyn? Prophetenblick zur Zermalmung mit dem Blitze des Witzes! – Siehe, wie das abstehende fast bewegliche Ohr horchet? Die Wange, wie einfach, ruhig, gedrängt, geschlossen! Nichts spitzes, nichts hervorfühlendes ist in der Nase. Nichts von dem feinen, müßigen Scharfsinn, der in Subtilität und fremdem Geschäffte wühlet; – was sie aber anwEht, – nahe, stark weht sie's an; siehest du nicht in ihr den gehaltenen, regen Athem, zu dem sie gebildet ist? – und im Munde? . . . wie kann ich aussprechen die Vielbedeutsamkeit dieses Mundes, der spricht, und innehält im Sprechen – spräche Areopagiten Urtheil – Weisheit, Licht und Dunkel – diese Mittellinie des Mundes! Noch hab' ich keinen Menschen gesehen mit diesem schweigenden und sprechenden, weisen und sanften, treffenden, spottenden und – edeln Munde! Mir ist, ihm schweben die Worte auf der Lippe: »den einen Theil verbrennet er mit Feuer; mit dem andern bratet er das Fleisch, daß er gebratenes esse und satt werde. Er wärmet sich, daß er spricht: ha! ha! Ich bin wohl erwärmt; ich habe das Feuer gesehen. Den übrigen Theil desselben machet er zu einem Gotte – und spricht: Erlöse mich, denn du bist mein Gott!« –

Diesen Prophetenblick! dieses durchschauende, Ehrfurcht erregende Staunen! voll würksamer, treffender, gebährender Urkraft! dieses stille, kräftige Geben weniger, gewogener Goldworte – diese Verlegenheit – keine Scheidemünze für den Empfänger und Warter an der Hand zu haben – Hieroglyphensäule! Ein lebendiges:

Quos ego – sed motos praestat componere fluctus. –

Der Umriß hier – ein ganz anderer Mund – ohn' all das feingeistige prophetische Salz – und das Untertheil des Gesichtes zu kurz und nicht so harmonisch mit dem Charakter des übrigen.

Physiognomik, Pfeiler der Freundschaft und Achtung.

(Beylage zur Revision des ersten Bandes.)

Im XIII. Fragmente Seite [96] des ersten Bandes heißt's: »Die Physiognomik reißt Herzen zu Herzen; sie allein stiftet die dauerhaftesten, die göttlichsten Freundschaften; auf keinem unumstößlichern Grunde, keinem festern Felsen kann die Freundschaft ruhen, als auf der Wölbung einer Stirne, dem Rücken einer Nase, dem Umrisse eines Mundes, dem Blicke eines Auges!«

Wenn ein Mensch, der schlechterdings nicht an die Physiognomik glaubt – nichts von Harmonie zwischen dem innern und äußern Menschen wissen will, diese Behauptung laut weghöhnt, oder leise weglächelt; – ganz natürlich! Aber an die Physiognomik glauben – Freund, Vertheidiger davon seyn – und dennoch das, was hier behauptet wird, als Unsinn und wahrheitlosen Enthusiasmus – verwerfen – das scheint, *mir* wenigstens, schlechterdings unbegreiflich. *Ja* und *Nein* sind nicht widersprechender, als diese Denkensart.

Wie viele tausend Gesichter ließen sich zeichnen, die keine Menschenseele zur Freundschaft reitzen werden, die keiner Freundschaft fähig zu seyn scheinen, weder aktifer noch passifer? – und wie viele Dutzende, auf deren Treue, Güte und Liebenswürdigkeit man sich so sicher, wie auf sich selber verlassen kann!

Wenn die festern Theile eines Menschen das Maaß seiner Kraft – die Umrisse seiner Fähigkeiten, die beweglichen – den Gebrauch, den er von beyden zu machen pflegt, zeigen – und wenn aus allem zusammen – das *Verhältnis* zu *meiner Kraft*, meiner *Reizbarkeit, Bewegsamkeit, Empfindsamkeit, Fähigkeit* offenbar wird . . . . Sollte sich daraus nicht die weiseste Wahl der Freunde herleiten lassen? –

Warum gefallen uns gewisse Leute beym ersten Anblicke
– und immer mehr, je mehr wir sie ansehen? –

Warum streben wir von gewissen Leuten auf den ersten
Anblick zurück – und immer mehr, je mehr wir sie ansehen?

Warum gefallen oder mißfallen uns gewisse Leute auf
zehen Schritte, und nicht auf vier?

Alles – um der Physiognomie willen, und um des Verhältnisses, oder Mißverhältnisses willen, in welchem ihre Physiognomie mit der unsrigen steht.

Wenn ich *Verstand*, wenn ich *Kunstfähigkeit*, wenn ich
männlichen *Muth*, wenn ich *Empfindung*, wenn ich *Kaltsinn*
und *Festigkeit*, wenn ich *Unschuld* und *Güte* – suche, mich
an Eines von diesen anlehnen will, anlehnen *muß*; – und
diese begegnen mir? – begegnen mir in den entschiedensten,
leserlichsten Zügen? – (und wenn diese Eigenschaften keine
entscheidende, leserliche Charaktere haben – so giebt's
gewiß ganz und gar keine Physiognomik und keine Physiognomie, und keinen Unterschied der Dinge) – diese Eigenschaften begegnen mir also in unverkennbaren Zügen! – Ich
erkenne sie – und es sollte mich nicht freuen, gefunden zu
haben, was ich suche? Ich sollte nicht gewiß seyn können:
»Hier ist's, wo ich ausruhen will und kann!«

Zeiget mir, Zweifler – ein Paar würklich vertraute, und
nicht nur vertraute – würklich sich liebende – mit einander
leidende, nach einander sich sehnende Menschen – die ihre
Thaten wie ihre Worte, ihre Erkenntnisse wir ihre Empfindungen sich einander mittheilen – und – heterogenisch gebildet sind!

Heterogenisch? was ist das? *Schnurgerade* – und *zirkel-
runde Linien! gewaltig vordringende* – und *tief eingedrückte
Profile!* . . .

Warum konnte *Karl der XII.* die Frauenspersonen nicht
leiden? warum bewunderten seine Feinde seine Tapferkeit?
war's nicht aufm breiten Bogen, der sich von seiner Nasenwurzel heraushob; nicht auf seiner Heere beherbergenden

Stirne – wo diese hohe Mannheit saß, die Weiber weg-
schreckte, und Männern Achtung einflößte? –

Freylich sind die Menschen so gebaut, daß kaum Einer ist,
der nicht wenigstens einen fände, mit dem er harmoniren
kann – aber nicht jeder ist für jeden ... Jeder hat ein
besonderes Auge zu sehen – und erscheint in einem besondern Lichte, in welchem allein er gesehen werden kann.
Wenn nun mein Aug' an einem Menschen, (und wie schneller, leichter, natürlicher, sicherer, als durch sein Aeußerliches? sein Sichtbares? seine Physiognomie?) solche Kräfte,
Eigenschaften, Zeichen erblickt, die meinen Ahndungen
und Bedürfnissen zu entsprechen scheinen; wenn ich in
seiner Atmosphäre frey athmen kann – oder, damit dieß
nicht wieder mystisch oder schl...sch verstanden oder miß-
verstanden werde – wenn wir nicht heterogen gebildet sind,
kein sichtbares, spürbares Mißverhältniß zwischen unsern
Bildungen und Kräften ist – so nähern wir uns, wünschen
nicht bloß aus vorübergehenden, gekünstelten, conventio-
nellen Ursachen, uns einander zu nähern. Alle Freundschaften, die sich bloß auf conventionelle Bedürfnisse gründen –
(im Kleinen, was die Freundschaften großer Staaten, die sich
verbünden) – dauren nur so lange, als das conventionelle
Bedürfniß – Nicht so die Freundschaft, die sich auf physiognomische Gleichartigkeit gründet. Die bleibet so lange, so
lange die Gesichter bleiben.

Daher hilft zur eigentlichen wahren Freundschaft, zur
persönlichen unmittelbaren Herzensfreundschaft kein Bitten und Flehen; und es ist immer sicherlich ein Zeichen, daß
ein Mensch entweder den wahren Sinn des Wortes *Freundschaft* oder die *menschliche Natur* nicht kennt, der einen
andern um seine *Freundschaft bittet*; um Liebe kann ich
bitten; aber nicht um Freundschaft! Liebe bin ich Mensch
der Menschheit schuldig, Freundschaft läßt sich nur dem
mitfühlenden geben. Einen um Freundschaft bitten, heißt
eben so viel, als den andern bitten – »leihe mir deine Nase!«

– oder – »erweise mir die Gefälligkeit, andere Augen zu haben, als du hast!«

Soll und darf denn niemand den andern um seine Freundschaft bitten? oder ihm seine Freundschaft antragen? – Niemand kann's mit Weisheit und Wahrheit thun, als der Physiognomist. Nur Er kann um Freundschaft bitten und Freundschaft antragen. Wohl verstanden, wir sprechen nicht von der allgemeinen Menschenliebe, Bruderliebe, Bürgerliebe – die sich auf die allgemeine Menschennatur, unsere häuslichen und bürgerlichen Verhältnisse gründet, wir sprechen von *Freundschaft.* Wohlverstanden ferner; wir sprechen nicht von uns selber, oder diesem und jenem besondern Physiognomisten – wir sprechen vom wohlgeübten und geprüften physiognomischen Genie. Nur das, oder bisweilen auch reines zartes physiognomisches Gefühl, kann allenfalls Freundschaft verlangen und geben, kann sagen: »wir harmoniren« – kann den andern auf diese Harmonie aufmerksam machen, ihm sie aufschließen – *wie der Apostel durch Auflegung der Hand Geistesgaben,* wie er Glauben fordern, und geben, oder erwecken konnte. Ein Gedanke, der nach einiger Entwickelung werth zu seyn scheint.

Wie die Apostel, nur nach ihrer Gabe, die Geister zu prüfen, Geistesgaben austheilten, so der Physiognomist, in seiner Entfernung, Freundschaft und Achtung!

Was that der Apostel? – Er blickte in die Seele hinein – er ahndete die schlummernden Kräfte – erleuchtet vom Geiste der Wahrheit – sah' er die Gabe, die schon in dem Menschen war – wie der künftige Engel bereits in ihm ist – und – *weckte* sie nur durch *Auflegung seiner Hände* – oder durch irgend ein anderes Zeichen, das dem Täufling, oder dem Christen versicherte – »*das* lieg' in ihm! *dazu* sey er bestimmt!« Eigentlich *gab* er ihm nichts – nur in so fern gab er ihm, als er ihm *den Schatz aufschloß,* der in ihm lag. Ohne diesen Aufschluß wäre der Schatz ihm nichts gewesen. Aber der Mann voll heiligen Geistes, und göttlichen Ansehens, der vor ihm stand – den er mit Gottes Weisheit sprechen hörte, und mit Gotteskraft handeln sahe – der verdiente seinen ganzen Glauben! Dieser Glaube – lebendig gemacht durch die Gegenwart und das feyerliche Händauflegen des Gottesmannes – *erweckte die Gottesgabe, die in ihm war* – das heißt: *Er empfieng den heiligen Geist.* Oder noch mit andern Worten: »Die Gottheit fieng an, auf eine neue Weise in dem Menschen sich zu regen, und zu würken – gemäß der Organisation und der Bestimmung desselben – und, um nun gerade *auf diese Weise* in ihm würken zu können – waren einerseits *präordinirte Anlagen,* andrerseits *äußerlich erwekkende Umstände* nöthig – wie zu allem, allem in der Welt – was immer aufleben und auf eine neue Weise würken soll« – Denn *alles, alles in der Welt steht unter derselben Regel und Ordnung* – das leiblichste, das geistlichste, das, was *wir natürlich,* und was wir *übernatürlich* nennen.

Da half nun kein Bitten und Flehen um diese oder jene *besondere* Wundergabe – so wenig sich itzt aus einem kaltdenkenden Kopfe ein poetisches Genie umbitten oder umbilden läßt. Es kam auf die *ursprüngliche Organisation,* aber auch nicht auf diese allein; sondern zugleich auf *äußere Veranlassung, Erweckung, Ausbildung* an. Diese äußere *Veranlassung* und *Erweckung* aber konnte sich schlechterdings nach nichts anderm, als nach der *Anlage,* nach der Urfähigkeit des Objektes richten. So mit allem Lehren und Lernen in der Welt – so mit den göttlichsten Geistesgaben. So – mit der *Freundschaft* – – Der Physiognomist entdeckt *Verhältnisse* und *Zusammenstimmungen* – zwischen Menschen und Menschen, zwischen Menschen und sich – die andere nicht so leicht, nicht so schnell, so bestimmt, so gewiß entdecken – Diese zeigt er an – und schließt also, wie der handauflegende Apostel, nur auf, was verschlossen da ist. Er kann nichts hinein bringen – nur herausbringen – so wie überhaupt *niemand nichts in den Menschen eigentlich hinein bringen kann.* Nur herausbringen, nur entwickeln, was da ist. *So wenig sich ein neues Glied in das Ganze des menschlichen Körpers hineinpropfen läßt – so wenig eine neue Geisteskraft!* Was da ist, ist da! Was da ist, ist der Bearbeitung, Entwickelung, Zeitung, und eines erstaunlichen Wachsthums fähig – aber was nicht da ist, kann weder entwickelt, noch reif, noch auch hineingebracht werden. Also ist Kenntniß dessen, was da ist – Fingerzeige der Erziehung und Bildung des Menschen – Fingerzeige der Achtung und Freundschaft.

Nun das Unsichtbare im Menschen zeigt sich in seinem Sichtbaren – wie der Schöpfer in der Schöpfung! – Wenn also Physiognomie nicht Achtung und Freundschaft zeugen kann, was denn? Wenn das Anziehende und Zurückstoßende keine Zeichen hat – (wodurch sonst zurückstoßend und anziehend?) – was hat's dann?

Aber giebt's keine Ausnahmen? Ich habe noch keine gesehen … Das heißt: »Ich kenne, itzt wenigstens, keine Gesichter, denen ich meine Seele vertrauen möchte, von denen ich nicht gewiß bin: Meine Seele ist bey Ihnen wohl vertraut.« Wenn ich mich aber auch noch irrte, was wäre das? Bewiese das? – – – Genug – wenn *überall* eine Physiognomie in der Natur ist; so muß der *Mensch* eine haben – und wenn der *Mensch* eine hat, so muß der der *Freundschaft*, der *Achtung – würdige Mensch* eine haben. Und wenn er eine hat, die ihn von dem Achtungsunwürdigen unterscheidet, so muß diese *erkennbar* seyn – und je *gekannter*, desto *liebenswürdiger*; je *liebenswürdiger*, desto *gesuchter, geliebter.*

Es kann Gesichter geben, die, wie die Gottheit, ihre Liebe leuchten lassen über Gute und Böse, und Thränen der Freude und des Mitleids haben für Gerechte und Ungerechte – die alle lieben, und von allen geliebt werden – Selten sind sie, aber unmöglich scheinen sie nicht. Es kann Gesichter geben, die nur wenigen verstehbar und genießbar sind; aber diesen dann ganz; diesen wenigen dann alles sind. Gesichter – die allen Achtung und Ehrfurcht einflößen – und keine zutrauliche Liebe – Gesichter, die nur Liebe, und keine

Hochachtung einflößen; und solche, die beydes genau vereinigen.

Kraft zu würken flößt *Achtung; Weisheit* zu würken,
Hochachtung; Stärke zu leiden, *Hochachtung mit Mitleiden*
– *Begierde zu geben und Freude zu machen* – *Liebe* – ein –
und alles dieses, nämlich *Kraft* und *Weisheit,* und *Stärke* und
Wohlwollen haben offenbar ihre untrüglichen Kennzeichen
– Also auch *Freundschaftlichkeit,* die sich auf ein bestimmtes
Maaß und Verhältniß aller dieser Dinge gegen mich –
gründet!

Was würkt also Freundschaft? Gleichgesinntheit? Nicht
allemal! nicht durchaus! Was dann? – Verhältniß meiner
Besitzthümer zu den Bedürfnissen – meiner Bedürfnisse zu
den Besitzthümern des andern – Je geistiger, innwohnen-
der, je tiefer gewurzelt in meiner und des andern Natur
diese Besitzthümer und diese Bedürfnisse sind – desto inniger, fester, unzerstörbarer, physiognomischer die Freundschaft.

Wo sie rein physiognomisch ist, ganz unwissend aller
andern Verhältnisse, als der Verhältnisse der Gesichtszüge,
und der Gesichtsform – da ist sie so unzertrennlich wie die
Vereinigung der Glieder Eines Leibes – das ist, nur zer-
trennnbar durch *Tod* und *äußere fremde Gewaltthätigkeit.*

Ich bin langsam, immer langsam, einen Menschen um
seine *Freundschaft* zu bitten – oder auch ihn meine *Freundschaft* nehmen zu lassen, oder sie ihm anzubieten, aber ich
glaube, wenn ich sie bloß aus reinem physiognomischen
Gefühle – oder Beobachtung unserer physiognomischen
Verhältnisse nehmen lasse, oder anbiete, oder wessen
Freundschaft ich um deßwillen suche – – Himmel und Erde
werden eher sich mit einander zerstoßen, als eine solche
Freundschaft. Daher es nunmehr einer meiner heiligsten
Grundsätze ist – »Mit keinem Menschen, wie menschlich
oder übermenschlich er auch heißen, wie berühmt immer
seine Tugend und wie schimmernd seine Religion seyn
möchte, *Freundschaft* zu machen, (im hohen reinsten Sinne

dieses Wortes) bis ich ihn – oder zuverläßig – ähnliche
Porträte und Silhouetten von ihm gesehen – und vorher,
auch keinem, und wenn gleich die schlimmsten Dinge von
ihm mit der größten Zuversicht erzählt würden, meine
Freundschaft schlechterdings zu verschließen.«

O Anschaun, Anschaun der Menschheit! wie verschlingst
du auf einmal alle unwahre, halbwahre, schiefe Urtheile
über einen guten oder bösen Menschen! – Der beste Mensch
kann aus Uebereilung eine lasterhafte That thun – so gar
einer schlimmen Leidenschaft eine Zeitlang nachhängen –
der schlimmste Mensch – eine gute Handlung allenfalls mit
oder nachmachen. Aber sein Gesicht, wenigstens das
Wesentlichste desselben, und die Form des Ganzen kann er
nicht ändern – Diese ist nicht *Frucht*, sondern *Stamm* und
Wurzel der Frucht – und ob's gleich wahr ist, daß man aus
der *Frucht* den *Baum* erkennt, ist's doch auch mitbestehende
Wahrheit – *Aus dem Stamme und Baume läßt sich noch
sicherer auf die Frucht schließen.* Es kann seyn, daß dieß
mehr Uebung im Beobachten erfordert und voraussetzt.
Aber wo diese einmal vorhanden ist, o sie wird nicht nur die
zufälliger Weise schlechten Früchte, (denn auch der gesun-
deste Baum kann von Insekten von außenher fruchtlos
gemacht werden) – nicht nur diese zu den Datis der Ent-
scheidung machen – nicht was ist, nur einmal ist, sehen –
sondern auch, was *seyn kann* – wenn der Stamm nur gegen
Insekten von außen – gesichert wird. Der vom geübten
Physiognomen rein physiognomischer Weise gewählte
Freund – wird *Freund* bleiben – und wenn ihn auch alle Welt
um einiger Fehler oder Laster willen verdammte.

Ueber Ideale der Alten; schöne Natur; Nachahmung.

(Fragment, wie's eins seyn kann!)

Daß die Kunst höheres, reineres, edleres noch nichts erfunden und ausgearbeitet hat, als die alten griechischen Bildsäulen aus der besten Zeit – kann vors erste als ausgemachte Wahrheit angenommen bleiben! – Nun entsteht die Frage: woher diese hohe, wie man sagt, überirrdische Schönheit? ... Die Antwort ist zweyfach; entweder – »die Künstler hatten höhere Ideale! sie imaginirten sich vollkommenere Menschen! ihre Kunstwerke waren bloß neue Geschöpfe ihrer edlern Dichterkraft – oder: sie hatten eine vollkommenere Natur um sich, und dadurch ward es ihnen möglich, ihre Imagination so hoch zu stimmen – und solche Bilder darzustellen.« –

Die Einen also sehen diese Werke als *neue Schöpfungen,* die Andern bloß als *dichterische Nachahmungen schönerer Natur* an.

Ich bin von der letztern Meynung, und ich bin gewiß, wie ich's von einer Sache in der Welt seyn kann, daß ich recht habe. Die Sache ist wichtig, und verdiente, von einem Gelehrten – welches ich nicht bin, demonstrirt zu werden. Ich glaube: sie ist der Demonstration so fähig, als es etwas seyn kann.

Nur so viel geb' ich der Ueberlegung aller denkenden anheim – *Ganz erschaffen kann der Mensch überall nichts.* Es ist ewiges, eigenthümliches, unmittheilbares Vorrecht des Wesens aller Wesen, »dem, das da nicht ist, zu rufen, als ob es sey!« – *Nachahmen* ist des Menschen ewiges Thun und Lassen; sein Leben und Weben; seine *Natur* und seine *Kunst.* Vom Anfange seines Menschenlebens an bis an sein Ende ist alles, alles Nachahmung ... Das gemeinste und das trefflichste, was er thut – und wenn's noch so sehr *sein* Werk, *Geschöpf* seiner Hände, und *Gemächt seines Geistes zu seyn* scheint. Kein Mensch erschafft sich eine Sprache. Alle Sprache ist Nachahmung – Kein Mensch *erschafft* sich eine Schrift. Alle Schrift ist Nachahmung – kein Mensch *erschafft* ein Bild – alle seine Bilder sind Nachahmungen.

Das Kind des Franzosen lernt Französisch, des Deutschen deutsch. Jeder Schüler *eines* Mahlers ahmt glücklicher oder unglücklicher die Manier oder den Styl seines Meisters nach.

Es ließe sich durch die vollkommenste Induktion unwidersprechlich darthun: daß jeder Mahler seinen oder – seine *Meister* – die um ihn lebende *Natur seines Zeitalters*, und *sich selbst* kopiert hat. So jeder Bildhauer; so jeder Schriftsteller; so jeder Patriot. Die eigene Manier eines Genies in der Kunst, Wissenschaft und Tugend ist bloß, die durch seine besondere Lage modifizirte Nachahmung seines Helden.

Eine Wahrheit von so millionenfachen Beweisen – darf sie ohne Unverschämtheit – darf sie im Ernste in Zweifel gezogen werden? – Ich glaub' es nicht! Man nenne sich nur die Namen *Raphael, Rubens, Rembrand, Vandyk* – *Oßian, Homer, Milton, Klopstock* – man lasse sich ihre Werke nur durch den Kopf laufen – die herrlichsten Originale – und dennoch nur Kopisten – ihrer Meister, der Natur, und ihrer selbst. Sie sahen nur individuell die Natur, durch das Medium der Werke ihrer Meister und Vorbilder – das machte sie zu Originalen und Genies. Der ungenialische Nachahmer – ahmt nur den Meister oder die Natur nach, ohne Theilnehmung, ohne Tinktur seiner Verschwisterung mit der nachgeahmten Sache; *er zeichnet eigentlich nur durch*. Nicht so, wer Original ist, das Genie. Er ahmt zwar auch nach – aber er zeichnet nicht durch – er setzt seine Nachahmungen nicht wie ein *Flickwerk* zusammen. Er *schmilzt* sie durch einen *Zusatz* seiner theilnehmenden *Individualität* zu einem *homogenen Ganzen* – und dieß homogene Ganze ist so neu, so von allen andern Zusammenflickungen seines Zeitalters verschieden, daß man's neues *Geschöpf, Ideal, Erfindung* heißt. Nur so, wie der Chymist

Schöpfer der Metalle ist – nur so der Mahler der Gemählde; – der Bildhauer seiner Bilder.

Schöne Werke der bildenden, oder der dichtenden Kunst sind also immer ganz zuverläßiges Siegel und Pfand – schönerer Urbilder, schönerer Natur – und eines Auges, das gebildet war, von diesen Schönheiten affizirt und hingerissen zu werden. Was Aug' ohne Licht ist, was Weib ohne Mann – ist Genie ohne affizirende Sinnlichkeit außer sich. Es wird von seinem Zeitalter eben so sehr gestimmt, als es hinwieder sein Zeitalter weckt und stimmt. Es giebt nur umgeschmolzen, zusammengeschmolzen seinem Zeitalter zurück, was es an einfachen Ingredienzen erhielt. – Welcher seichte Kopf – oder welcher Philosoph von Profession und Prätension – wird uns denn bereden: »Die griechischen Künstler haben nicht nach der Natur gearbeitet, nicht aus der würklichen Körperwelt, die sie umgab, ihre Sinnen unmittelbar affizirte, geschöpft – sondern ihre Werke seyen ihre eigenen Geschöpfe? Ganz Geschöpfe ihrer glücklichern Einbildungskraft? Sie haben gleichsam Erscheinungen aus höhern Welten zu ihren Mustern genommen?« ... Gut; wenn sie so übermenschlich, so göttlich aus sich selber, ohne Beyhülfe würklicher Wesen außer sich *erschaffen* konnten – oder wenn sie gar Göttererscheinungen gewürdigt wurden ... Ich denke, so werden wenigstens sie, diese Glücklichen, diese außerordentlichsten Menschen, von nicht ganz gemeiner, niedriger Bildung gewesen seyn? ... Denn sicherlich – von Hogarths Carrikaturen keine – konnte den Apoll erschaffen! ... O! was ich mich schämen muß, das zu sagen! ... Im Ernste! woher diese Erscheinungen aus der idealischen Welt? aus dem Geisterreiche »unkörperlicher Schönheiten?« .... Gerade daher, woher alle Träume aller Träumenden! – alle Werke aller Wachenden! – Aus der Welt, die sie umgab! aus den Meistern, die ihnen vorgiengen! aus ihrer individuellen Organisation, die durch die beyden vorhergehenden Dinge so und so affizirt wurde! – Warum kamen *ihnen* diese Erscheinungen? und warum kommen sie *uns* nicht? – Ganz einfältig deßwegen, weil sie schönere Menschen vor sich hatten; wir hingegen bloß die Bildsäulen dieser edlern Geschöpfe! – Schönere Menschen, um und an sich, wo sie stunden und giengen; nicht bloß eine artige Beyschläferinn, wie bald ein jeder Künstler hat; oder eine Tochter, wie *Carl Maratti*, der doch schon mit dem steten Anschauen ihrer Schönheit, welche noch die Vaterliebe reinigte und erhöhete, seine himmlischen Marienbilder schuff – Schönere Menschen! und – schöner, woher! ... Nicht nur sag' ich: »Frage den, der sie schuff!« sondern – »sieh auf Klima! glückliche und abhärtende Zeiten! Lebensart!« – Noch itzt, sagt *Winkelmann* – – doch wir wollen ihn hierüber im folgenden Fragmente hören.

Jeder, der die Schwelle der Philosophie betritt, weiß, und wenn er's nicht wüßte, wär's drum nicht weniger wahr – »Nichts kömmt in die Imagination, als vermittelst der Sinne.« – Gemeinplatz – aber ewig wahrer Gemeinplatz! Jedes *Ideal*, so hoch es über unsere Kunst, Imagination, Gefühl erhaben seyn mag, ist doch nichts, als *Zusammenschmelzung von gesehenen Würklichkeiten*. Immer und ewig richtet sich die Kunst allein nach der Natur – und nach dem, was sie gesehen und gehöret hat. Sie ist nichts, als übel- oder wohllautender Wiederhall der in uns zu *einer* Empfindung zusammentreffenden sinnlichen Wahrnehmungen dessen, was außer uns ist.

Es ist so fern, daß die Kunst, ohne und außer der Natur, idealisiren könne – daß ich keck behaupte – »sie kann's nicht einmal bey und vor der Natur!« – Furchtbares Paradox! Mahler, Bildhauer und Dichter – werdet ihr nicht über mich herfallen? – Dennoch ist's durchaus nicht Begierde, etwas sonderbares zu sagen – wie uns alle, die nichts sonderbares zu sagen wissen, und alles vorgesprochne nur nachsprechen, vorgeschriebne ehrerbietig und sklavisch nachschreiben, unaufhörlich nach aller Jahrhunderte Schulmode, vorwerfen; sondern es ist lebendige Ueberzeugung bey mir; nicht nur Ueberzeugung, sondern *Wahrheit* – Es ist bloße Con-

vention, daß wir irgend ein noch so idealisches Gemählde –
übernatürlich schön nennen. *Ewig unternatürlich ist und
bleibt alle Kunst.* Das, was wir Ideale nennen an den Alten –
mag uns Ideal scheinen. Ihnen – war's vermuthlich unbefrie-
digendes Natur-Nachhinken der Kunst! –

Ich schließe von allem dem, was ich um mich sehe – auf das,
was jene um sich gesehen haben müssen – von der Natur
meiner Zeit auf die Natur meiner Vorzeit. Besser, oder
schlechter; das thut hier nichts! *Natur des Menschen bleibt,
wie die Hauptform des Menschen, immer Ein und eben
dieselbe* – und was seh' ich dann um mich herum? – daß kein
einziger Mahler, kein Bildhauer, kein Dichter – die Natur
erreicht, geschweige verschönert. Schöner, als der und dieser
und jener – schöner, als man's gewohnt ist – zu sehen, zu
hören, zu lesen – das ist möglich; – drum spricht man so viel
von Ideal! – aber nicht schöner, und nicht so schön als die
Natur – die vorhandene *schöne* Natur nämlich – O daher,
meine Lieben, kömmt der schreckliche Fehlsprung – Man
schloß: »weil sich schlechte Natur verschönern läßt; also
auch die schöne!« – O da oder dort eine Warze weglassen;
einen starken Zug ziehen; einen scharfen Einschnitt abstümp-
fen; eine weit vorhängende Nase abkürzen – das könnt ihr
Mahler und Bildhauer, ich weiß es – und wollte Gott, ihr
thätet's nur nicht so oft ohne Sinn und Zweck, nach bloßen
Moderegeln, die mir schon so manches Gesicht, das mir,
trutz aller Eurer faktiçen Kunstregeln, mit seinen keckern
Zügen, schärfern Einschnitten, und all dem Unwesen, dem
ihr so menschenfreundlich, wie ihr meynt, zu steuren sucht –
viel anziehender und höhersprechend war, als Euer feinpolir-
tes Nachbild mit alle seiner Idealschminke – – Doch gesetzt,
ihr thut's mit Weisheit und Geist – thut's im Geiste der
Physiognomie, die vor Euch sitzt, welches viel sagen will,
tiefes anhaltendes Menschenstudium vorausgesetzt – was
habt ihr dann bewiesen? »daß ihr die schöne Natur verschönern könnt!« – O das laßt ihr wohl bleiben, liebe Herren! Ja
wohl! Ihr! die schöne Natur verschönern? – Nicht einmal die

leblose schöne Natur – geschweige die lebende, athmende!
nicht einen hellgeschliffnen Harnisch – geschweige ein blit-
zendes Auge – nicht eine blond hinwallende Haarlocke –
geschweige ein ganzes majestätisches oder erhabenes Haupt.
Es scheint, o so manches, über die Natur, wenn man die
Natur nicht in demselben Lichte vor sich hat. Darum fand
so mancher *Rigauds* Kleider übernatürlich prächtig – und
Rembrands Panzer übernatürlich schön – und beyde diese
Meister konnten weder ihre noch seine Kleider und Panzer
ertragen, so lange sie die Natur neben bey hatten.

Warum sind so viele Gesichter, die sich schlechterdings
von keinem Grabstichel, keinem Bleystift, keinem Pinsel
erreichen lassen? – (ans Uebertreffen ist gar nicht zu gedenken!) – Und was für Gesichter sind das? die häßlichen? oder
die schönen? die geistlosen oder die geistreichen? Ein schö-
ners Gesicht kann man vielleicht machen, als – *das* schöne
Gesicht, das man gerade vor sich hat – Darum glaubt man,
und sagt man: »man könne die schöne Natur verschönern!«
– Nein! lieber Künstler – *das* schöne Gesicht, das du vor dir
hast, kannst du nicht verschönern, und verschönerst's nicht
– sondern das schönere, das du allenfalls *unterschiebst*, ist
schlechte Copie einer andern schönern Natur, oder einer
guten Copie nach einer schönern lebenden Natur, als die ist,
welche du vor dir hast. Diese schwebt dir noch im Kopfe
und Sinne – und tingirt dein gegenwärtiges Werk. Alles also,
was Original scheint, ist im Grunde doch nur wieder Copie
– colorirt mit mir selbst; das ist mit gehabten Sensationen,
die ich mir eigen gemacht, daß ich sie zu erneuern, keiner
äußern Gegenstände weiter bedarf. So müssen also die
Werke der Alten ebenfalls nur *Copieen*, und ganz gewiß sehr
unvollkommene Copieen der Natur, oder anderer Meister-
werke seyn, die dann ebenfalls wieder gute, aber nicht
vollkommene Naturcopieen waren.

Sie hatten schönere Natur vor sich, als wir. Das ist von
vornen hinab, und von hinten herauf zu erweisen. Und sie

erreichten so wenig ihre schönere Natur; als wenig die größten Künstler unter uns die weniger schöne Natur erreichen, die sie vor sich haben.

Nicht einmal, sagt' ich, die *ruhende* schöne Natur kann erreicht werden ... Man hänge dem geschicktesten Zeichner eine bloße Silhouette von einer erhabenen Schönheit vor – und was kann einfacher seyn, als eine äußerste Umrißlinie eines Halbgesichtes? ... Er wird es zehnmal versuchen, und unter zehnmalen kaum einmal diese Linie erreichen; und gewiß nicht ohne Abweichung einer Haaresbreite erreichen – und Abweichung einer Haaresbreite ist schon wieder wichtig für Schönheit – Eben diese Haarbreiten; dieß *wenig mehr* – sind das unerreichbare der Kunst ... Wenn nun nicht die *einfachste* Schönlinie zu erreichen ist – wie wird's eine ganze Fläche seyn können? eine schattirte Fläche? eine sich rundende Figur? eine gefärbte, warme, lebendige, athmende Schönheit?

Wie viele haben sich schon am Apoll, und der Venus und dem Torso von Herkules versucht? Wer hat sie übertroffen, wer erreicht? und es sind doch unbewegliche Statuen – welch ein Unterschied gegen lebendige Gesichter, die kein Moment ruhen, und in stäter äußerlicher und innerlicher Bewegung sind – O wer fühlt nicht, daß nicht dran zu gedenken ist – daß die Griechen ihre hochgepriesenen Ideale – (ja! Ideale für uns – Larven entflohener Vorwelt – und besserer Menschen) daß sie, sag' ich, ihre Ideale – erschaffen? Nicht nur Copieen waren's, sondern Carrikaturen der schönern sie umgebenden Natur – wenigstens Zug für Zug einzeln betrachtet, und mit dem Originale verglichen, woher es entlehnt ward.

Alle Umrisse der Kunst, und wenn eine Engelshand sie zeichnete, sind ihrer unveränderlichen Natur nach immer höchst ruhend und fest; da hingegen alle lebende und athmende Natur in unaufhörlicher sanfter Fluxion und Wallung ist. Immer also, und wenn man die Natur noch so genau zu erreichen geglaubt hat – Man hat sie nicht erreicht, und nicht erreichen können. Die Zeichnung ist stehender Punkt; nicht einmal Moment, und in der Natur ist kein stehender Punkt – Bewegung, ewige Bewegung alles. *Also ist die beste Copie, ihrer Natur nach, eine Reihe von Momenten, die in der Natur nie so coexistirten.* Mithin immer Unwahrheit; Unnatur – höchstens Aproximation! – Noch einmal: Nicht ein genauer Schattenriß von einem lebenden Menschengesichte ist *physisch möglich*, und man will – Ideale *schaffen!* Wie überflüßig offenbar wird durch dieß alles, daß alles Idealisiren im Grunde nichts anders ist, als Wiedervergegenwärtigung gewisser Sensationen von Schönheiten, die uns affizirten; Nachahmung dieser Schönheiten; Zusammenschmelzung derselben in Eine, uns wenigstens, homogen scheinende Form.

Also waren die Griechen schönere Menschen – bessere Menschen! und das itzige Menschengeschlecht ist sehr gesunken!

»Aber jene Griechen waren ja blinde Heyden, und wir sind gläubige Christen!« – Ich möchte den schaalen Kopf sehen, der etwas platteres sagen könnte: Nicht dem, der die Einwendung schalkhaft und gewiß nicht im Ernste macht; – sondern dem einfältigen geraden Wahrheitliebenden Menschensinn antworte ich. Und – was?

Das Christenthum würkt, wie sein Meister Christus! Es giebt keine Augen dem, der keine hat; sondern es erleuchtet die Augen des Blinden. Es schafft keine Ohren; aber es macht taube Ohren hörend. Es ist Geist und Leben und Kraft für jegliches Gefäß; jeden Körper nach seiner Organisation und Empfänglichkeit. Es verschönert alles nur nach seiner innern, individuellen Verschönbarkeit. Also können die »blinden« Heyden, ihrer Anlage nach, in Ansehung ihrer Organisation und Bildung, nach dem unerforschlichen freyen Willen ihres Schöpfers, weit schönere Gestalten gewesen seyn, als wir – obgleich manche ihrer würdigsten Fähigkeiten, deren Entwickelung nur dem Christenthume vorbehalten ist, in ihnen nicht entwickelt wurden.

Und dann, guter Gott, ist viel von unserm Glauben und
Christenthum, das uns verschönern soll ... zu preisen! Ja!
wenn Schminke verschönert! Aus innwendigem Leben,
innigst erregter sanfter, treffender Würkungskraft – daher
quillt Veredlung, Salbung der Menschengestalt ... Und wie
viel anders war die in euch würdigen alten Heyden – die
ihrem Lichte so viel redlicher folgten – als wir – Ja! hocher-
leuchtete! Söhne des achtzehnten Jahrhunderts ... dem
unsern! ... Wenn Christus Euch offenbar worden wäre ...
(vielleicht ist er's Euch itzt schon mehr, als uns) – mit
welchen Anbetungen würdet ihr zu seinen Füßen liegen! ...
Aber da kömmt nun ein Schulmeister her, dem der Namen
Christus Dorn in Augen ist, der zwickt mit der Peitsche –
»wozu der *Christus* immer in *physiognomischen Fragmenten*?« – Freund! kein Wort, als: »gehe mir aus der
Sonne!« – ...

Gesunken, gesunken ist das Menschengeschlecht ... Hefe
der Zeit sind wir! ein abscheuliches Geschlecht im Ganzen
... kaum angehaucht mit der Tugendschminke! ... Religion, Wort; Christenthum, Spott ... und daß wir's nicht
fühlen, daß wir gesunken sind, uns nicht schämen unserer so
erniedrigten Gestalten und verzerrten fleischigen Bildungen
– ist wohl der Versunkenheit größter Beweis.

Doch wer nichts von Religion hören mag, höre das! Man
vergleiche nur Würkung und Würkung, um Ursach und
Ursach vergleichen zu können. Nur itzige deutsche, und alte
griechische Schriftstellerey ... Ich werde unwillig über mich
selber, daß ich auch nur an Beweise erinnern muß.

Kurz und gut ... die hohe Schönheit der Kunstwerke der
Alten ist ewiges Monument ihrer schönern Natur, die sie
nicht übertroffen, nicht einmal erreicht hatten. Kurz und
gut ... der Künstler *schafft* nur so, wie jeder Mensch eine
Sprache schafft – Jeder Mahler, Künstler richtet und bildet
sich ganz augenscheinlich nach der ihn umgebenden lebendigen Natur, und den Meisterstücken, die er vor sich hat. Wie
leicht läßt sich daher jedes Mahlers Styl und Manier erklä-

ren? Physiognomie seines Zeitalters und seiner selbst. Mag er idealisiren und karrikaturiren. Er verschönert und verschlechtert sein Zeitalter. Man könnte aus seinen Idealen und Carrikaturen den Mittelschlag von dem Charakter seines Zeitalters und seiner selbst abziehen . . . Durch das, was ihn umgiebt, wird er erweckt, gerührt, genährt und gebildet. Er kann allenfalls die schöne *Kunst*, aber nicht die *schöne Natur* seines Zeitalters übertreffen.

Die ganze Sache, die ich itzt nur obenhin berührt, verdiente gewiß vollständige und tiefe Entwickelungen. Sie greift unaussprechlich tief ins Herz der Menschheit ein. Poesie, Beredsamkeit, Baukunst, alle bildende Künste, was sag' ich, Moral und Religion würde durch Beleuchtung der Materie von *Ideal* und *Copie*, *Schöpfung* und *Nachahmung* unendlich gewinnen. Man nenne etwas in der menschlichen Natur – das nicht Ideal, Nachahmung oder Carrikatur ist?

Ueber die Hände.

Daß die Hände der Menschen so verschieden und sich so unähnlich sind, wie ihre Gesichter, ist eine Erfahrungssache, die keines Erweises bedarf.

So wenig man zwey sich vollkommen ähnliche Gesichter finden kann, so wenig wird man zwo sich vollkommen ähnliche Hände von zwo verschiedenen Personen finden. – *Je ähnlicher sich die Gesichter, desto ähnlicher die Hände.*

So verschieden die menschlichen Charakter überhaupt sind; so verschieden sind alle einzelne Theile ihres Körpers; und derselbe Grund von der Verschiedenheit ihrer Charakter ist es auch von der Verschiedenheit der Beschaffenheit aller ihrer einzelnen Gliedmaßen.

Diese Verschiedenheit des Charakters zeigt sich, zuverlässigen Erfahrungen zufolge, besonders auch in den *Händen*.

Abermal sonnenheller Beweis von der Allgewalt der Nichtbeobachtung, daß man hieran zweifeln kann.

Die *Verschiedenheit* ist so *vielfach*, als alle würkliche und mögliche Verhältnisse, Beziehungen, Veränderungen der Hände sind.

So ist z. E. eine sichtbare, wahrnehmliche Verschiedenheit ihrer *Masse*; ihrer *Knochen*; ihrer *Nerven*; ihrer *Muskeln*; ihres *Fleisches*; ihrer *Festigkeit*; ihrer *Farbe*; ihres *Umrisses*; ihrer *Lage*; ihrer *Beweglichkeit*; ihrer *Anstrengung*; ihrer *Ruhe*; ihrer *Proportion*; ihrer *Länge*; ihrer *Rundung*.

Es ist auffallend klar, daß jede *Hand* mit *dem* Körper, dessen Glied sie ist – natürlicher Weise – (das heißt außerordentliche Zufälle ausgenommen) in der möglichsten Analogie steht. Die Knochen, die Nerven, die Muskeln, das Blut, die Haut der Hand sind offenbar Fortsetzungen derselben Knochen, Nerven, Muskeln, desselben Blutes, derselben Haut des ganzen Körpers. Dasselbe Blut im Herzen, im Haupt und in der Hand. Die dem Kinde begreiflichste Sache, die nicht angeregt werden sollte; und doch angeregt werden muß – weil darauf das angestaunte, angelachte Geheimniß der Handphysiognomie beruht.

Nicht zu irgend einem andern Körper, als gerade zu dem, dem sie zugehört – kann irgend eine Hand passen.

Der Versuch kann alle Augenblicke gemacht werden – Man halte tausend Hände gegen Eine – unter allen tausenden nicht Eine wird an die Stelle derselben zu setzen seyn.

Aber *Mahler* und *Bildhauer* setzen doch aus allen ihnen vorkommenden und vorschwebenden Schönheiten – Eine *homogene* Gestalt zusammen – Also? –

Beweiset ihr das Gegentheil von dem, was ihr beweisen wollt. Einmal – wäre viel von dieser *Homogenität* zu reden! wer soll davon urtheilen? Ich meyne der *Physiognomist* – oder Niemand – der Physiognomist, der die Harmonie der verschiedenen Theile des Körpers oft innig gefühlt – zergliedert und wieder zusammen gefühlt hat – und der Physiognomist? – der vermißt eben unaussprechlich oft diese *Homogenität*; der bemerkt eben beynahe in allen Werken der Kunst diese Zusammenflickung des Heterogenen. »Aber! wo nun dieß Homogene in die Augen fällt?« – da ist keine *Zusammenflickung* – da hat der Künstler sein Original – glücklich *idealisirt?* – Nein – ganz erträglich *copiert* – Ein Original – oder – das Zusammengelesene war analog – und ließ sich – zwar auch nicht zusammenflicken – sondern *zusammenmassen* – ansetzen und verstreichen – so daß es für homogen passiren konnte.

Gewiß bleibt's immer – und nicht nur gewiß, sondern auch *klar* – daß keine Hand, kein Finger der *Natur* an irgend einen andern Stumpf von Hand oder Arm – als gleichfortlaufend so, daß es nicht Flickwerk sey, angepaßt werden kann – Ob die *Kunst*, (die doch nichts, gar nichts als Nachahmerinn der Natur ist, seyn soll und seyn kann) gescheuter sey als die Natur – laß ich dahin gestellt seyn? Die Kunst, deren *Wesen Beschneidung, Stümmelung, Flickwerk* ist; *übertüncht* freylich, und wenn sie's aufs Höchste getrieben, hat sie *unmerkbar* übertüncht – Die *Natur* würkt von *innen heraus*; die *Kunst* von *außen herein*. Die *Natur* würkt auf *alle* Punkte – die *Kunst* auf *Einen*. Die *Natur* umfaßt das *Ganze* zugleich: Die *Kunst* immer nur *Oberfläche*; nur *Einen Theil* der Oberfläche. Wenn also *Etwas* am Menschen charakteristisch ist – oder welches gleich viel ist, wenn sich nicht alle Menschen in *Bildung* und *Charakter* vollkommen ähnlich sind – so ist auch die *Hand* besonderer Charakter des besondern Menschen, dem sie angehört. Sie ist also so gut, als irgend etwas, ein Gegenstand der Physiognomik – und ein sehr bedeutsamer – und vorzüglich bemerkenswerther Gegenstand – wegen ihrer *Unverstellbarkeit* sowohl, als wegen ihrer *Beweglichkeit.*

Ich sage wegen ihrer *Unverstellbarkeit*; denn der feinste Heuchler, und der schlaueste Verstellungskünstler kann

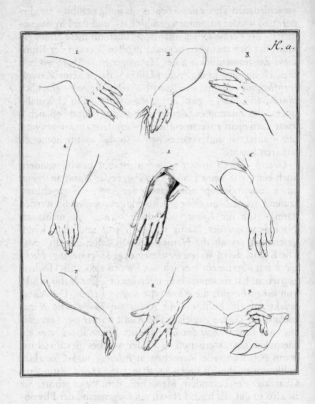

weder an dem *Umrisse*, noch an der *Farbe*, noch an der *Muskulosität*, noch an der *Länge, Kürze, Breite, Proportion* der ganzen Hand, und ihrer einzelnen Theile das allermindeste verändern, oder dem Beobachter, wenn sich nicht die ganze Hand zurückzieht, verdecken. Und wenn sie sich auch verstellen könnte? – weil sie keine Augen hat – so hätte sie zur Verstellung weniger Versuchung.

Aber auch wegen ihrer *Beweglichkeit*. Kein beweglichrs, artikulirteres Glied am menschlichen Körper. Mehr als zwanzig Gelenke und Charniren machen sie auf verschiedene Weise beweglich. Diese Beweglichkeit zeigt nicht nur den physiognomischen Charakter der Hand, mithin auch des Körpers, von dem sie ein so unmittelbarer Theil ist, sondern auch den Temperamentscharakter, und sehr viel von dem Charakter des Geistes und des Herzens.

Ruhend und *bewegt* spricht die Hand. *Ruhend* zeigt sie die *natürlichen Anlagen* – *Bewegt* mehr die *Leidenschaften* und *Verrichtungen* des Menschen.

Wie der ganze Körper, so die Hand! Wie die Bewegung des Körpers – so die der Hand!

Die Hand, Kleinod und Ehre der Menschheit – Siegel seines hohen göttlichen Adels – ist also auch Ausdruck der innern Menschheit.

Neun Hände. Umrisse.

Eine Sammlung von nachgegoßnen Händen von Wachs oder Gips – samt einer genauen Beschreibung von dem Charakter der Person, von welcher sie abgegossen sind – wie leicht zu machen von einem Fürsten! Welch eine Schule – für den Physiognomisten! – *Carl August von Weymar und Göthe* – wollt ihr den Anfang machen?

Hier eine Tafel – worüber ich wenig zu sagen weiß; weil sie nur nach Zeichnungen aus der Papiertasche eines geschickten Mahlers copirt sind. Was ich drüber sage, ist bloß dunkles physiognomisches Gefühl, denn ich glaube nicht, daß ich über fünf oder sechs Frauenzimmerhände nur angesehen habe. Die fünfte und neunte ausgenommen, alles weibliche Hände; und selber die fünfte und neunte von weiblicher Zartheit. –

Unter allen keine rohe, gewaltsame, freche, alle von zart-reinlichen, edeln Personen.

1. und 3. wettstreitend mit 5. um den Ausdruck von Reinheit und Adel.

2. scheint weichlicher als 1. und 3. und weniger Frauen-zimmerkunstfertigkeit zu besitzen.

4. noch zärter und noch weniger kunstgeschickt.

5. Ich wollte fast wetten dürfen – sie ist eines äußerst edeln, reinlichen, Geschmackvollen Zeichners – ohne Genie.

6. Ich finde sie ohn' alle Größe und Kleinheit sehr sanft und edel.

7. Diese scheint mehr Adel und Größe zu haben.

8. Herzgut und mittheilsam und – sehr weichlich.

9. Mag von einem ganz feinen, guten, zarten Manne seyn, der aber gewiß nie was Großes unternehmen konnte.

Wenn ich eine Gesellschaft von guten mitleidigen Menschen zeichnen wollte, ich würde von diesem Blatte wenigstens acht dazu entlehnen.

Ueber den menschlichen Mund. Ein Wort aus der Fülle des Herzens.

Alles liegt in dem menschlichen Munde, was im menschlichen Geiste liegt, wie alles, was in Gott ist – sichtbar wird in Jesus Christus!

Der Mund in seiner Ruhe, und der Mund in seinen unendlichen Bewegungen – welch eine Welt voll Charakter! wer will aussprechen, was er ausspricht – selber, wenn er schweigt! –

So heilig ist mir dieß Glied, daß ich kaum davon reden kann – Ich erstaun' über mir selber, werde mir Wunder aller Wunder, daß ich nicht nur ein thierisches Maul zum Essen und Athmen – daß ich einen menschlichen Mund zum Sprechen habe – und einen Mund, der immer spricht, wenn er auch immer schweigt.

Erwartet nichts, Leser, über dieß beseelteste und bedeutsamste aller unserer Organen – Ich bin nicht fähig und nicht würdig, davon zu sprechen.

Ein Mensch, der die Würde dieses – Gliedes? – wie ganz anders ist's, als alles andere, was man *Glied* nennt? wie nicht abzulösen? wie nicht zu bestimmen? wie viel einfacher und zusammengesetzter? – Ein Mensch, der die Würde dieses Gliedes kennte, fühlte – innigst fühlte – Er spräche Gottesworte, und seine Worte wären Gottesthaten … O daß ich nur zittern kann, statt zu sprechen – von der Herrlichkeit des Mundes – dieses Hauptsitzes der Weisheit und Thorheit, der Kraft und Schwachheit, der Tugendhaftigkeit und Lasterhaftigkeit, der Feinheit und Grobheit des menschlichen Geistes! diesem Sitze aller Liebe und alles Hasses, aller Aufrichtigkeit und Falschheit – aller Demuth und alles Stolzes! aller Verstellung und Wahrheit!

O zu welchen Anbetungen würd' er sich öffnen oder schließen mein Mund – wenn ich – mehr Mensch – wäre!

O die verstimmte, verunmenschlichte Menschheit! O
trauriges Geheimniß meiner mich mißbildenden Jugend-
jahre! Wille des Allwaltenden, wann wirst du dich aufhel-
len? . . . Ich bete an, weil ich fühle, daß ich – nicht anzube-
ten würdig bin! Doch werd' ich's werden – wie's Menschen
werden können, denn der mich schuf – Einen *Mund* gab er
mir. –

Warum wir das nicht sehen, was an uns ist? und nicht
genießen uns selbst? nicht rückkehren vom Anblicke des
allredenden Mundes unsers Bruders, unserer Schwester zum
Wonnegefühl – »Auch mir ist ein Mund gegeben?«

O Menschheit! wie bist du gesunken!

O ewiges Leben – – wie mir seyn wird, wenn ich im
Angesichte Christus den Mund der Gottheit mit meinen
Augen sehen und aufjauchzend fühlen werde – »Auch ich
hab' einen Mund, Ebenbild dessen, den ich anbete, empfan-
gen! – den kann ich nennen – der mir ihn gab – O ewiges
Leben im bloßen Gedanken!« –

* * *

Mahler und Bildner! – wie soll ich Euch erflehen, dieß
heilige Organon – zu studieren in allen seinen feinen Zügen,
aller seiner Harmonie und Proportion?

Uebergießt manchen charakteristischen Mund lebender
und todter Menschen mit dem feinsten Gips, und formirt
darnach, und zeichnet darnach, und lernt daran beobachten
– Studiert erst Tage lang *Einen*; und ihr habt, so mannichfaltig sie seyn mögen, unzählige studiert! – Aber verzeiht mir;
mein Herz ist gepreßt; warum? In drey Jahren unter 10. bis
20. Arbeitern, denen ich vorpredigte, vorwies, vorzeichnete
– hab' ich den noch nicht gefunden, der, nicht etwa das
Fühlbare gefühlt, nur das Anschaubare gesehen, ergriffen
und dargestellt hätte – was soll ich hoffen?

Alles, was ich erwarten kann, erwart' ich von den so leicht
möglichen charakteristischen Gipsabgüssen – Nur einmal
ein Cabinet solcher gesammelt – Aber! die Würkungen

allzugenauer, sicherer Beobachtungen wären vielleicht zuweitgreifend! Die Maschine der Menschheit schwünge sich zu schnell! Die Welt möcht's nicht tragen – drum will die Fürsehung, daß man mit sehenden Augen nicht sehe. Beynahe mit einer Thrän' im Auge sag ich's! – warum ich weinen möchte – Mitahnder der Menschenwürde! du weißt's – Und ihr schwächere dennoch liebe – hier nicht fühlende Leser – verzeiht mir!

Hier einige Tafeln mit Mundstücken. –

Funfzehn Mundstücke.

Eigentlich nur fünfe; die schattirten in der Mitte allein die wahren. Die Umrisse zur Rechten und Linken nur Veränderungen desselben Mundes.

Unter allen jedoch, den wahren und den veränderten, kein ganz gemeiner.

Die drey der *ersten* Reihe eines sanften, vollen, kecken Knabens voll Dreistigkeit und Verstand. Der mittlere hat am meisten bestimmte Kühnheit; der zur Rechten (unterm Buchstaben M) besonders durch die Unterlippe mehr Stolz und Adel, in der Mitte mehr Unschuld – oben mehr Kindlichkeit. Etwas mehr Verstand und Klugheit, allenfalls auch mehr Feinheit der Empfindung der zur Linken.

Die *zweyte* Reihe – Güte; Keckheit, Bravheit ohne Feinheit. Der erste der geradeste, treuste. Der dritte, der gutmüthigste, feinfühlendste.

Die *dritte* Reihe. Der mittlere eines Fähigkeitreichen, leicht beweglichen Menschen. Diese Schweifung und diese Beschlossenheit wird ewig kein gemeiner, dummer Mensch haben. Der zur Rechten viel weniger Bonhomie – allenfalls mehr Verstand – Der zur Linken – trockne, kalte Güte.

Die *vierte* Reihe . . . von einer erhabnen Seele. Der mittlere hat am meisten Adel, Güte, Verstand. Die Güte hat vornehmlich den Sitz in dem Eckgen, das sich von der

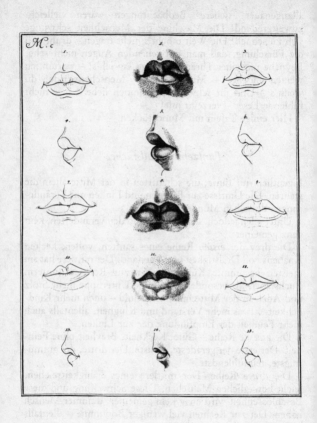

Oberlippe her auf die Mitte der Unterlippe legt. Der zur Rechten weniger Güte und weniger Verstand. Der zur Linken mehr Güte und mehr Verstand, als der zur Rechten, und weniger, als der in der Mitte.

Die *fünfte* und letzte Reihe von einem herzguten, feinfühlenden, leicht auffassenden Jüngling. Der in der Mitte am meisten Güte. Der zur Rechten am meisten Adel, Geschmack, Hoheit – Der zur Linken am gescheutesten und feinsten.

Jugendliche Gesichter. Kinder, Knaben und Jünglinge.

Neun Profile. Umrisse von jugendlichen Gesichtern beyderley Geschlechts. W. K.

Ich kenne mit Wissen keines von allen diesen Kindern, doch will ich sagen, was ich davon denke. Ich werde wenig mit Gewißheit sagen können.

1. Jugendliche Bedächtlichkeit im Munde; Nachdenken im Auge; äußerste Schreckbarkeit, Erschütterlichkeit im Ganzen, besonders in Stirn und Mund.

2. Gesundheit, Stärke, Festigkeit, die unüberlegender Muth und Hartnäckigkeit werden kann. Das Männlichstarke ist auch im Ohre sichtbar. Vorzüglichen Verstand scheint diese Stirn nicht zu haben. Etwas Mißvergnügtes ist im Aug' und Munde.

3. Die Nase an sich verständiger, als 2., drunter aber ein wenig mehr Fadheit. Es ist aber in der Zeichnung eine offenbare Disharmonie, die schwerlich bestimmt anzugeben ist. Vielleicht in der *Lage* des Auges zum Umrisse der Nase.

4. Kann schwerlich groß werden, aber sehr gut. Ich würde dem Kinde viele Kunstfertigkeit, aber wenig Kraft

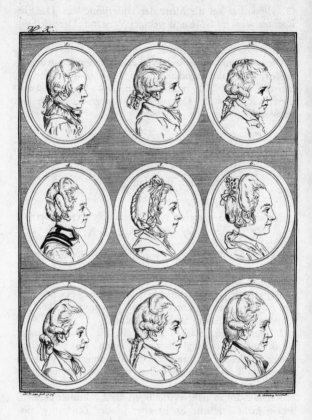

verkündigen. Es wird leicht lachen und weinen – aber beydes bald vergessen.

5. Das edelste Gesicht auf dieser Tafel. Froh, offen; unschuldig, treu; Gütevoll; – die Nase ist nicht gemein und unbedeutend. Um Mund und Kinn schwebt indeß ein Hauch von Fadheit.

6. Die Physiognomie, die Zeichnung wenigstens, hat beynahe was grinsendes. Doch besonders in der Stirne mehr Weisheit, als 5., und mehr männliches – aber nicht die Unschuld. Nase und Mund nicht gemein.

7. Voll wahrhaft jugendlicher Heiterkeit und Frohheit. Das Aug' edelgefällig. Nicht denkend, aber nachdenkend. Das wird ein Mann, der jeden seinen Weg gehen läßt.

8. Der ist schon mehr ausgebildet, staatsmännischer; Entwürfe scheinen sich schon in ihm zu regen – und doch verbreitet sich Schwachheit über den entstehenden Entwurf. Er wird nicht ausgeführt. Wenn 7. spät Jüngling wird, wird 8. früh schon Mann. Nicht die Zeichnung, aber die Lage des Mundes thut dem Gesicht wehe. Er durfte nur um eine Umrißlinie höher stehen, wie viel mehr würde dieser Kopf sogleich versprechen.

9. Stirn und Aug' und zum Theil die Nase eines klugen, festen. Ueble Laune schwebt, nein haftet auf dem Munde.

Ein Jüngling der Mann ist.
K . . . . nn.

Ein schattirtes Profil und eine Silhouette.

Wenig, oder nichts von dem Jüngling; denn er gehört in den innersten Kreis meiner Geliebten.

Hier im obern Bilde – entkräftet, verschöngeistert, bis aufs Haar, das in der Natur weder so flach gekämmt, noch so flach kämmbar ist. Auswuchs, der sich kräußt wie goldene Traubenranken – wie charakteristisch im Urbilde!

Ich kann mir's nicht möglich denken, daß ein Mensch dieses Profil ohne Gefühl, ohne Hingerissenheit, ohne Interesse ansehe – da nicht in dieser *Nase* wenigstens, wenn in allem andern nicht, innere, tiefe, ungelernte Größe und Urfestigkeit ahnde! »Ein Gesicht voll Blick, voll Drang und Kraft« – wird gewiß auch der allerschwächste Beurtheiler wenigstens sagen! Eherner Muth ist so gewiß in der Stirn, als in den Lippen wahre Freundschaft und feste Treue. Von den Augen, weil sie hier so verkleinlicht, obgleich in der Natur so mit Innigkeit gesalbt sind, sag' ich nichts. Die Stirn im Schattenrisse hat etwas mehr Biegsamkeit, hingegen die Nase mehr Kraft, als im obern Bilde. In den Lippen ist außerordentlich viel vorstrebende entgegen schmachtende Empfindung. Viel Adel im Ganzen!

Hier noch eine Vignette von demselben Gesichte – die Stirn weniger wahr; hier viel *denkender*, oder vielmehr *räsonnirender* – als in den beyden andern und im Urbilde. Im Auge noch am meisten vom treffenden Hinblicke. Aber immer wieder in der Nasenwurzel die meiste Kraft; und im Munde die Fülle von Innigkeit und Empfindung. Das Kinn ist unter die Würde des ganzen verjungfräulicht.

M.

Künstler, Mahler, Bildhauer.

Michelange Buonarotti.

Freylich nur Larve des kraftvollen Mannes – aber doch im Ganzen entscheidender, sich ankündender Ausdruck von Drang, Fülle, Festigkeit, Mannichfaltigkeit, umfassender Kraft. Fern alle Sanftheit und alle Grazie. Von oben bis unten. Diese hohe, vordringende, gefaltete Stirn; diese gegen die Nase sich wild abneigenden Augenbraunen; diese breitgedrückte Nase; dieser Blick; dieses wildkrauße Barthaar – alles dieses ist harmonischer Ausdruck von anmuthloser, unbiegsamer Vollkraft. Das Auge, wiewohl hart und schlecht gezeichnet, ist voll der durchdringendsten Schaukraft. Ganz ergreift's und umschafft seinen Gegenstand. Das Ganze ist ein Löwengesicht. Ist's nun auch wieder Poesie,

Enthusiasmus, Deklamation, wenn ich sage – so ein Gesicht kann nicht erhaben – edle Figuren, wie Raphael, weder erfinden noch zeichnen.

Es ist wahr; heiße man's nun, wie man will. Feuer – Reichthum, Muth, Kraft, Begeisterung – hat das Gesicht, und haben die Produkte dieses Gesichtes – Aber Erhabenheit, Adel, Reinheit, Keuschheit, wenn mir dieser Ausdruck erlaubt ist – hat weder dieß Gesicht, noch haben seine Arbeiten.

Albrecht *Dürer* sey ihm an die Seite gesetzt. Weniger vordringendes Feuer, aber vielleicht nicht weniger Kraft in stiller Intension hat dieß Gesicht. Das Aug' ist durchschauend. Die Nase produktif. Die kurze, zurückgehende Stirn zeigt Imagination und Festigkeit.

Zwey Profile.

Hier das Löwengesicht in zwey Profilen. Etwas von Cäsars Felsenstirne – aber unten abgerundeter. Die obere etwas länglichtere Stirn ist weder so edel, noch so geistreich, als die untere. Der obere Theil des untenstehenden Umrisses empfängt viel mehr, und giebt viel mehr, und ist mit dem ganzen Charakter des Mannes und des Gesichtes harmonischer, als beym obern. Das Aug' in beyden ist gewiß zu breit und zu matt. Der Stern im obern besser und treffender im Hinschauen, als im untern. So wie hingegen der Vordrang der Stirn im untern wahrer, kräftiger, erfinderischer ist, als im obern. Die Nase im obern ist schöner – im untern um ein Haar bizarrer und unedler. Ohne Grazie ist der Mund in beyden. Kinn und Haarwuchs – sichere Zeichen von Vordrang und Fruchtbarkeit. Die Breite des Oberhaupts im untern – ist äußerst vortheilhaft für den Eindruck von Reichthum und Erfindungskraft. Das Eckigte des Ohres, besonders in 2., ist bemerkenswerth – ist nicht jungfräulich und weiblich.

1.

Michelange Buonarotti.

J. Caspar Fuessli fec. 1773.

2.

Einen Schatten von solcher Stirne – hat nachstehender Kopf – eines der größten Pforten- und Kronenmachers – wie viel schwächer, runder, lockerer, als *Michelange*, und dennoch – wie viel analogische Züge mit ihm – sogar im Ohre!

Vier Umrisse von italiänischen Künstlern.
Ghiberti, Lombardi, da Vinci, Ferrucci.

Wenn ich nichts, nicht das mindeste von diesen vier Gesichtern wüßte – wär's möglich, nicht auf den Charakter von allen vieren zu treffen? Möglich, den Italiäner in Einem von allen vieren zu übersehen? Einige wollen in *Ghiberti*, ich will in *Ferrucci* am meisten Italienismus finden. Alle vier Gesichter sind auffallend physiognomisch. So, wie sie da sind, ist nur *Lombardi* seines gut, und allenfalls eines Apo-

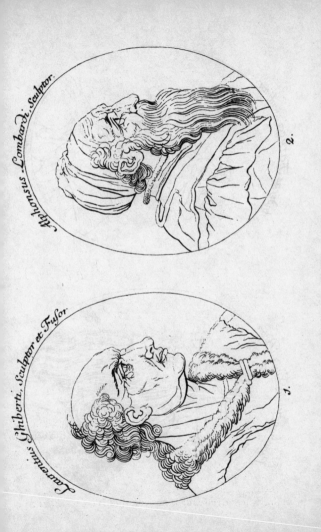

Laurentius Ghiberti, Sculptor et Fusor.

Alphonsus Lombardi, Sculptor.

1.

2.

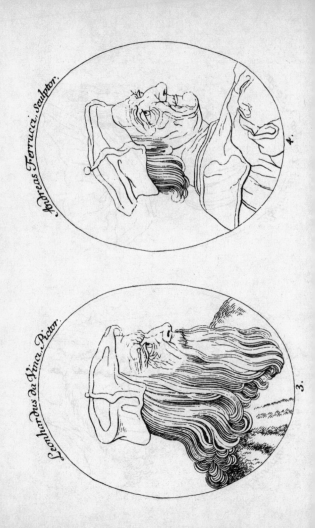

Andreas Ferrucci, Sculptor.

4.

Leonhardus da Vinci, Pictor.

3.

stels nicht ganz unwürdig. *Ghibertis* Aug' ist das beste, das
sehendste, das denkendste; *Lombardis* das edelste; er überhaupt denkender, tieferdringend, als der vorige – *Da Vincis*
das treffendste, festeste; *Ferruccis* das Genievollste und bos-
hafteste.

Sehet hier auch vier Stufen von Stirnen; Kraft- und Schöp-
fungsstirnen. Die *erste* – die gebogenste und redendste –
gewiß die biegsamste und Imaginationsreichste. Die *zweyte*
kräftiger und verständiger; schon geradlinigter. Die *dritte*
perpendikularer – mehr Steifsinn, Trotzsinn, Eisensinn. Die
vierte beynah eben so geradlinigt, aber viel liegender. Weniger Starrsinn als 3., aber Bosheit.

Die Nasen von allen vieren äußerst signifikatif.

Ghibertis am meisten Verstand; *Lombardis* mehr
Geschmack; *da Vincis* beydes zusammen in hohem Grade;
Ferruccis am meisten Kühnheit und Stolz.

Ghibertis Mund – wenigstens zehnmal besser, als *Ferruccis*.

*Ghiberti*s Physiognomie, wie sie hier erscheint, im *Ganzen*, die Geschmackreichste; *Lombardis* die edelste; *da Vincis* die größte; *Ferruccis* die roheste, gewaltsamste, frucht-
und furchtbarste.

Musiker.

Emanuel Bach.

»Ein Mann, der Verdienst um Schöpfung eines neuen
Geschmacks in Setz- und Spielart hat; der in der Musik
Epoche machte, und besonders in den Zeiten, als er auf-
stund, machen mußte. Ein Mann, dem viele nachfolgten,
und der itzt eine ansehnliche Zahl von Schülern und Jüngern

seines Wesens in Deutschland sieht, die sich gut angebauet
haben, und auch von vielen aufgenommen werden.«

»Er ist Schöpfer! Mögen nun andere, denen es zukömmt,
ausmachen: Ob? wie? wann? warum? und wo? er's ist und
geworden ist? Er ist Original! Alle seine Produkte sind mit
Originalität gestempelt ... Vielleicht begreifen ihn eben
deswegen so wenige; vielleicht läßt sich daraus das viele
Reden über ihn, und der Anhang seiner meisten Schüler
herleiten – Vielleicht haben andere auch recht, die ihren
Weg, verschieden von dem seinigen, wallen, und doch gut,
schlimmer oder besser, gehen können. Er ist Original, und
es läßt sich da nun alles sagen, was sich in der Musik, so wie
in allen Künsten und Wissenschaften, von den Originalen
sagen läßt.« – Was? *Ein Zeichen, dem widersprochen wird –
gesetzt zum Fall und zur Auferstehung vieler.*

»Sein vor uns liegendes Gesicht ist unter dem
Geschlechte, in das er gehört – eben so original, als sein
musikalischer Mensch. Es ist eine Gattung, die immer in der
Welt etwas poußiren und vorstellen wird. Zwischen den
Augenbraunen, im Blicke der Augen – scheint ein geistiger
Ausdruck seiner produktifen Kraft zu schweben. Er kann,
er wird, er muß sich, mit solcher Physiognomie, an vielen
Orten, mit Anstand und Vortheil produciren können. Auch
sieht man zugleich, daß er für das Herablassende und Resi-
gnirende nicht ganz gemacht ist. Wie's denn so die Originalität mit sich bringt. Aufgenommen oder verworfen;
geschätzt oder verkannt – seiner Organisation gemäß wandelt das Original in seiner Einheit, Fülle und Genügsamkeit
seinen Weg fort.« So weit ein Musiker und Physiognom.

Doch den Fehler am linken Auge in der Natur hat der
Mahler aus Höflichkeit vermuthlich und schonender Güte
weggepinselt ... und ganz unfehlbar damit zugleich – ein
beträchtliches von Ausdruck. Seele genug bleibt übrigens
noch in Aug' und Augenbraunen übrig. Die Nase, zu sehr
abgerundet, läßt indeß immer noch genug von Feinheit und
würkender Kraft durchscheinen. Der Mund – welch ein

Emanuel Bach

einfach gewordener Ausdruck von Feingefühl, Sattheit, Trockenheit, Selbstbewußtheit und Sicherheit; die Unterlippe etwas listig und schwach – aber nur leiser Hauch der Lästigkeit drüber! Die nah an die Lippe gränzende Einkerbung – kräftigt wieder sehr.

Feste, Heiterkeit, Muth und Drang ist in der Stirne. Ich weiß nicht, ob's Trug ist – wenigstens scheint's mir, daß der untere Theil des Gesichtes bey den mehresten Virtuosen, die ich im Urbilde oder Nachbilde sah, nicht ganz vortheilhaft ist. Der Umriß vom Oberkinn ist indeß hier nicht gemein.

»*Emanuel Bach* hat sein Leben in *Burneys Reisen* selbst beschrieben, wir weisen unsere Leser dorthin, wofern es nämlich, wie's scheint, richtig ist, daß sich vom Leben eines Menschen viel auf den Charakter schließen läßt.« – Nachstehende Vignette – hat am meisten Seele in Stirn, Augenbraunen und Nase. Unten ganz der Virtuose.

Dichter.

Allgemeine Betrachtungen.

Der *Dichter* ist *Mahler* und *Musiker* zugleich, und mehr als beyde zusammen.

Unzählige Wesen und Geistigkeiten kann kein Mahler nachfärben, oder nachzeichnen – kein Musiker nachtönen – die der Dichter aus Seele in Seele geben kann.

Schall des Dichters ist Musik in Prosa.

Gedanke des Mahlers ist Dichterey im Geiste.

Wer ist *Dichter*? der Versebilder? Wortfärber? Teppichen gleich Gedankenausspanner? Bildergeber? – Bardenphraseologe? – aber, siehe! das Bild, das er hertönt, hat weder Materie noch Form – weder Knochen noch Fleisch; weder Farbe noch Seele – und wenn Geistigkeit keinen Körper bekommt, nicht Unsichtbarkeit sichtbar wird – wo dann die Dichtung? – da, wo die *Mahlerey* ist, wenn der Mahler statt *farbiger Gestalten* den *willkührlichen Namen* hinsetzt – doch, welcher Mahler ist unsinnig genug, das zu thun, und dieß Geschäffte *Mahlerey* zu nennen – und doch wie viel hochberühmte Dichter, und Dichter mit ächter Dichtungskraft thun das! »daß Anfang und Vollendung hebt den donnernden Fuß!« das heißt: Fürs *Ohr* – blitzen? fürs *Auge* – donnern? Sind das *Dichter*? welchen Namen wollen wir ihnen geben? Namen müssen sie doch haben. Prosaisten und flache Köpfe sind's gewiß nicht – Nun! mit dem Namen sey's noch dahin gestellt – Es ist doch wenigstens ein *Talent* – Göttersprache zu sprechen ... Aber – *Dichter*? ...

Wer ist *Dichter*? ... Ein Geist, der fühlt, daß er schaffen kann, und der schafft – und dessen Schöpfung nicht nur ihm selbst *innig*, als *sein Werk* gefällt, sondern von dessen Schöpfung *alle Zungen* bekennen müssen – »Wahrheit! Wahrheit! Natur! Natur! wir sehen, was wir nie sahen, und hören, was wir nie hörten – und doch was wir sehen und hören, ist Fleisch von unserm Fleisch, und Gebein von unserm Gebeine.« –

Nicht beleidigen will ich, aber – wie kann ich unbeleidigend fragen: *Wo sind Dichter?* Dichter – die ihrer eignen Seele Schöpfungen, oder vielmehr das, was sie mit *Liebe* sahen und *hörten* – und *nur* das, und das *rein* und *ganz* – herausblitzten, herausleuchteten, strömten, darstellten? Schöpfungen, in denen sich die Seele, wie die Gottheit in ihren Werken, erspiegelt? Schöpfungen, die der ewige Schöpfer durchregt und durchhaucht – in denen man, wie im lebenden und liebenden Antlitz, voll gegossen die lebende und liebende Seele erblickt, lieb gewinnt, anschmachtet – verschlingt? Schöpfungen, unangetastet vom Hauche, Ton, Schimmer – irgend einer Mode, Convention, künstlichen Manier?

Ist selbst der unnachahmliche *Homer* – rein von *Ton* und *Manier*? – Wer fühlt nicht, daß *Homer* Dichter ist – wie unter tausenden nicht einer, und daß er's noch mehr wäre – wenn er nicht so viel *Ton* und *Manier* hätte? ...

Aber ist's möglich, *ohne Ton und Manier* Dichter zu seyn? *Bodmer, Geßner, Ramler, Wieland* – (doch wenig) *Lenz* – (am wenigsten vielleicht) – *Klopstock, Stollberg* – Dichter, wie kaum eine lebende Nation aufweisen kann – sind nicht ohne Manier – Ist's also *möglich* – ohne *Manier* so zu dichten, in solcher inconventionellen *Einfalt* und Wahrheit seine eigene Seele mit allen ihren Wahrnehmungen, Gefühlen, Bewegungen, in seinen Bildungen und Schöpfungen darzustellen und mitzutheilen, wie – die Sonne Stralen ausstralt – ohne Grimasse, und was weiß ich noch mehr? So rein, einfältig, unbefangen, wie man im anmaßungslosesten Zustande für sich hin existirt, und lebt, und athmet, ohne an Zeugen oder Beobachter zu denken? – – – – – Konnte doch *Raphael* selbst sich nicht über die blechernen Glorien, die sein Zeitalter forderte, erheben? – und ist nicht selbst von seinen erhabensten Werken fern alle *Täuschung*?

Wo also *wahre, ächte,* ganze Dichtung – wo ist sie? wo ist sie *möglich?* – Und – doch – Jahrhundert, und Deutschland! hast *du* einen Mann – der die unbemerktesten Sichtbarkeiten, die innigsten Unsichtbarkeiten allgemein verstehbar darstellen konnte – und kann – *ohne Ton und Manier* – du kennst den Namen – und den Mann. Wär' er nichts als *Dichter,* welche Gewinnste für die Physiognomik!

Dennoch wollen wir uns, so zusammengesetzt immer dieses Dichters oder anderer Dichter Charakter seyn mögen, so schwer es ist, den *bloßen Dichter* herauszuscheiden – und – so unmöglich *der* herauszuscheiden ist, weil auch der wieder *Resultat aller Empfindungs- und Würkungskraft der Natur* ist – dennoch wollen wir's versuchen – etwas über Dichterphysiognomien hinzuwerfen.

Elastizität – ist wohl das Wesentlichste im Charakter und der Physiognomie des Dichters. Leichte Rührbarkeit, Erschütterlichkeit, wiederhallende Schnellkraft – Möglichkeit und Disposition, alles leicht und rein und ganz zu empfangen, und leicht und rein und ganz zurückzugeben; mit einem *Zusatze* zwar von seiner *eigenen ächten Individualität* – welcher *homogene* Zusatz aber das nur aufhellt und reinigt, nicht trübt und befleckt, was man empfängt und giebt – und *Medium* wird allen Sinnen aller Menschen das wahrnehmlich und fühlbar zu machen, was ihnen sonst unwahrnehmlich und unfühlbar wäre.

Der *Dichter* ist *Prophet der Schöpfung und der Fürsehung Gottes. Mittler zwischen der Natur und den Söhnen und Töchtern der Natur.* Bedarf's, gesagt zu werden: *Alle Propheten Gottes waren Poeten.* Wer war's mehr, als *David, Moses, Jesaias* und *Johannes?* – Die Sprache der Offenbarung ist Sprache der Dichtkunst – was *Kunst?* Sprache dichterischen, das ist – *vollempfangenden, vollgebenden Gefühls. Poesie geht der Philosophie vor, wie der Herbst dem Winter* ... Wie, wie also muß der Dichter – der Prophet Gottes, und Offenbarer der Natur, ohne den die Natur niemand

kennt – so wie sie vom Anfange der Welt her nie ohne *Poesie*
und *Prophezie* erkannt ward – wie muß der *Mann Gottes
und der Menschen* gebildet seyn? – wie nicht gebildet?

Von vornen her ließ es sich schon bestimmen –

Daß er die feinste, sensibelste Bildung haben muß;

Daß aber diese Bildung nicht nur markig, locker, rührbar
zum Empfange;

Daß sie auch elastisch, wiedertönend, zurückschnellend
seyn muß, zum Geben;

Daß sie also weder aus bloß geraden oder harteckigten
Linien und Umrissen, noch aus bloß weichen, abgerunde-
ten, unwiderstehenden, leidsamen bestehen kann und soll.

Daß es schlechterdings keinen Dichter geben kann, der
seine Stirne so | oder eine Stirne so (hat.

Dichter, sag' ich – laßt mich die unangenehme *Wahrheit*
wiederholen – oder zween Männer nennen, die meinen
Gedanken erklären, wenn er Erklärung bedarf. –

Einmal ward *Pope* Dichter der englischen Nation; itzt ist
er's nicht mehr. Denn sein *Dichtergenie* war, wenn ich so
sagen darf, nur *Maniergenie*. Es quoll aus Mund in Ohr, aus
Imagination in Imagination, aus Verstand in Verstand – aber
nicht aus ganzer bewegter Seele in ganze bewegte Seele. Itzt
ist *Voltäre* Dichter der französischen Nation; die Zeit wird
bald kommen, da er's nicht mehr seyn wird – wenn nämlich
die Zeit bald kömmt, da die Franzosen – *Menschen* mit
geradem Menschensinn seyn werden.

Nicht also, Freunde, legt's der Physiognomik zur Last,
wenn sie *Linien* und *Charakter*, wie sich von *Pope* und
Voltären abstrahiren ließen – nicht unter reine *Dichterzüge*
aufnehmen will. Lacht nicht, wenn sie vor solchen Gesichtern nicht sogleich laut und entscheidend ruft – »Dichter!
Dichter!« – Die Zeit wird kommen, und sie ist nahe, hoff'
ich, daß man der Physiognomik allein das Monopolium –
nicht *geben*, denn sie hat's schon – aber *zugestehen* wird –
»Sie soll über a) *Dichtertalent*, b) *Dichtergefühl*, c) *Dichter-
geist*, d) *Dichtergenie*, e) *Dichter* – entscheiden!« – oder,

wenn ihr das noch nicht für möglich haltet, wartet auf die Entscheidungen der Nationen – Laßt nur ihre Idole hinter den Vorhang treten; das Händeklatschen vertönen – das Geblüte kühl werden – und – und einen *wahren* Dichter *unangekündigt* auftreten – oder seine *wahre Dichtung* in die Nation hineinwerfen und davon gehen! oder stellt *Milton* und *Shakespearn* – neben die *Pope* und *Addisons* – die *Voltäre* und *Boiläus* – neben *Jean Jaques Roußeau* – und wenn ihr wollt, von allem deutschen Dichtervolke, das unterm Himmel ist – neben – Ihr wißt, wen ich meyne! und dann – vergleicht ihre Werke mit ihren Gestalten, und entscheidet – *wer ist Dichter?* und entscheidet: *wer soll entscheiden?* Nun solltet ihr mich nicht mehr mißverstehen, Leser, wenn ich euch frage –

Habt ihr auch schon einen Dichter gesehen –

Mit *scharf und fest* gezeichneten, groß oder kleinen *sehr tiefliegenden* Augen?

Einen mit Augenbraunen von *starken gedrängten* jedoch kurzen Haaren – mit Augenbraunen, die nahe auf den Augen lagen?

Einen mit flachausgebogner von der Nase zum Mund ungefähr so (fortgehender Oberlippe?

Einen mit scharf verbißnen Lippen?

Einen mit brauner, lederartiger, trockner, schwer beweglicher, gleichgespannter Haut?

Einen mit oben flachem Schädel? mit perpendikularem Hinterhaupte?

Leser, denen es um Wahrheit und Gewißheit zu thun ist, forschet, prüfet, aber nicht obenhin, sondern scharf – Ich werde meine Prüfungen mit den eurigen fortsetzen, und in den *physiognomischen Zügen* will ich's wagen, Linien von Köpfen hinzuzeichnen, die *Dichter seyn müssen*, und von Köpfen, die nicht *Dichter seyn können*.

Ein Profil-Porträt. Hermes.

Welcher sanfte Friede! welche tiefe, unerschütterte Ruhe! welche gehaltene, geräuschlosdringende Kraft – umschwebt dieß Gesicht!

Sieh in ihm den stillen, in sich verschlingenden, verharrenden, ordnenden, leicht und sanft darstellenden Hörer und Beobachter! den Mann, der mit leichtem und treffendem Blicke moralische Welten ausspäht, und aus tausend sich kreuzenden Scenen ein lebendiges Thatengemählde heraufbringt – dessen, was ist, und dessen, was seyn sollte.

So ein Gesicht mußt' es seyn, um den metaphysisch moralischen Roman, *Sophiens Reisen*, zu stellen; dieses verschlungene Detail von Charaktern und Thaten; das unsichtbare Band, an dem sie sich abwinden, und die aus jeder Thatenspitze sich aufdringende, durchgeführte, etwa auch durchgepredigte Moral.

Ich schaue den Geist, der diese Gestalt belebt. Mann, – nicht Schöpfer neuer Welten; nicht Zerstörer – nicht rufend dem, das nicht ist, als ob's sey! Aber Weltenschauer, Ordner, Verschönerer. –

Ist's nicht ein Gesicht, bey dem du gerne verweilest? bey dem dir's frey und froh ist? das du gerne sprechen hörest? Nicht allgewaltig reißt es dich zu sich – aber still und freundlich zieht es dich an; »*Que pour ne point souhaiter*, wie er aus der *Sevigné* anführt, *que pour ne point souhaiter son amitié, il n'y a point d'autre invention, que de ne l'avoir jamais vu.*« Ein Gesicht; es wird nicht auf Flügeln des Adlers mit dir zur Mittagssonne sich schwingen; nicht in der Hölle Tiefen dich hinunterschleudern – aber tausend von dir übersehene Nüançen menschlicher Worte und Thaten wird's dir aufdecken; tausend liebliche Scenen des Lebens dir entfalten; erprobten Rath dir geben; und dein verwundetes Herz mit Oel des Trostes salben.

Sieh! im Drange des Lebens lernt er dulden und schweigen. Schweigend harret er auf den Erlöser. Wenn der Mond

Hermes.

sein wehmüthig süßes Licht herabsendet, glänzt im Auge die Zähre, lispelt der Mund: »Ich rufte meinen Freunden; aber – die Priester und Leviten« – dem Feinde zerschmettert er nicht die Zähne, aber sammelt glühende Kohlen auf sein Haupt.

In dieser weder geraden, noch scharfen, noch stark gewölbten, einfachen, harmlosen Stirne – wie viel leichter, *sicherer*, auffassender, entwirrender Verstand! gerüstete, behaltsame, leicht und reichlich darreichende Gedächtnißkraft!

Das Aug' unter dieser idealisirenden Augenbraune, und in dieser Tiefe, mit diesem hellen, ruhigdringenden Blicke – ist des unermüdeten, ausschöpfenden, aufgrabenden, idealisirenden Beobachters. Kraft hat's zum überschauen, durchschauen, detailliren – mehr als schnell und ganz zu umfassen.

Die aufwärts vorspringende, leichte, zartbeschnittene Nase offenbar des feinfühlenden, weitriechenden, sanft an sich haltenden, treuen, im Leiden zum Leiden gestärkten.

Von der Spitze der Nase bis zur Unterlippe, die freylich hier etwas platt gewordene Oberlippe mit gerechnet, bis zur Ueberhinausschweifung edellaunig.

Der ganze Mund – voll theilnehmender, unschmachtender Güte, Treue, und gelassener Dienstfertigkeit! Er scheint einer eben bemerkten, feingefühlten, unschädlichen Disharmonie zuzulächeln. Fürchte dich nicht – im Zorne wird er nicht mit dir reden! Aber zu weiser Belehrung, treuer Ermunterung, leisem, selbst empfundenem Troste, heiterer, unerbitternder, obgleich nicht salzloser Laune – öffnet er sich.

Das Kinn, an dem so viel von des Mundes heiterer Treue herabzuschweben scheint – abermals in der Harmonie des ruhigen Ganzen – So ein Kinn – es scheint nachgebend aus Ueberlegung. Es hat, wie der etwas zu gedehnte untere Drittel des Gesichtes, etwas lästiges – allenfalls in Ansehung des häuslichen Ameüblements, der Bücher, Schriften, Aufsätze, Papiere – Unordnung ausdrückendes.

Mahlzeichen duldender Mühseligkeit scheinen sich an der Kinnlade vom Ohre bis zum Kinn auf und nieder zu wälzen.

Ueberm Ganzen ruht – welche reine Lieblichkeit! Langmuth! verzeihende Liebe! Treue! Offenheit – und Verschlossenheit zugleich! –

Wer kennt seinen Pastor *Groß*? und sieht nicht dessen Seelengrund, Leidensgelassenheit? In sich geschlungene, auf ihrer Wurzel ruhende Kraft, Erfahrung – gesammelt auf diesem Gesichte.

Die *physiognomischen* Stellen seines Buches – verdienten wohl, besonders ausgeschrieben, und hier einverleibt zu werden – – vielleicht geschieht's noch.

Nachstehendes Gesicht – es wird nicht dichten, aber mit unübertrefflicher Richtigkeit alles dichterische *fühlen* und *beurtheilen*. Dieß merkt man dem Blicke des Auges an.

W.   G.

Göthe.

a) Ein männliches Profil mit offenen Haaren. W. G.

Steinern nach Stein gearbeitet; aber äußerst charakteristisch für den Physiognomiker. Immer Larve eines großen Mannes, der das Creditif seiner Vollmacht auf die Menschheit zu würken auf seinem Gesichte hat; – sogar auf der harten Larve seines Gesichtes. Auch ohne das blitzende Auge; auch ohne die geistlebendige Lippe, auch ohne die blaßgelblichte Farbe – auch ohne den Anblick der leichten, bestimmten, und alltreffenden, allanziehenden, und sanftwegdrängenden Bewegung – ohn' alles das ... welche Einfachheit und Großheit in diesem Gesichte! – In der Stirne bis zur Augenbraune heller, richtiger, schneller Verstand – Sehr zwar wird der Eindruck dieser Stirne wieder verwischt durch den zu gedehnten und gewölbten Vorbug, von der Augenbraune an bis an die Wurzel der Nase.

Das Auge hier hat bloß noch im obern Augenliede Spuren des kraftvollen Genius. Der Augapfel selber ist in aller Betrachtung unerträglich.

Die Nase – voll Ausdruck von Produktifität – Geschmack und Liebe – Das heißt, von *Poesie*.

Uebergang von Nase zum Munde – besonders die Oberlippe gränzt an Erhabenheit – und abermals kräftiger Ausdruck von Dichtergefühl und Dichterkraft.

Die Unterlippe ist zu rund abgeschliffen, und kontrastirt dadurch sehr mit der viel delikatern Oberlippe.

Das Kinn trefflich; besonders der Kinnball ... Nur um ein Haar zu kleinlich.

Der mächtige Zug von Aug' und Mund herab unwahr; voll Ernst und Stolz.

Im aufwärts gehenden Kinne vom Halse her – Adel und Stolz!

Im Ganzen Festigkeit, und Bewußtseyn seiner eignen unadoptirten – Capitalkraft.

b. Carrikatur. G.

Um sich von der Wahrheit und Bedeutsamkeit aller menschlichen Gesichtszüge demonstrationsmäßig zu überzeugen,
darf man nur ein und dasselbe Gesicht oft nach einander
Copie von Copie copieren – alle Copien neben einander
legen und mit dem Originale vergleichen.

Das Bild, das wir vor uns haben, ist die vierte Copie von
Copien ... Beweis – wie Abweichung von Wahrheit und
Schönheit – einmal angefangen – von Moment zu Moment
furchtbarer wird – Beweis aber auch, daß gewisse Gesichter,
auch in der erbärmlichsten Carrikatur, beynah immer noch
etwas behalten – das sie von gemeinen Gesichtern unterscheidet ... Warum hat dieß Gesicht so wenig von der
Größe und Majestät des vorhergehenden? warum ist verschwunden aller *poetische Geist*? – Offenbar vornehmlich
um zweener Gründe willen – Das Gesicht ist einerseits
länglichter, gedehnter – anderseits *perpendikularer* im Ganzen. Wir reden itzt noch nicht von einzelnen Zügen. Wir
reden von der ganzen Form überhaupt. Man drücke in Gedanken dieß Gesicht zusammen – man schiebe die Stirn
oben und das Kinn unten ein wenig zurück; man ziehe die
Nase um etwas hervor – hervor um etwas den Bogen vornen
an der Stirne – und ihr werdet auf jeden Versuch sogleich
entscheidenden Effekt, ihr werdet wieder mehr *Poesie* in
diesem Gesicht erblicken! Aber alle diese Versuche ...
werden dem Gesichte die Geistigkeit und Kraft des vorigen
noch nicht geben. Denn der Mund vornehmlich – ist völlig
Carrikatur – besonders durch die crasse Unterlippe und die
Höhlung drunter. Auch was vom Ohre sichtbar ist, der
Umriß von der Kinnlade und der craßrunde Hals – hilft den
Eindruck von Fläche des Charakters und unpoetischem
Sinne zu stärken.

Und dennoch ... in dieser entsetzlichen Carrikatur noch
Spuren des großen Mannes – im Auge wenigstens und in der
Oberlippe – und in der Stellung des Kopfes.

Carricatur. *G*

c. Ein Profil mit gebundenen Haaren. G.

Und nun ... ist denn dieß wohl Göthe? – der edle, feurige, selbstständige, allwürksame, genialische Göthe? – Nein. Er ist's wieder nicht; doch scheint er sich uns nähern zu wollen – Nicht klein ist dieß Gesicht – gewiß nicht; ähnlicher, wenn man will, als das erste nach Gips – aber so groß nicht – und doch ist jenes auch wieder so groß nicht, als die Natur – In diesem Blicke, diesem Munde, dieser Stellung ist doch so unbeschreiblich viel wahres, bestimmtes – einfaches, auf einen festen Punkt hinzielendes – theilnehmend mit der Kälte ins Hinschauen dahin gerissener Laune. –

Stirne – nicht gemein – aber um außerordentlich zu seyn, müßte sie wenigstens schärfer umrissen seyn – Der Ueber-gang von der Stirne zur Nase hat nicht Schwung, und nicht scharfe Bestimmtheit genug. Der Knopf der Nase ist zu flachrund – das Nasenloch zu ausgehöhlt – das Nasenläpp-chen über dem Loch ist auch etwas zu unbestimmt, um mit diesem (wiewohl nicht wahren) Rücken der Nase und dem Auge zu harmoniren – Was aber vollends dem Gesichte seine Großheit und Geisteskraft benimmt, ist – die Länge des Zwischenraums zwischen Nase und Mund, die freylich, mahlerisch betrachtet, in Vergleichung mit der Distanz des Nasenläppchens vom Auge – nicht unrichtig wäre. Aber auch jene Entfernung ist zu lang – wiewohl sie, an sich betrachtet, schön – und allemal beynahe von großer Wür-kung ist. Salz der Laune ist auf die Lippen gestreut – unstreitig – aber die Kleinheit der Oberlippe, und die allzu-runde Fleischigkeit der Unterlippe benimmt dem Munde unglaublich viel von seiner geschmackvollen und empfindsa-men Feinheit. Ueberhaupt ist offenbar von der Nasenspitze an bis unter den Mund der vornehmste Sitz der Gemeinheit dieses Gesichtes – obgleich der Mund, an sich allein betrach-tet, gewiß nicht gemein ist. Die Höhlung zwischen der Unterlippe und dem Kinnball ist weder tief, noch schwung-reich, noch scharf genug, um Großheit auszudrücken. Vom Auge, der Seele dieses Gesichtes, haben wir noch nichts

G

gesagt. Freylich nicht *Göthens* rollendes Feuerrad – so fähig,
von Empfindungsglut *jeder Art* geschmelzt zu werden – wie
viel benimmt diesem die unbestimmt ründliche, mattsin-
kende Linie des untern Augenliedes! Hingegen ist der,
durch das Licht neben an ziemlich scharf sich aushebende,
schwarze, kraftvolle Stern, unter diesem geraden (wiewohl
abermals unwahren) Augendeckel, und dieser ziemlich
bestimmten, sanftbogigten Augenbraune für treffendsten
Verstand und Witz gewiß entscheidend. Der obere Umriß
des Kopfes zeigt vielfassendes Gedächtniß und ein großes
Magazin von Bildern.

Das Ohr scheint auch nicht ohne Ausdruck von Kraft zu
seyn – die sich auch besonders am Halse nicht unbezeugt
läßt. – Hier ein ziemlich ähnliches Bild des vortrefflich
geschickreichen, alles wohl ordnenden, bedächtlich – und
klug – anstellenden – aber auf keinen Funken dichterischen
Genies Anspruch machenden Vaters des großen Mannes.

d. Göthe.

Hier endlich einmal *Göthe* – zwar nur so wahr, als wahr ein
Gesicht, wie das seinige, auf Kupfer zu bringen möglich ist –
Nein! auch das nicht, denn zu kraftlos unbestimmt ist doch
der Schatten am Backenbeine; um ein Haar zu kleinlich das
Aug' und der Mund – und dennoch so wahr, als irgend ein
Porträt von ihm, oder von irgend einem interessanten Kopf

in Kupfer gebracht worden ist. Wie viel wahrer, als das
Geysersche und *Chodowieckische?* Im erstern fehlt vornehmlich Lebendigkeit; Adel und Feinheit im zweyten.
Hier ist von beyden, wie viel, viel mehr! Wie viel Kühnheit,
Festigkeit, Leichtigkeit im Ganzen! Wie schmilzt da Jüngling und Mann in Eins! Wie sanft, wie ohn' alle Härte,
Steifheit, Gespanntheit, Lockerheit; wie unangestrengt und
harmonisch wälzt sich der Umriß des Profils vom obersten
Stirnpunkte herab bis wo sich der Hals in die Kleidung
verliert! Wie ist drinn der Verstand immer warm von Empfindung – Lichthell die Empfindung vom Verstande. –

Man bemerke vorzüglich die *Lage* und *Form* dieser – nun
gewiß – gedächtnißreichen, gedankenreichen – warmen
Stirne – bemerke das mit Einem fortgehenden Schnellblicke
durchdringende, verliebte – sanft geschweifte, nicht sehr
tiefliegende, helle, leicht bewegliche Auge – die so sanft sich
drüber hinschleichende Augenbraune – diese an sich allein
so dichterische Nase – diesen so eigentlich poetischen
Uebergang zum lippichten – von schneller Empfindung
gleichsam sanft zitternden, und das schwebende Zittern
zurückhaltenden Munde – dieß männliche Kinn – dieß
offne, markige Ohr – Wer ist – der absprechen könne diesem
Gesichte –

Genie

Und Genie, *ganzes*, wahres Genie, *ohne Herz* – ist, wie
anderswo erwiesen werden soll – *Unding* – Denn nicht
hoher Verstand allein; nicht *Imagination allein*; nicht *beyde
zusammen* machen *Genie – Liebe! Liebe! Liebe* – ist die
Seele des Genies.

Und nun sollt' auch noch ein Wort von nachstehender
Vignette – dasselbe Gesicht – gesagt werden – Aller Zeichnungsfehler ungeachtet – drückt dennoch beynahe keines
von allen die dichterische hochaufschwebende Genialität
aus, wie dieß. –

Und nun – verzeihe, edler Mann, gekannter und nicht gekannter – daß ich alles dieß von dir, ohne dein Wissen – hinstammle. Du weißt allein, was ich unterdrücken muß und will. –

Religiose Physiognomien.

Ein schwäbischer Bauer von vornen. M. K.

Ein Gesicht, das in der Natur viel mehr, als in diesem, jedoch nicht unkenntlichen, Bilde – ins Affengeschlecht sieht – – So hab' ich noch keinen Affenblick gesehen! Und selten noch die vielseitige kindlich einfältige, und dennoch,

M. K ....

obgleich planlos – feine Naturkraft, und kalte, doch bisweilen heftige, kühne Religion.

Nah' an Wunderkraft gränzte einst der nun verloschne Glaube dieses Mannes – Trockner, kälter, unzärtlicher, und dennoch zugleich kindlich liebreicher – hab' ich kaum einen Mann und ein Gesicht gesehen. Diese von aller freundschaftlichen Sehnsucht, allem schmachtenden Anziehen ferne Trockenheit – ist in den Falten der Stirne – besonders aber in der pyramidalen Falte über der Nasenwurzel – in der Kleinheit und Kürze der Nase – in der starken Wölbung der Augen und Augenlieder und Augenfalten – sichtbar; am sichtbarsten aber in dem Munde, und der eckigten Falte unterm Munde – und der Entfernung des Mundes von der Nase. Jedoch leuchtet selber durch diese beynahe trutzige Trockenheit des Mundes, besonders auf der rechten Seite der Mittellinie etwas von besagter Kindesgüte hervor. Das Aug' ist mehr des Tiefblickenden, als des Tiefforschenden.

Hier dasselbe Gesicht im Profil – etwas zu lang und zu perpendikular, welches die Kälte seiner Religion sichtbar macht. Tiefblick im Auge ist so sichtbar – als Vielfassung in der hohen Stirne, und Trockenheit, Naivetät, gerader Sinn im Ganzen.

Ein männliches Profil. H.

Nicht Lob – wie er's verdient; nicht Tadel ... wie man wünschen möchte – nur einige wenige Züge des unerforschlich großen, und unerschöpflich reichen Charakters will ich andeuten.

Wenn ich nichts von dem Urbilde wüßte, so würd' ich über dieß Bild sagen:

Ein äußerst feinsichtiger, durchdringender, vielfassender, mächtigdenkender Kopf, der besonders alles Schwache, Lächerliche, Fehlerhafte der Menschheit durch und durch schaut – übrigens gefällig, heiter, Freude machend.

In der Stirne, hätt' ich gesagt – Witz in der Lage, großer Verstand in der Zeichnung.

Die Nase fein, aber nicht groß. Im Auge die lichthelleste, vielfassendste Erkenntnißkraft.

Im Munde – Kälte, Satyre, Laune; Gefälligkeit; – Gefälligkeit auch in der Wange und in der Backe.

Stärke, Muth, Entschlossenheit im Halse.

So hätt' ich von dem Bilde geurtheilt, wenn ich nichts von dem Manne wüßte.

Nun thue ich hinzu – wie ich ihn aus Schriften und Briefen kenne.

Ein immerfort wetterleuchtendes religioses Genie – wie die Wolken- und Feuersäule dem *Israel* lichthelle Leuchte, dem *Pharao* Räderzerschmetterndes Gewitter war – so dieser Prophet den Seinigen; den nicht Seinen – Thor und Verwirrer. Und doch ist keines von diesen beyden auf *diesem* Bilde leicht sichtbar – nicht der Prophet; nicht der wirrende Schwärmer! Und wer ihn kennt, findet – Lichthelle in seinem Blicke, und die leutseligste Popularität in seinem Umgange.

Was aber beyde, was alle, Freunde, Feinde, nahe, ferne zugeben müssen, und zugeben – ist, daß der Mann Mann und ein Stern der ersten Größe ist, wenigstens in der religios-poetischen – und litterarisch theologischen Welt.

Nun darf man sich den, itzt schon sehr vortheilhaften und Bedeutungsvollen Umriß der Stirne nur kaum merkbar reiner, schärfer, angezogner denken, doch so, daß der Umriß nicht hart werde – so wird man Verhältniß zwischen seinem Genie und seiner Stirne sehen. Aber nun fehlt's hauptsächlich – fehlt's fast immer? und sollt' am wenigsten fehlen? – im Uebergange von der Augenbraune zur Nase – Nach einem, wiewohl auch nicht vollkommnen Schattenrisse, der sich im II. Theile Seite 102. findet – ist er viel hohler, scharf hohler – und gerade dadurch würde sich der hohe Verstand im prächtigsten Schmucke der Poesie – darzeigen. Denn daß in diesem Manne – alle Wahrheit zur Poesie sich colorire und aufhäufe – alle Gedanken – Helden – Gruppe handelnder Empfindung – alle *Theologie – poetische Religion* werde, ist bekannt, und zum Theil auch mit in diesem Bilde merkbar; besonders in der Augenbraune, dem Auge, und der Imaginationsreichen Nase. –

Nun noch zur Ergänzung, Berichtigung oder Bestätigung einige Gedanken eines Freundes von ihm, und mir, den ich bat, etwas über den Mann oder dieß Bild hinzuschreiben. –

»Das Bild eines *erhöhtesten* und *erniedrigtesten* Mannes unsers Jahrhunderts.«

»Ein litterarischer Geschichtschreiber des kommenden Jahrhunderts mag das Bild mit seinen Schriften parallelisiren, und die eigentliche Stufe bestimmen, auf welcher der Mann mit seiner Würkung und seinen Talenten stand – dann wird, wie ich hoffe, noch viel anders geschichtet werden, als in unserm.«

»Ein hochfliegendes, tiefdringendes, in Wolken schwebendes, mit Wolken sich umhüllendes, Blitzleuchtendes, theologischreligioses Genie.«

»Wo in heillosen Morästen sich tausende um Goldkörner, deren keines da ist, ermüdend herumzanken, fliegt er allein über den Morast weg – und läßt sich nieder am lieblichen Ufer, wo Bäume schönster Blüthe voll, den Müden beschatten – oder vorm Eingang einer schauerlichen Höhle voll prophetischer Blätter – Folg' ihm – du wirst's sehen – und dich freuen, dem Fluge nachgeflogen zu seyn. – Aber siehe! ehe du dich deß versiehst – verschwunden ist der Führer!« –

»Mit Einem Blicke blickt er Licht in die Nacht hin – Aber das Licht ist Blitz.«

»Er kömmt, und schlägt Feuer – aber ohne Lampe und Oel ... Was hilft dir der entschlagne, allenfalls auch aufgefaßte Funke?«

»Er baute sich selber einen Standpunkt, das vielfarbige, Gruppenreiche Gemählde des Lebens zu überschauen mit Seherblick, und giebt's dir nach verjüngtem Maaßstab als vertraute Beylage auf den Tag der Zukunft, in Bild und Gleichniß.«

»In dieser Stirne wohnen und wälzen sich lebendig die schnell umfaßten Gestalten moralisch politischer und metaphysischer Welten – bald Schatten, bald Licht, unter dem umwölkten Zepter des Sohnes Gottes; wohnet und reihet sich der Reichthum von Prophetenbildern und Apostelgleichnissen. Was ist vom Aufgange bis zum Niedergange, von den Glanzbergen Albordi bis zu den beeisten Gipfeln Helvetiens, woher diese Stirne nicht Bild und Gleichniß nehme, das sie nicht in ihr allweites, majestätisches Religionsgebäude hineindränge – oder vielmehr aus dem heraus beleuchte und erwärme? Der Mund, als ob er hier ungern geschlossen sey, sich Augenblicke öffnen wollte – wozu? Voll Gefühl seiner selbst, voll treffenden Spottes über die kleinen erbärmlichen Seichtigkeiten gewisser Theologaster und Philosophaster.« –

Jesuiten.

Vielleicht ist unter allen religiosen Physiognomien keine leichter – erkennbar, als die jesuitische. *Jesuiten-Augen* sind zum Sprichwort geworden. Und in der That – ich getraute mir fast Umrisse jesuitischer Augen angeben zu können;

und nicht nur der Augen, sondern auch beynahe der Form des Kopfes. Ein Jesuit möchte beynahe, in welchem Kleid er wollte, erscheinen; er hätte das Ordenszeichen im *Blicke* für den *gemeinen*, in dem *Umrisse* seines Kopfes für den *geübten* Physiognomen. Zu diesem Umrisse gehören denn vornehmlich drey Stücke – die *Stirne*, die *Nase*, und das *Kinn*. Beynah immer starkgewölbte, vielfassende, selten scharfe, feste, gedrängte Stirnen. Beynah immer große, meist gebogne, und vornen scharfknorpelige Nasen. Beynah immer große, nicht fette, aber rund vorstehende Kinne. Immer fast etwas zusinkende Augen; bestimmt gezeichnete Lippen. Merkwürdig, daß unter allen so gelehrten Jesuiten – so wenig Beyspiele sind, vielleicht nicht *Ein* entscheidendes ist – von einem *wahrhaft philosophischen Kopfe*. Mathematiker, Physiker, Politiker, Redner, Poeten – wie viel hatten sie! wie wenige *philosophische* Köpfe! Und das ist auch leicht zu begreifen. *Die* Art von Biegsamkeit, die Einschmeichlungskunst, die künstliche Beredsamkeit, die Uebungen im Schweigen und Verstellen – die ihnen so geläufig seyn mußten – wie konnten die so gar nicht neben freyer, kühner, allprüfender Philosophie bestehen! – Also, wo das eine mußte gesetzt werden – ward das andere eben dadurch schlechterdings aufgehoben. Sehr wenige Jesuiten wird man finden von außerordentlicher Kühnheit. Eben die Bildung zur *Feinheit* kann nicht mit der Bildung zur persönlichen Kühnheit bestehen. Wenigstens wird gewiß nicht die *Kühnheit*, sondern die *Feinheit* immer die Oberhand behalten. Der religiose Enthusiasmus, *Enthusiasmus* sag' ich, nicht die so oft damit verwechselte *Affektation* des Enthusiasmus – haftet selten, ich dürfte sagen, *niemals* in starkgeknochten Körpern. Die *Kühnheit* der Jesuiten, ich weiß es, war unbegränzt. Aber ihre *Kühnheit* war *Geheimniß*; gründete sich auf *Verborgenheit*; war *Lichtscheu*. Und lichtscheue Kühnheit ist so wenig wahre *Kühnheit*, als *lichtscheue Tugend*, Tugend ist.

Ignatius Loyola.

Ignatius Loyola.

Erst Kriegsmann, dann Ordensstifter. Eins der merkwürdigsten Phänomenen, Klippe und *Charybdis* unserer philosophischen Historiker.

Von dem *Kriegerischen* ist noch Ausdruck genug übrig in
diesem Gesichte – wo? In der *Feste* des Ganzen, dann im
Munde und *Kinne* – aber der Umriß der Stirne ist nicht des

kühnen vordringenden Kriegers. Ueberschwenglich aber ist der frömmelnde, Planmachende Jesuitismus über dieß Gesicht ausgegossen – Nur der Mund, wie er hier, ich vermuthe fehlerhaft, erscheint, hat in der Unterlippe viel Schwaches. Aber Stirn und Nase – besonders das *Auge*, dieß zusinkende Auge, dieser durchblickende Blick zeigen den Mann von Kraft, stille zu dulden, und stille zu würken, und weit und tief zu würken durch Stille. Die *Stirn* hat geraumen Sitz für tausend sich kreuzende, verworfne, und wiederergriffne Anschläge. Der Mann kann nicht müßig seyn. Er muß würken – und herrschen. Die Nase scheint alles von ferne zu riechen, was für ihn und wider ihn ist. Doch oben her, in diesem Bilde wenigstens, fehlt ihr viel von Größe.

So selten man frey offne, kühn bogigte Augen finden wird, die der Schwärmerey ergeben sind, so selten solche Augen, wie diese – die nicht in Schwärmerey versinken. Nicht, daß sie's *müssen*. Aber, unter gewissen Umständen, bey gewissen Veranlassungen – ist's höchst wahrscheinlich, daß sie's *werden*. Und diese Umstände und Veranlassungen können wiederum natürliche Folgen gerade dieser *Bildung* und des *Geistes* dieser Bildung seyn.

Hahn.

Unter allen mir bekannten Theologen, der – mit dem ich am meisten sympathisire – oder vielmehr, dessen Theologie zunächst an die meinige gränzt, und der doch so unaussprechlich von mir verschieden ist, als es ein Mensch seyn kann. Ein ganz außerordentlich mechanisches, mathematisches und astronomisches Genie, das immer erfindet, immer schafft – mit ausharrender, allüberwindender Geduld, zum letzten Ziel alles ausführt. Er schafft Welten, und freut sich einfältig seiner stillen Schöpfungskraft.

Das Bild ist ähnlich, was man ähnlich heißt; aber die Stirn in der Natur ist viel verstandreicher.

Hahn
Pfarrer zu Kornwestheim.

Daniel Berger sc.

Die *Nase* ist, wie sie hier ist, lautzeugender Ausspruch von hellreiner, fester Weisheit. Güte und Dienstfertigkeit ist im Munde, der jedoch eine Tinktur von schwäbischer Blödigkeit zu haben scheint.

Im Kinne viel Verstand und Dexterität.

Der *Tiefblick* fehlt dem zu matten, untreffenden Auge.

Noch ein Wort von seinen Schriften.

Seine *Sammlung von Betrachtungen* über alle *sonn- und festtäglichen* Evangelien – und sein *Fingerzeig* –*) sind mir eine Goldgrube von großen, unerkannten, und wissenswürdigsten Wahrheiten. Ich schäme mich nicht, zu sagen, daß

*) Man kann seine Werke nicht im Buchladen finden, sondern bey ihm selber zu Kornwestheim bey Ludwigsburg.

ich mir's nicht verzeihen kann, diese Höhe und Tiefe von
Christuserkenntniß in der Einfalt seines hellen, edeln
Gesichtes nicht bemerkt zu haben. Ich suchte, das ist wahr,
nur den Mechaniker; und den fand ich im Auge. Ich sah
auch den großen Theologen – aber bey weitem nicht *den*
großen, den ich nachher in seinen Schriften, deren unser
Zeitalter kaum werth ist, gefunden habe. – Ich bitte aber,
nichts blühendes, colorirtes, so wenig als triviales und See-
lenloses drinn zu erwarten. Sie sind für sehr wenige – aber
für wen sie sind, für den sind sie ganz. Ganz Thorheit, oder
Weisheit.

Wenn ich König wäre, der Mann wäre mir eins der
theuersten Produkte meines Reichs. Er brächte Gottes Welt-
systeme in mein Cabinet – Wagen, alles zu wägen, in alle
meine Magazine, und was mehr ist als beydes, die allertiefste
und harmoniereichste Religion in meine Theologie – ob auch
in meine Theologen, wär' eine andere Frage?

Vier schattirte Profile. Kontraste.
Zwingli, Diderot, Bolingbrocke, Menno Simonis.

Vier interessante und Bedeutungsvolle Gesichter. – Feinde
aller Religiosen und Reformatoren – und Freunde aller
kalten Witzlinge, sagt, – können wir's uns verbergen – wenn
wir bloß unsern physiognomischen Gefühle – oder physiognomischen Beobachtungen folgen, müssen wir nicht
Zwinglin und *Mennon* mehr Zutrauen schenken, als *Dideroten* und *Bolingbrocken*?

Zwingli – welche Weisheit, Treue, und sanfte Festheit in
diesem Gesichte! Er denkt, unterdeß ihn der Mahler zeichnet, ohn' alle Selbstgenügsamkeit, ohn' allen Triumph – aber
auch ohn' alle Furcht – mit der weisesten gehaltensten
Denkenskraft sich in Gegenwart und Zukunft hinein – ohn'
alle süße Verliebtheit, ohn' alle Schwäche, Weiblichkeit –

und dann auch ohn' allen selbstgefälligen Trutz – Man vergleiche dieß *Auge* mit dem schwächlich weiblichen des *Diderots*, mit dem stolzen des *Bolingbrockes*, und mit dem bloß treuen, einfachen, still frommen des *Menno*. Und den *Mund* – besonders die herrlichgeschweifte Oberlippe – so voll Weisheit, Geschmack und Geist.

Diderots Stirn ist sicherlich eines hellen, tiefblickenden Geistes – aber so zart, so ununternehmend. Schönmännlich und produktif ist, besonders im Originale, wovon dieß Copie ist, die Nase. Man bemerke den Umriß des obern Augenlieds – Feinheit und Zartheit – ist ganz bestimmt drinn ausgedrückt. Diesen geschweiften Umriß hab' ich durchaus an verstandreichen aber schüchternen Menschen, schüchtern nicht eben in ihrem *Style* – aber in ihren Thaten, Reden, Schritten, wahrgenommen. *Heß, Zollikofer, Eberhard* z. B. haben solch einen Umriß, und der machte *Dideroten* auch heller Religiosität fähig. Der Mund ist verdorben, und hat das Salz des Originals nicht. Geistreich, kräftig und männlich ist Kinn, Backe und Hals.

Bolingbrocke – Ja! wahrlich ein großer Kopf, auch noch in dieser sehr mittelmäßigen Copie! Aber ja – ein stolzes, böses und verachtendes Gesicht! kalt und heftig (denn die *kältesten* Seelen sind oft die *heftigsten*.) In der Stirn ist offnes Wesen, Freyheit; Witz; – Feinheit; – aber unten bey der Nasenwurzel *feste Kraft*, wie viel mehr als in *Diderot*. Im Untertheile der Nase und des Gesichts viel von Ludwig dem XIV.

Menno Simonis – wie seine Lehre und seine Brüderschaft. Einfach und innig. Nicht hart; nicht weichlich; stillforschend mit Wahrheitsdurst; stillhandelnd mit Sanftmuth und Treue. Ruhe, mit Trübsinn tingirt. Ruhendes Schauen mit stillverschlingender Theilnehmung. Im Umrisse der Nase, besonders obenher – wie viel Treue, Weisheit, Festigkeit! Mund und Kinn, so viel sich davon sehen läßt – Treue, Demuth, Verschwiegenheit.

Menor Sin.

Bolingbroeke.

Nachstehende Vignette – das Kraft- und Geistvolle
Gesicht des Doctor Martin *Luthers* – In Augen und Nase die
Seele! das innige, gefühlte, tiefblickende, nicht sorgsam
erlesende im Auge – Festigkeit, That und Kraft in der Nase.
Salz und Laune, Stolz und Verachtung scheinen in diesem
etwas mönchhaften Munde zusammen zu schmelzen. Der
Raum zwischen den Augenbraunen, (so schief gezeichnet er
ist) zeigt den Mann – der steht, »und wenn die Welt voll
Teufel wäre!«

Frauenspersonen.

Allgemeine Betrachtungen.

So viel muß ich gleich anfangs sagen: Ich weiß sehr wenig
über die weibliche Hälfte des menschlichen Geschlechts
zu schreiben; der gemeinste Weltmann muß mehr davon
wissen. Ich habe äußerst selten Anlaß gehabt, weibliche
Geschöpfe zu kennen, wo sie gekannt und studiert werden
können. Ich habe sie nie im Schauspiele, nie beym Tanze,
nie beym Spiele gesehen. In meinen frühern Jahren war ich
beynahe Weiberscheu – und ich war nie – *verliebt*.

Also sollt' ich vielleicht dieß ganze große Kapitel der
Physiognomik überschlagen, da ich so wenig Kenntniß des
weiblichen Geschlechtes habe – überschlagen, und es einem
Kenner überlassen.

Aber mit dem *Ueberlassen* solcher Kapitel ist's wieder so
eine eigne gefährliche Sache. Darf ich nicht zweifeln, ob ein
anderer, wer er auch seyn möge, dasselbe so behandeln
würde, wie ich's wünschte? Ob er gerade das sagen würde,
was ich, *so wenig es seyn mag*, zu sagen für wichtig und
nöthig achte? –

Zum Hinsinken erblaß ich oft bey dem mich mehrmals so
ernstlich anwinkenden Gedanken: »Wie unaussprechlich
wider meine Absicht das physiognomische Studium in Ansehung des weiblichen Geschlechtes *gemißbraucht* werden
könnte!« –

Gewiß, denk' ich oft, geht's der Physiognomik nicht
besser, als der Philosophie, Poesie, Arzneykunst, und was
sonst Wissenschaft und Kunst heißen mag. *Halbe Philosophie* führt zum *Atheismus*; *ganze* zum *Christenthum.* So
dürft' es der *Physiognomik* auch gehen!

Doch ich will nicht verzagen. Alles *menschliche* muß erst
halb seyn, eh' es *ganz* seyn kann. Wir lernen gehen durch

Fallen. Sollten wir, *aus Furcht vor dem Fallen, aufs Gehen Verzicht* thun? Was ich gewiß weiß, ist dieß:

Aechter, reiner physiognomischer Sinn in Ansehung des weiblichen Geschlechtes ist die beste *Würze und Stärkung des menschlichen Lebens* – und das *allerwürksamste Verwahrungsmittel vor Erniedrigungen seiner selbst und anderer.*

Die beste Würze und Stärkung des menschlichen Lebens. Was mildert mehr die männliche Rauheit, und stärkt und unterstützt dennoch zugleich mehr die männliche Schwäche? Was besänftigt allgewaltiger den schnell aufbrausenden Zorn? Und reizt zugleich mehr alle männliche Kraft? Was kann Mißmuthigkeit und Grämeley so schnell wegzaubern? Was die faden, langweiligen Stunden des Lebens, wenn ich so sagen darf, so wohlschmeckend und genießbar machen? – Was, als die Nähe, als der herzvolle Blick eines edeln, wohlgebildeten weiblichen Geschöpfes? als das Darstrecken einer sanften weiblichen Hand? als die Morgendämmerung einer zurückgehaltenen Thräne? – Welcher Sünder muß da nicht aufhören zu sündigen? Wie kann der Geist Gottes sanfter und mächtiger auf ein Herz würken, als durch Läuterung und Schärfung dieses physiognomischen Sinnes für diese physiognomische weibliche Beredsamkeit? Was salzt und würzt so die unzähligen Gleichgültigkeiten, die uns täglich aufgetischt werden? Ich kann mir kaum eine größere Vaterwohlthat Gottes denken, als diesen physiognomischen Sinn. Er allein ist's so oft, der mir unzählige Bitterkeiten des Lebens augenblicklich versüßt. Wenn unter der Last zerreissender Beschäfftigungen mein Herz bisweilen zerbersten möchte; wenn in heißen Thränen meine Augen schwommen; wenn meine Brust glühte vor Beklemmung, weil man täglich zu mir sagte: *wo ist nun dein Gott?* wenn man mir die Seele, die ich mittheilen wollte, ins Gesicht zurückwarf; wenn Thaten der redlichsten Einfalt mit Koth bespritzt, und heiligster Drang des Wahrheitgefühles als Unsinn ausgezischt wurden; in den brennendsten

Momenten des Lebens, wo ich mich in der sichtbaren Welt, die mich dann umgab, umsonst nach einem langsam quillenden Tropfen des Trostes umsah; – siehe! Gott öffnete mir die Augen, zu sehen einen sprudelnden Quell, der sich in Bäche ergoß, woraus ich mich satt trinken, und kühl baden konnte – Begegnender Blick war's einer sanften, zarten, aber innerlich starken und festen weiblichen Seele; ein Angesicht voll beynahe klösterlicher Jungfräulichkeit, das jedes Beben, jedes Leiden in der verborgensten Nerve des Angesichtes ihres Gatten fühlt, zu vertilgen bereit ist, und eben dadurch in demselben Augenblicke, ohne irgend einen Zusatz von dem, was die Welt Schönheit nennt, sich zum Engel zu verschönern scheint.

Kann's eine edlere menschliche Uebung geben, als Uebung dieses physiognomischen Sinnes für diese so mächtig würkenden Weiblichkeiten?

Aber dieser physiognomische Sinn ist auch das *allerwürksamste Verwahrungsmittel gegen Erniedrigungen seiner selbst und anderer.* Wer kann eher die Gränze zwischen Fleisch und Geist entdecken? Wer kann eher den Verstand bis auf den Punkt verfolgen, wo er sich von dem Herzen zu scheiden scheint?

Wer eher – die Imagination im Domino der Empfindung erkennen? Wer eher Buhlerey von Liebe, und Liebe von Freundschaft unterscheiden? Wer fühlt tiefer, inniger, ehrfurchtsvoller das Heilige der Unschuld? das Göttliche reiner Weiblichkeit? Wer mehr unheilige Koketterie, die aller Schamhaftigkeit Blicke wendet und schließt? – Wie oft wird er verachtend sich wenden von der angebetetsten Schönen? Dieser unleidliche Stolz ihres Schweigens? diese innerlichen kraftlosen Anmaßungen ihres gespannten Redens? diese Fadheit ihrer, Elend und Armuth hoch überfliegenden, Augen? diese gebieterische Nase? diese von Geistlosigkeit schlaffe, durch Verachtung schiefe, durch Hohngelächter des Neides blaulicht schwarze, durch Intrigue und Schalkheit halb verbißne Lippe – Alles dieß – und wie vieles andere

mehr wird euch verwahren gegen allen schädlichen Reiz
ihrer schaamlosen Brust! Wie innig fühlt's ein Mensch von
reinem physiognomischen Sinne, daß er sich nicht tiefer
erniedrigen könnte, als wenn er sich von so einem Gesichte
bestricken ließ – Dieß sey ein Beyspiel von tausenden.

Aber wenn dir dann nun eine edle, reine, weibliche
Schönheit erscheint, voll Unschuld und voll Seele – ganz
Liebe und Liebenswürdigkeit – die eben so schnell gefühlt
werden muß, als sichtbar schnell sie alles Fühlbare mit ihrem
innern Sinne fühlt; du auf ihrer großbogigten Stirne die
unermeßliche Empfänglichkeit aller Belehrungen, die ein
weiser Mann ihr geben kann, erblickest; erblickest in ihrer
gedrängten doch ungespannten Augenbraune eine uneröff-
nete und unerschöpfliche Fundgrube von Weisheit; den
reinlichsten und feinsten Geschmack in ihrer zart umrißnen
oder beschnittenen Nase; die theilnehmendste Güte des
Herzens – wie sie sich durch ihre unbefleckten Zähne
über die reinsten, holdesten Lippen ergießt; – du in jedem
Hauche Demuth und Gefälligkeit, jeder Bewegung ihres
Mundes Huld und Sanftheit; jedem Ton ihrer Stimme Adel
und Weisheit; jedem Blick ihrer nicht aufgesperrten, nicht
zusinkenden – sondern so gerade vor sich hinblickenden und
schnell sanft sich wendenden Augen eine Seele siehest, die
deine Seele schwesterlich zu umfassen scheint – du sie über
Gemählde und Beschreibung Meilenweit erhaben siehest –
du mit offnen Sinnen alle die Herrlichkeiten ihrer geistvollen
Bildung wie das milde Goldlicht der herbstlichen Abend-
sonne in dich trinkest – wird dann dein so hochgepriesener
physiognomischer Sinn dir nicht Sünde oder Verderben,
oder beydes zugleich werden?

*Wenn dein Aug' einfältig ist, so wird dein ganzer Leib
heiter seyn, gleich als wenn ein Licht dich mit seinem Glanz
umleuchtete*; und was ist *physiognomischer Sinn* anders, als
diese *Einfalt des Auges?* Nicht die Seele ohne den Leib, aber
in dem Leibe die Seele zu sehen; und je mehr du Seele
siehest, wird dir nicht allemal um so viel heiliger der Körper,

ihr Gewand, seyn? Was? Mensch! mit diesem Sinne? diesem Gefühle, das dir Gott gab – du – entheiligen solltest du dieß Heilige Gottes? *Entheiligen* – das heißt: *erniedrigen? verunstalten? kränken? unempfindlich machen?* Wem eine gute oder große Physiognomie nicht Ehrfurcht und eine Liebe, die nicht beleidigen kann, einflößt, der soll von physiognomischem Sinne sprechen? *Der physiognomische Sinn ist Offenbarung des Geistes.* Nichts erhält die Keuschheit so rein; nichts verwahret so vor viehischer Lüsternheit – nichts erhöhet deine Seele mehr, und die Seele, die 's dir ansieht, daß sie dir heilig ist. Anblick der Kraft erweckt Ehrfurcht. Gefühl der Liebe Liebe – aber Liebe, die nicht das ihrige sucht. Liebe, die rein ist, wie die Liebe der Engel, die sich im Himmel umarmen – – Fragment eines Fragmentes.

Männliches und weibliches Geschlecht.

Ueberhaupt, (ich sage nichts, und kann und will nichts sagen, als das Bekannteste) überhaupt, wie viel *reiner, zarter, feiner, reizbarer, empfindlicher, bildsamer, leitsamer, zum Leiden gebildeter* ist das weibliche Geschlecht, als das *männliche!*

Der erste innerste Grundstoff ihres Wesens scheint weicher, reizbarer, elastischer zu seyn, als der männliche!

Geschaffen sind sie zu mütterlicher Milde und Zärtlichkeit! All' ihre Organen zart, biegsam, leicht verletzlich, sinnlich und empfänglich. –

Unter tausend weiblichen Geschöpfen kaum Eins ohne das Ordenszeichen der Weiblichkeit – Weichheit, Rundheit, Reizbarkeit.

Sie sind Nachlaut der Mannheit ... vom Manne genommen, dem Mann unterthan zu seyn, zu trösten ihn mit Engelstrost, zu leichtern seine Sorgen; *selig durch Kindergebähren und Kinderziehen zum Glauben, zur Hoffnung, zur Liebe.*

Diese Zartheit, diese empfindsame Beweglichkeit, dieß leichte Gewebe ihrer Fibern und Organen – dieß Schwebende ihres Gefühles macht sie so leitsam, so führbar, und verführbar; so leicht unterliegend dem wagendern, kräftigern Mannsgeschlechte – durch ihre *Reize* aber doch verführender, als der Mann durch seine *Kraft. Der Mann ist nicht zum ersten verführt worden, sondern das Weib; darnach auch der Mann durch das Weib.*

Aber nicht nur äußerst verführbar – auch bildsam zur allerreinsten, edelsten, engelschönsten Tugend! zu allem, was Lob und Lieblichkeit heißen mag.

Aeußerst empfindlich für *Reinheit, Schönheit und Ebenmaaß* aller Dinge, ohn' allemal an inneres Leben, innern Tod, innere Verweslichkeit zu denken. *Das Weib schaute an, daß der Baum gut war, davon zu essen, und lieblich anzusehen; daß er auch ein anmuthiger Baum wäre, dieweil er klug machte, und nahm von desselben Frucht ...*

Sie *denken* nicht viel, die weiblichen Seelen; *Denken ist Kraft der Mannheit.*

Sie *empfinden* mehr. *Empfindung ist Kraft der Weiblichkeit.*

Sie herrschen oft tiefer, kräftiger, als die Männer, aber nicht mit Zorn und Donnerwort – (thun sie's, Weiber sind sie nicht mehr – sind Mißgeburten, in so fern sie *so* herrschen) herrschen mit diesem Blicke, dieser Thräne, diesem Seufzer!

Sie sind der reinsten Empfindsamkeit, der tiefsten unaussprechlichsten Gefühle, der allvergessendsten Demuth, der unnennbarsten Innigkeit fähig.

Auf ihrem Antlitze schwebt ein Zeichen der Heiligkeit und Unverletzlichkeit, das jeder fühlende Mann ehrt. Dieß Zeichen bewürkt oft ovidische Verwandlungen.

Sie können, dahin gewendet, leicht durch die Reizbarkeit ihrer Nerven, durch die Unfähigkeit zu denken, zu vernünfteln, und zu scheiden – durch das Uebergewicht von Empfindung – die hochfliegendsten, unwiederbringlichsten *Schwärmer* werden.

Ihre *Liebe*, so innig und tief sie ist, ist sehr wandelbar. Ihr *Haß* ist beynah unheilbar – nur durch Uebergewicht schmeichelnder Liebe langsam zu vertilgen. *Männer* würken mehr in die *Tiefe* – *Weiber* mehr in die *Höhe*.

Männer umfassen mehr das *Ganze*; *Weiber* bemerken mehr das *Einzelne*; belustigen sich mehr am *Detail* und Auseinanderlesen der *Ingredienzien* zum Ganzen. Der *Mann* trinkt mit offenem Blicke einen grauenvollen Gewitterhimmel, und fühlt sich froh und ernst, wenn die Majestät der furchtbaren Wolken ihn überströmt.

Das *Weib* zittert dem Blitz und dem kommenden Donner entgegen, und verschließt sich bebend in sich selber, oder in den Arm des Mannes.

Wo Männer *Einen* Sonnenstral sehen, da ergötzen sich die Weiber am *siebenfarbigen Regenbogen*. Das Weib *sieht* ihn auf Einer Stelle, den Bogen des Friedens – der Mann verfolgt seine Millionen Stralen durch den ganzen Halbzirkel, in dem sie sich spiegeln.

Das *Weib lächelt*, wo der *Mann lacht*; und *weint*, wo der Mann *schweigt*; und *jammert*, wo der Mann *weint*; und *verzweifelt*, wo der Mann *jammert*; und hat doch oft mehr *Glauben*, als der *Mann*.

Ein *Mann ohne Religion* ist ein *kränkelndes Wesen, das sich bereden will, gesund zu seyn*, und keines Arztes zu bedürfen. Aber *ein Weib ohne Religion – ist ein wütendes, abscheuliches Geschöpfe.*

Ein *Weib* mit einem *Bart* ist nicht so *widrig*, als ein *Weib*, das den *Freygeist* spielt. *Sie sind zur Andacht und Religion gebildet*, die weiblichen Geschöpfe. *Ihnen erscheint der Auferstandene zuerst* – aber sie muß er auch abhalten, ihn nicht zu früh und zu brünstig zu umarmen – *Rühre mich nicht an* . . . – Alles neue, ungewohnte, ergreift sie *schnell* – führt sie *weit* weg.

Sie vergessen alles im Gefühle, in der Nähe dessen, was sie lieben.

Sie versinken in die unheilbarste Melancholie; so wie sie zur unerfliegbarsten Himmelswonne hinauffliegen.

Männergefühl ist mehr *Imagination*; *Weibergefühl* mehr *Herz.*

Wenn sie offen sind, so sind sie offner, als die Männer; wenn verschlossen, verschloßner.

Ueberhaupt – *duldender, langmüthiger, glaubender, gutthätiger* – und – *schamhafter.* –

Sie sind nicht *Fundament*, worauf gebaut wird – sondern Gold, Silber, Edelgestein, Holz, Heu, Stoppeln, was auf das männliche Fundament sich bauen läßt. *Sauerteig* des männlichen Charakters – oder noch besser: *Oel zum Essig der Mannheit.*

Die zweyte Seite auf dem Blatte der Menschheit.

Mann allein nur *halb Mann* – wenigstens nur halb Mensch – König ohne Reich. Nur durch den Mann ist sie stehend und gehend das Weib, das seine Weiblichkeit fühlt – aber auch nur durch das Weib ist der Mann das, was er seyn kann und soll. *Daher nicht gut, daß der Mensch allein sey. Er verläßt Vater und Mutter, und hängt an seinem Weibe – und die zwey sind Ein Fleisch.*

* * *

Noch ein physiognomisches Wort über das Verhältniß beyder Geschlechter.

Der Mann *fester* – das Weib *weicher*.

Der Mann *gerader* – das Weib *schlanker*.

Der Mann *steht* – das Weib *tritt leis auf*.

Der Mann *schaut* und *beobachtet* – das Weib *blickt* und *empfindet*.

Der Mann ist *ernst* – das Weib *leicht*.

Der Mann ist *höher* und *breiter* – das Weib *kleiner* und *schmächtiger*.

Der Mann *zäher* und *roher* – das Weib *glätter* und *sanfter*.

Der Mann *brauner* – *weißer* das Weib.

Faltiger der Mann – *Einfaltiger* die Frau.

Stärker und *kürzer behaart* der Mann; *zärter* und *länger* das Weib.

Der Mann hat *gedrängtere* Augenbrauen; *lichtere* das Weib.

Der Mann hat mehr *vorgebogne* Linien; mehr *einwärtsgebogne* das Weib.

Mehr *geradlinigt* ist der Mann – *Bogenligter* das Weib.

Mannsgesicht ist im Profil seltener perpendikular, als das Weib.

Eckigter der Mann; *runder* das Weib.

Zwey Profile von Frauenspersonen.

B.

Großes und Kleines in Einem Gesichte. Großes von Natur – Kleinheit durch – ich weiß nicht was! vielleicht nur durch Zeichnungsfehler? Ich kenne das Urbild im mindesten nicht; also kann ich unbefangen urtheilen – diese Stirn an einem weiblichen Gesichte ist außerordentlich; von oben herab anzusehen, vermuthlich beynahe cylindrisch. Auch ist noch etwas von derselben Größe in der Augenbraune. Das, obgleich am obern Augenliede verzeichnete, Auge – hat dennoch noch Ausdruck genug von Fruchtbarkeit des Witzes und der Einbildungskraft. Die Nase allein betrachtet, vorausgesetzt, daß man das Nasenloch richtiger gezeichnet denke, ist sicherlich keiner gemeinen weiblichen Seele, obgleich ich mich nicht erwehren kann, mächtige Sinnlichkeit drinn ausgedrückt zu vermuthen – Aber der Uebergang von *dieser* Stirne zu dieser Nase hat etwas widerliches für mich. Man denke sich denselben entweder weniger hohl,

H Pfenninger f

oder dann die Stirne zurückliegender – und man wird in
diesem Gesichte mehr Harmonie finden.

Aber nun – wo fängt die Kleinlichkeit recht sichtbar an? –
Unter der Nase bis zum Ende des Kinns. Eine Gedehntheit,
die besonders mit der Stirne sehr kontrastirt. Kindische
Schwäche – Leichtsinn – süße gemeine Weiblichkeit – an *sich*
betrachtet ist in dem Munde, *den wir vor uns haben*, edle
jungfräuliche Güte. Aber die ganze Parthey hat was kraftlos
weichliches, das den Ausdruck der Nase vollkommen zu
bestätigen scheint.

Z.

In diesem, obgleich der Natur unähnlichen Gesichte ... wie
viel mehr Einfachheit, Einsinnigkeit; – wie viel weiblicher
die Stirne! kräftiger, inniger, edler, nicht hervorlüsternd die
Nase! Das Auge, wie denkend und Leiden zurückhaltend!
So der, obgleich allzukleinliche, verschnittene Mund! –
Aber der Umriß von der Nase zum Kinne – Man vergleiche
ihn mit dem obern, und fühle! fühle des Leichtsinns Gegensatz! – Uebrigens ein so verschloßnes – drangvolles Gesicht
– daß es mir schwer fiele, alle Schätze drinn heraus zu
blicken.

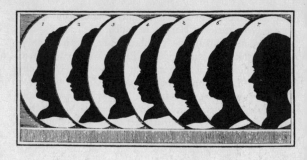

Sieben weibliche Silhouetten.

Bis auf Eine alle von unbekannten Personen – und alle
unterm Originale – besonders um den Mund alle, etwa 1.
und 3. ausgenommen, verdorben. Lassen wir also den Mund
bey allen dahin gestellt seyn – und sagen nur ein Wort von
den Stirnen und Nasen.

Keine schlechte Stirn unter allen. Wenn ich reihordnen
dürfte – wäre 2. die unterste – dann folgte 4., dann 1., dann
3., dann 6. – dann 5. – dann 7. – 7. hat offenbar die
denkendste Stirn – aber auch keine von allen Nasen ist
gemein – In der, unsern vorliegenden Silhouetten nach –
geringsten, 4. – ist offenbar Geistesfruchtbarkeit. Dann
folgte in Ansehung des Geistes und zugleich der Empfindsamkeit – 1. – dann 2. – dann 3., dann 6., dann 7., dann 5. –
Zeigt mir Nasen, wie 5. besonders, an einem unbedeutenden
Alltagsgesichte! Das männlichste Kinn scheint 1., das weib-
lichste 2., das gütigste 5. zu haben.

Drey weibliche Silhouetten.

Und zwar nicht gemeine! Mir ist keine von Angesicht bekannt; aber ich finde alle drey trefflich – Sie könnten der Aehnlichkeit nach Schwestern seyn, aber sie sind's nicht.

Alle drey sind im Charakter von Reinheit und Einfachheit, Adel und Würde.

Nichts heterogenes, widersprechendes in keiner.

Nicht der obere Theil – Natur – der untere Kunst oder Leidenschaft. Nicht eine Zusammensetzung von geraden und krummen Linien – Geradheit und Rundung sind (die Stirn von 1. ausgenommen) sehr glücklich zusammengeflossen.

Alle drey sind Gesichter, die in einer künftigen Physiognomik, mit einigen Zwischenphysiognomien untersetzt – gewiß in Eine Klasse kommen werden.

Die *erste* scheint indeß, ich rede nämlich bloß von den vorliegenden Schatten – die *weiseste*; die *zweyte*, vorausgesetzt, daß, wie ich gewiß glaube, der Mund um etwas verschnitten sey, die *gutherzigste*; die *dritte* – die *schönste, edelste, geradeste.*

Wohl verstanden, es ist keine unverständig, keine bloß gemein verständig, keine unedel; alle drey Nasen sind überhaupt aus Einer Klasse. Aber ... die *erste* allein betrachtet, scheint die *verständigste*; die *zweyte* durch kaum merkbare ununterbrochene Erhöhung – wird *vielleicht lockender*, aber *nicht erhabner*; die *dritte* – besonders im Verhältnisse der Stirne – *erhaben*. Hier sieht man offenbar, daß die *Kürze* und *schrägre* Lage der *Stirne*, und vornehmlich der *obere* Theil der Nase gleichsam die physiognomische Wurzel der Erhabenheit sind.

Der Mund der *dritten*, an sich betrachtet, ist herrliche Güte. –

Nachstehende Vignette, Karrikatur eines erhabenen Gesichtes; etwas Erhabenheit ist noch in der Gestalt.

v. Chodowiecki del. R. SB fe.

Physiognomik und Pathognomik.

Physiognomik, im eingeschränkten Sinne des Wortes, ist *Kraftdeutung*, oder *Wissenschaft der Zeichen der Kräfte*.

Pathognomik, *Leidenschaftsdeutung*, oder *Wissenschaft der Zeichen der Leidenschaften*. Jene zeigt den *stehenden* – diese den *bewegten* Charakter.

Der *stehende Charakter* liegt in der *Form* der *festen*, und in der *Ruhe* der *beweglichen* Theile. Der *leidenschaftliche* – in der *Bewegung* der *beweglichen*. Die Bewegung ist, wie die bewegende Kraft. Die Leidenschaft hat ein bestimmtes Verhältniß zu der Leidenschaftlichkeit, oder *Elastizität* des Menschen.

Physiognomik zeigt die *Summe der Capitalkraft* – *Pathognomik* das *Interesse*, das jene abwirft. Jene, was der Mensch *überhaupt ist*; diese, was er in dem *gegenwärtigen Moment* ist. Jene, was er werden und nicht werden, *seyn und nicht seyn kann*; diese, was er seyn *will* und *nicht* seyn will.

Die erstere ist die *Wurzel* und der *Stamm* der andern; der *Boden*, worauf die andere gepflanzt ist. – Wer die letztere ohne die erstere glaubt, glaubt Früchte ohne Stamm, Getraide ohne Boden ...

Physiognomik ist der Spiegel der Naturforscher und Weisen. *Pathognomik* der Spiegel der Hof- und Weltleute. Alle Welt lieset *pathognomisch* – sehr wenige lesen *physiognomisch*.

Pathognomik hat mit der Verstellungskunst zu kämpfen; nicht so die *Physiognomik*.

Physiognomik warnt uns, einen Menschen, der 50. per Cent giebt, nicht für reich, und einen, der nicht 1. per Cent geben kann, nicht für arm zu halten. Das heißt – pathognomisch kann einer reich scheinen, der arm ist; physiognomisch ist uns nur der reich, der es ist, ob er gleich gerade itzt arm scheint.

Für den Freund der Wahrheit sind beyde Wissenschaften unzertrennlich. Er studiert beyde, und gelangt dazu – die Physiognomie der festen und unbewegten Theile in den weichen und bewegten – und die Weichheit und Beweglichkeit der weichen und beweglichen in den festen zu sehen. Er bestimmt jedem Stirnbogen seinen leidenschaftlichen Spielraum – und jeder Leidenschaft den Stirnbogen ihrer Residenz, oder die Potenz, aus der sie sich ergießt; ihre Wurzel, ihren Capitalfond. Durch alle Bände, und beynah auf allen Seiten dieses Werkes hab' ich mich bemühet, meinen Lesern mehr Physiognomik als Pathognomik zu geben, weil die letztere viel bearbeiteter ist, als die erstere.

Homogenität, Gleichartigkeit, Harmonie, Einfachheit der menschlichen Bildung.

Die Natur wirkt in allen ihren Organisationen immer von innen heraus; aus einem Mittelpunkt auf den ganzen Umkreiß. Dieselbe Lebenskraft, die das Herz schlagen macht, bewegt den Finger. Dieselbe Kraft wölbt den Schädel – und den Nagel an der kleinsten Zähe. Die Kunst flickt zusammen; die Natur nicht. Sie bildet alles aus Einem zu Einem. Aus dem Haupte den Rücken; aus den Schultern die Arme; aus den Armen die Hände; aus den Händen die Finger. Alles aus Wurzel in Stamm; aus Stamm in Aeste; aus Aesten in Zweige; aus Zweigen in Blüthen und Früchte. Eins hängt am andern, als an seiner Wurzel. Eins hat die Natur des andern. Jedes ist dem andern gleichartig. Mit allen seinen Bestimmungen kann kein Apfel des Zweiges *a* Apfel des Zweiges *b* seyn – geschweige Apfel eines andern Baumes. Er ist ein bestimmter Effekt einer bestimmten Kraft. So alles in der Natur. Jede bestimmte Kraft bringt nur so und so bestimmte Wirkungen hervor. Daher paßt kein Menschenfinger genau an eines andern Hand. Jeder Theil eines organischen Ganzen ist Bild des Ganzen; hat den Charakter des Ganzen. Das Blut in der Fingerspitze hat denselben Charakter des Blutes im Herzen. So die Nerven. So die Knochen. In allen lebt *Ein* Geist. So wie jeder Theil des Körpers sein Verhältniß hat zu dem Körper, von dem er einen Theil ausmacht – So wie aus der Länge des kleinsten Gliedes, des kleinsten Gelenkes an einem Finger, die Proportion des Ganzen, die Länge und Breite des Körpers gefunden und bestimmt werden kann; – so auch die Form des Ganzen aus der Form jedes einzelnen Theiles. Alles ist länglicht, wenn es der Kopf ist. Alles rund, wenn der rund ist. Alles geviert, wenn er geviert ist. Alles hat Eine Form; Einen Geist; Eine Wurzel. Daher ist jeder organische Körper so Ein Ganzes, daß ohne Disharmonie, Zerrüttung oder Verunstaltung nichts weggeschnitten, nichts angeflickt werden kann. Alles fließt am Menschen aus Einem in Eins. Alles ist an ihm homogen. Bildung, Statur, Farbe, Haar, Haut, Adern, Nerven, Knochen, Stimme, Gang, Handlungsweise, Styl, Leidenschaft, Liebe, Haß. Immer in allem zeigt sich ein und ebenderselbe. Er hat nur einen gewissen Spielraum, in dem sich alle seine Kräfte und Empfindungen regen. In diesem kann er frey wirken; aber über denselben nicht hinaus gehen. Jedes Gesicht verändert sich, wenn man will, obgleich unmerklich, auch in seinen festen Theilen alle Augenblicke. Aber jede Veränderung des Gesichtes ist dem Gesichte angemessen. Jedes hat ein besonderes Maaß und eine besondere ihm eigenthümliche Art von Veränderlichkeit. Es kann sich nur auf eine gewisse Weise verändern. Selbst das Affektirte, Angenommene, Nachgeahmte, Heterogene – hat wieder seine Individualität und Eigenthümlichkeit, die abermals aus der Natur des Ganzen entspringt, und *so bestimmt* nur in diesem und keinem andern Wesen möglich ist. –

Beynahe schäme ich mich, meinem Zeitalter das noch sagen zu müssen. Nachkommen! was werdet ihr von uns denken, daß ich noch beweisen mußte, und so oft so manchen seyn wollenden Weisen umsonst bewies – *Die Natur flickt nicht: Die Natur arbeitet aus Einem auf alles: Ihre Organisationen sind nicht Pieçes de Rapport; nicht musaische Arbeit.* Je musaischer eine Arbeit des Künstlers, des Dichters, des Redners ist, desto unnatürlicher. Je weniger von innen heraus; je weniger sich ergießend aus Einem Quell; Einem Stamme forttreibend in die äußersten Aeste. Je mehr Entwickelung aus Einem zu Einem, desto mehr Wahrheit, Kraft, Natur; desto herrlicher, ausgebreiteter, allgemeiner, daurender die Wirkung. *Die Entwürfe der Natur sind Entwürfe Eines Moments.* Ein Gedanke, Ein Geist ergießt sich durch alle Zweige nachheriger Entwickelung. So schafft die Natur die niedrigste Pflanze und den erhabensten Menschen. Ich habe nichts geleistet durch meine physiognomischen Bemühungen – wenn ich nicht wegzuräumen im Stande war das abgeschmackte, unsers Zeitalters unwürdige – aller gesunden Philosophie und aller Erfahrung trutzende *Vorurtheil, die Natur flickt Gesichtstheile von verschiedenen Gesichtern zusammen.* Und belohnt bin ich für meine Arbeiten alle, wenn die Homogenität, Zusammenstimmung, Einerleyheit der menschlichen Organisation – so fühlbar geworden ist, daß der die Sonne am Mittag zu läugnen geachtet wird, der diese läugnet.

Ein Gewächs ist der menschliche Körper. Jeder Theil hat den Charakter des Stammes. Laßt mich's ohne Ende wiederholen; weil dem evidentesten aller Sätze ohne Ende widersprochen wird. Widersprochen von allen Arten von Menschen; widersprochen durch Worte und Thaten; Schriften und Kunstwerke.

In den Köpfen der größten Meister finde ich hierinn die auffallendsten Incongruenzen. – Ich kenne keinen, von dem ich sagen könnte: *Der* hat die Harmonie des menschlichen Umrisses durchaus studiert. Selbst *Poußin*; selbst *Raphael*

nicht. Man classifizire nur ihre Gesichtsformen – und analogische Gesichtsformen der Natur; das heißt: Man zeichne
sich z. E. die Umrisse ihrer Stirnen, und suche sich ähnliche
in der Natur aus – und vergleiche die Fortsetzungen von
beyden – und man wird mehr Incongruenz finden, als man
von so großen Meistern erwartete.

Wenn man das zu Länglichte, Gedehnte wegrechnet, so
hat vielleicht *Chodowiecki* am meisten Gefühl fürs Homogene – in der Carrikatur; das heißt, für die Zusammenschicklichkeit verzerrter, possirlicher, oder sonst charakte-
ristischer Glieder und Züge. Denn wie's in den schönen
Figuren eine Homogenität und Gleichartigkeit giebt, so
auch in den schlechten. Ein jeder Krüppel hat seine ihm
eigene Art von Krüppelhaftigkeit, die sich durch alle Theile
seines Körpers verbreitet. So wie alle böse Handlungen
eines bösen, und alle gute eines guten Menschen denselben
ben Charakter, wenigstens alle eine Tinktur desselben Charakters haben – – Obgleich dieß von Dichtern und Mahlern so wenig beherziget wird, scheint's dennoch wie an-
geborner Grundsatz aller dichtenden und bildenden Künste
zu seyn; und wo man das Zusammengeflickte bemerkt,
hat alle Bewunderung ein Ende. – Warum sollte sich's noch
kein Mahler einfallen – ein blaues Auge neben ein brau-
nes zu setzen? Und eben so ungereimt, als dieses wäre,
ist die tausendmal vorliegende, einem feinen physiognomischen Auge gerade so unausstehliche Ungereimtheit: – Eine
Nase von einer Venus an einen Madonakopf anzuflicken. –
Ein Weltmann versicherte mich, bloß durch ein Nasenfut-
ter auf der Maskerade allen seinen Bekanntesten unkenntlich geworden zu seyn. So sehr respuirt die Natur alles
Fremde.

Um die Sache außer allen Zweifel zu setzen, nehme man
z. E. tausend genau gezeichnete Silhouetten; klassifizire
allervörderst bloß die Stirnen – (wie wir an seinem Orte
zeigen werden, daß alle wirkliche und mögliche Menschen-
stirnen sich unter bestimmte klassische Zeichen fassen las-

sen, und daß es nicht unzählige Klassen giebt) Man klassifizire, sage ich, bloß die Stirnen allein; dann die Nasen allein; dann das Kinn, und lege die klassischen Zeichen von Nasen und Stirnen zusammen – und man wird finden, daß gewisse Nasen sich nie bey gewissen Stirnen – und bey gewissen Stirnen sich allemal eine gewisse Art von Nasen finden werden, und so würde es bey allen übrigen Gesichtstheilen zu erweisen seyn; wenn die beweglichen Theile nicht so viel unständiges, angenommenes hätten, das nicht Werk ist der ersten Bildungs- und Produktifkraft der Natur; sondern Werk der Kunst, der Gesetze, des Zwanges. Besondere Tafeln werden dieß unwidersprechlich machen. Itzt vorläufig zu einiger Beruhigung prüfender Leser als Beyspiele nur dieß.

Unter hundert zirkelförmigen, das heißt, quadrantähnlichen Stirnen ist mir noch keine einzige mit einer merklichen Habichtsnase, ohne tiefen Einschnitt, fortlaufend zu Gesichte gekommen. Noch habe ich keine perpendikulare Stirn mit sehr gebognen zirkelförmigen Untertheilen des Gesichtes gesehen, das unterste Kinn ausgenommen.

Noch keine starkgebogne Augenbraunen ∩ ∩ bey einer hartknochigten perpendikularen Gesichtsform. –

Wo vorhängende Stirnen sind, größtentheils vorhängende Unterlippen – bey Kindern ausgenommen.

Sanft gebogene und dennoch stark zurückliegende Stirnen habe ich nie bey aufgeworfenen kurzen, und im Profilumriß scharf und tief hohlen Nasen gesehen.

Scheinbare Nähe der Nasen am Auge führt immer scheinbare weite Entfernung des Mundes mit sich.

Die längsten Pallia der Zähne, oder langer Zwischenraum zwischen der Nase und dem Munde setzen immer kleine Oberlippen voraus. Länglichte Gestalten und Gesichter haben größtentheils wohlausgezeichnete fleischige Lippen. Ich habe hierüber noch manche Beobachtung im Vorrathe, die nur noch auf mehrere Bestätigungen und nähere Bestimmungen wartet. Itzt nur noch eine, die wenigstens feinen, geübten physiognomischen Sinnen klar zeigt, wie einfach und harmonisch alle Bildungen der Natur seyn, und wie sehr sie alles Zusammenflicken hasse.

Man setze aus 2., 3. oder 4. Silhouetten von sehr verständigen Menschen in *Eine* zusammen; so – daß der Ansatz, als solcher, unmerklich sey – Man nehme von dem Einen die Stirn; lasse diese in die Nase des zweyten; diese in den Mund des dritten; diesen in das Kinn des vierten einfließen – und das Facit dieser vier Zeichen von Weisheit wird *Narrheit* werden. So wie vielleicht jede Narrheit nur Anflickung eines heterogenen Zusatzes ist. »Aber vier weise Gesichter sind nicht heterogen;« wird man vielleicht sagen. Vielleicht sind sie es nicht; oder sind es in geringerm Grade – und dennoch wird ihre Zusammensetzung – den Eindruck von Narrheit verursachen. Hier ist eine Probe. –

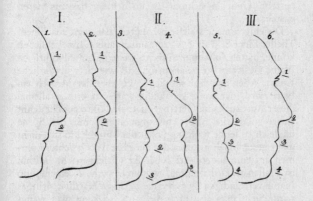

Die Stirnen alle sind von sehr verständigen Köpfen.

Der Untertheil 2. in der Figur 1., I. harmonirt gar nicht mir der schärfern Stirne 2.

Mit der Stirne der Figur 2. kann der vorstehende perpendikulare Untertheil nicht wohl bestehen. Doch ist in dieser Figur die Heterogenität am unmerklichsten.

Das Stirnegg in 3., II. kann mit dem untern Drittel nicht coexistiren.

Noch weniger die vorragenden zween Unterdrittel der Figur 4. mit der zurückgehenden Stirne.

Noch sichtbarer ist die Incongruenz in der Figur 5., III. Am sichtbarsten, für mich wenigstens, in 6. – obgleich Stirn und Nase noch sehr homogen scheinen – denn der gedehnte Untertheil kann nicht Ausfluß des scharfbestimmten Obertheils seyn.

Aus je mehrern Stücken ein Umriß, geschweige ein ganzes Gesicht, zusammengeflickt ist, desto sichtbarer die Ungleichartigkeit. Sie ist sichtbarer im zweyten Paar, das aus drey Stücken besteht, als im ersten, das aus zweyen besteht. Und am sichtbarsten im dritten, das aus vieren besteht.

Diejenigen also, welche behaupten, daß man aus Einem Theile, Einer Sektion des Profils nicht aufs Ganze schließen könne, hätten vollkommen recht, wenn die unwillkührliche Natur Gesichter so zusammenflickte, wie die willkührliche Kunst. Aber das thut sie nicht. Wo aber der Mensch ein Narr wird, der sonst verständig war – da erfolgt allemal dieser Ausdruck von Heterogenität. Das Untergesicht dehnt sich – oder die Augen bekommen eine mit der Stirne ungleich laufende Richtung; oder der Mund kann sich nicht mehr geschlossen halten; oder die Züge des Gesichtes kommen auf eine andere Art außer ihr Gleichgewicht. Mithin ist's allemal Disharmonie, wodurch auch in einem von Natur verständigen Gesichte die zufällige Narrheit sichtbar wird. Sieht man also bloß die Stirn, so kann man weiter nichts sagen, als – »So viel *kann*, oder konnte das Gesicht von Natur, oder ohne gewaltsame Zufälle.« Sieht man aber das Ganze, so läßt sich der ganze vergangene und gegenwärtige Hauptcharakter bestimmen.

Wer Physiognomik studieren will, studiere die Zusammenschicklichkeit der constituirenden Gesichtstheile. Wer die nicht studirt, hat nichts studiert.

Der, und der allein ist ächter Physiognomist, hat wahren Geist der Physiognomik, der Sinn und Gefühl und inneres Maaß hat für die Homogenität und Harmonie der Natur, und Sinn und Auge und Gefühl für alles Angeflickte der Kunst und des Zwanges. Weg mit dem von aller Physiognomik, der zweifelt an der Einfachheit und Harmonie der Natur, als Natur; dem dieser allgemeine physiognomische Grundsinn fehlet! Weg von aller Physiognomik, wer sich die Natur wie einen Schriftsetzer in der Druckerey denkt, der aus verschiedenen Fächern seine Buchstaben zu einem Worte zusammensetzt! der sich die organischen Werke der Natur zusammengeflickt denken kann – wie ein Harlekinskleid! Nicht eine Flohhaut ist auf die Weise zusammengeflickt – geschweige die schönste Organisation der Erde – der Mensch! Nie vom Hauche der Weisheit jemals angeweht ist der, der die unmittelbare Fortsetzung, Continuität, Einfachheit der organischen Naturprodukte einen Augenblick bezweifeln kann! – Ihm fehlt der allgemeine Sinn für die Natur – mithin auch für die Kunst, die Nachahmerinn der Natur. Verzeiht mir, Leser, daß ich mit wärmerer Heftigkeit spreche. Ich muß – die Sache greift gar zu tief ein – verbreitet sich zu sehr über alles. Den Schlüssel aller Wahrheit hat der, der dieß Gefühl für die *Homogenität* der Natur, mithin auch der menschlichen Bildung hat.

Alle Stümperey in allen Kunstwerken, Geistesprodukten, moralischen Handlungen, und alle Stümperey in Beurtheilung dieses alles rührt einzig und allein von dem Mangel dieser Erkenntniß und dieses Gefühls her. Alle Zweifeley, aller Unglaube, alle Religionsspötterey kömmt daher. Wer dieß Gefühl hat, muß an Gott und an Christus glauben; muß in dem, was wir *Natur* – und in dem, was wir *Offenbarung* oder *Gnade* nennen, muß in Christus, muß in den Aposteln Christi, muß in ihren Schriften – gerade so, wie in jeglicher

Menschengestalt – diesen *Einen* alles durchwebenden einfachen Geist erkennen und fühlen – und dieselbe Unmöglichkeit des ruhigen oder stürmischen Zusammenflickens. Ueber alle Zweifel gegen die Gottheit und gegen Christus hinaus fliegt der, der diesen Sinn hat, und diese Homogenität erkennt – und über alle Zweifel gegen die Wahrheit und Göttlichkeit der Menschenphysiognomie fliegt der hinaus, der diese *Homogenität* in der Menschengestalt durch und durch erkennt, und auf den ersten Blick fühlt – und fühlt den einzig vom Mangel dieser Homogenität herrührenden großen Abstand aller Kunstwerke – von den Naturwerken. –

Mit diesem Sinne, diesem Gefühle, oder wie ihr's nennen wollt, werdet ihr jeder Physiognomie nur das, und nichts anders geben, als was sie fassen mag; werdet ihr auf jede nach ihrer Art wirken; werdet ihr einem Charakter so wenig heterogenes aufzublicken suchen, als eine fremde Nase einem Gesichte. Ihr werdet nur entwickeln, wie die Natur entwickelt; nur geben, was die Natur empfangen kann; nur wegschneiden, was die Natur auszustoßen scheint. Ihr werdet's an eurem Kinde, eurem Zöglinge, eurem Freunde, eurer Gattinn sogleich bemerken, wenn ein Zug aus seiner Harmonie heraus tritt – und bloß durch Wirkung auf die Harmonie, die noch vorhanden ist; durch gute Stimmung der noch unverdorbenen Capitalkräfte – die ursprüngliche Homogenität, das Gleichgewicht der Züge und der Triebe wieder herzustellen suchen. – Ihr werdet überhaupt jede Sünde, jedes Laster als eine Störung dieser Harmonie erkennen, und empfinden, wie sehr jede Abweichung von der Wahrheit in eurer Gestalt, wenigstens für schärfere Augen, als die menschlichen sind, offenbar werden, euch mißbilden, euch eurem Urheber mißfällig – euch seinem Ebenbilde unähnlicher machen muß. – Und wer wird richtiger, wer billiger von den Thaten und Arbeiten der Menschen urtheilen können? – wer weniger beleidigen und beleidigt werden? wer mehr alles erklären können – als der Physiognomist voll dieser Erkenntniß und dieses Gefühls ...

Menschen und Thiere.

Noch ein Wort über Menschen- und Thiergesichter.

Offenbare und gewisse Wahrheit ist's – »die Natur handelt durchaus nach Gesetzen, und nach denselben Gesetzen. Sie hat nur Ein Urbild – nur Ein Alphabeth für alles. Das heißt: dieselbe Kraft, dieselbe Geistigkeit – ist immer in einerley Gefäße, einerley Form. Zwo gleiche Gestalten haben gleiche Kraft; je ähnlicher die Gestalt, desto ähnlicher die Kraft. Je unähnlicher die Gestalt, desto unähnlicher die Kraft. « – Von innen heraus wirkt Eine Kraft, Ein Geist in allen Dingen – nach der Natur der Körperlichkeit, in welcher er wirkt, und nach der Lage dieses Körpers. Daher alle Verschiedenheiten – und Gleichförmigkeiten, auf die wir durchaus alle unsere Urtheile über sichtbare Dinge gründen.

Sofern also Aehnlichkeit zwischen Gestalten von Menschen und Thieren – statt hat; sofern hat Aehnlichkeit ihrer Natur, ihrer Empfindungen, ihrer Kräfte statt. – Könnten wir Thier- und Menschenprofile rein genug ziehen, und mathematisch gegen einander bestimmen – unfehlbar würden sich daraus die wahren Verhältnisse ihrer Kräfte bestimmen lassen. Ja ich glaube – wenn sich der Kopf einer Bienenköniginn rasieren ließe, und man durch ein Sonnenmikroskop ihre Silhouette genau ziehen könnte, diese Silhouette sich von den Silhouetten anderer Bienen so unterscheiden würde, daß man das Königliche, das Superiöre darinn erkennen könnte. Gewiß ist dieß Königliche den übrigen Bienen sichtbar oder wahrnehmlich – sonst würde sie nicht von allen andern als Königinn anerkannt, und ihre Rivallinnen würden nicht ausgestoßen werden – Ihr Blick, bloß auf einen engen Kreiß eingeschränkt, muß dieß *Mehr* von Kraft wahrnehmen, den uns vielleicht nur ein Sonnenmikroskop sichtbar machen kann. – Wenn ihr Verhältniß zu den Umrissen gemeiner Bienenköpfe genauer angegeben

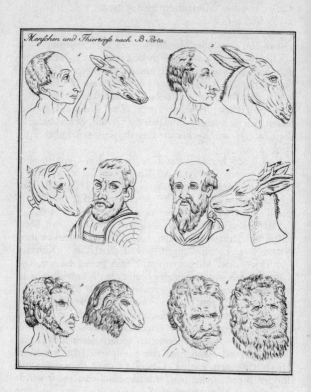

Menschen und Thierköpfe nach B. Porta.

werden könnte, ließe sich vielleicht eine allgemeine *Königslinie* finden, eine Chifer ins große Alphabeth der *Physiognomik*, die immer Obermacht über seines gleichen anzeigte – und aus der sich vielleicht eine Grundlinie zur allgemeinsten Physiognomik abstrahiren ließe. Ich möchte das Profil der Bienenköniginn dazu wählen, weil sie allein keine *gemachte*, sondern eine *geborne* Königinn zu seyn scheint.

* * *

Aristoteles, und nach ihm am meisten *Porta*, haben bekanntermaßen viel auf diese Aehnlichkeit gefußet – aber oft sehr schlecht; denn sie sahen Aehnlichkeiten, wo keine – und diejenigen oft nicht, die auffallend waren. Sie haben am wenigsten vom *Affen*, *Pferde* und *Elephanten* gesprochen, oder doch die Umrisse von den Vollgesichtern, oder Profilen dieser Thiere wenig oder schlecht benutzet, und doch gerade diese Thiere sind's, an denen am meisten Aehnlichkeit mit der Menschheit gefunden wird.

Hier noch einige dem *Porta* nachgezeichnete Thier- und Menschenphysiognomien – die ausgesuchtesten, besten – und in diesen, welche Unähnlichkeit! –

1) Soll ohne Zweifel ein fuchsisches Menschenangesicht andeuten, denk' ich – und nun giebt's fürs erste – gewiß keine solche Gesichter; keine solche Disproportion der Nasenlänge und der Kinnkürze – und wenn's so ein Gesicht gäbe – wo noch die Aehnlichkeit mit dem Fuchse?

2) Und beynah eben das müssen wir von dem eselischen Gesichte 2. sagen – Fürs *erste* ist der Esel selbst ohne eigentlichen Charakter seiner Natur; denn die Stirn des Esels in der Natur ist viel runder.

Fürs *zweyte* kann, den Mund ausgenommen, kein Gesicht so aussehen, wie das beystehende Menschengesicht – besonders ist die Entfernung des Auges von der Nase, mit der Entfernung des Mundes von dieser verglichen – offenbar unmenschlich und thierisch. –

Fürs *dritte* ist das Ohr weder eselig noch menschlich – wie's unnatürlich ist in seiner Richtung!

In 3. und 4. suche die Aehnlichkeit wer will – vermuthlich wollte der Verfasser sie in der Nasenspitze finden.

5) Abermal ein Menschengesicht zur Schaafheit erniedrigt. So Stirnlos ist kein Mensch, wie das Schaaf. So ist kein Menschenauge im Profil – so wenig als das Schaafauge so erscheinen kann.

6) Löwenmuth mag dieß Gesicht wohl haben; aber der Löwe hat nicht die aufrechtstehende Stirne des Mannes. Die gevierte Stirne ist sicherer Wohnplatz fester Stärke – aber unser Löwe ist nach dem Manne, nicht der Mann nach dem Löwen geformt! In beyden ist der untere Theil der Nase unnatürlich; das ist, heterogen mit der breiten gevierten Gesichtsform. In beyden sind die Augen unwahr. Im Mannsgesichte offenbar zu weit von einander entfernt; und so fehlt auch dem Munde sein Charakteristisches gänzlich.

Eben so unrichtig und unzureichend zu gegründeten Schlüssen scheinen mir auch die unmittelbar folgenden Gesichtspaare.

Denn wenn man auch etwa eine Aehnlichkeit zwischen den Nasen dieser beyden Mannsköpfe mit den Schnäbeln beyder Vögelköpfe zugäbe; so würden die Augen, auf deren Aehnlichkeit mit den Thieren *Porta*, ich will's zugeben, mit

Grunde so viel rechnet, von den Augen der beygesetzten
Vögel, so viel ich einsehe, beynahe wesentlich verschieden
seyn. Und wie vieles wäre noch anzumerken, wodurch diese
Vorzeichnung wenigstens beynahe unbeweisend wird – Wie
in den vorigen Zeichnungen das Auge der Menschenköpfe
thierisch weit vom Munde und der Nase abstand – so ist hier
in 1. die Nase hinten zu weit von dem Munde und zu nahe
am Auge – und selbst nach der Aehnlichkeit mit dem Hahn
hätte der obere Theil des Gesichtes mehr zurück, der untere
mehr vorstehen sollen. Das will ich gerne glauben, daß ein
Mann mit dieser Nase im Punkte einer gewissen Leidenschaft mit dem Hahn eine merkliche Aehnlichkeit haben
möge; und diese Leidenschaft scheint auch aus seinem Auge
hervorzublicken.

Im Menschenkopfe 2. ist viel mehr Wahrheit und Natur –
und Harmonie – obgleich die Nase unnatürlich spitz ist. –
Wo aber, diese unnatürliche Nase weggerechnet, die übrige
Aehnlichkeit mit dem Vogel sey – weiß ich nicht zu finden.
Der Mann an sich betrachtet ist übrigens von furchtsamer,
schreckbarer, heftiger, allenfalls neidischer und argwöhni-
scher Natur, wovon in dem beystehenden Vogel wenig zu
sehen ist.

* * *

Indem ich mich mit diesen Vergleichungen beschäfftige –
nachdem ich bereits, was oben von der Biene und Bienenköniginn steht, geschrieben hatte, erhalte ich theils eine Bienenköniginn in Natur – und von einer andern Hand eine
Silhouette von einer solchen und einer gemeinen Biene,
durch das Sonnenmikroskop gezeichnet.

Die Umrisse von beyden Königinnen haben dieselbe Verschiedenheit von den gemeinen Bienen. Die Königinnen
sind bekanntermaßen nicht nur größer, sondern die Umrisse
ihres Gesichtsprofils und ihres Rückens sind höher, bogig-
ter, einfacher. Folgern will ich noch nichts; bevor ich mehrere und genauere Beobachtungen gemacht habe. Fürs erste

ist es mir genug, einen Wink gegeben und vielleicht eine genauere Aufmerksamkeit einiger Naturforscher aufgeregt zu haben.

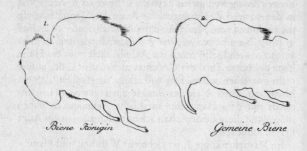

Biene Königin   *Gemeine Biene*

Wirkungen der Einbildungskraft auf die menschliche Bildung.

Beylage.

Ein sechs- bis siebenjähriges Mädchen, das sich zur Schau herum führen ließ, und hin und wieder mit Rehhaaren bewachsen, besonders aber durch schwammichte Auswüchse am Rücken, die ebenfalls dünn behaart und rehfarbig waren – merkwürdig war. Ihre Mutter soll sich während der Schwangerschaft mit ihr über einen Hirschen mit einer Nachbarinn gezankt haben. Das Bild ist nach der Natur, und sehr ähnlich. – Aber ich stehe hier an einem Abgrunde, wo ich keinen Schritt vorwagen darf.

Gewiß ist, daß diese Auswüchse da sind – an denen sich freylich keine Aehnlichkeit mit etwas Hirschartigem bemerken läßt; es sey denn, daß man der Aussage des Vaters glauben wollte – der geschundene Hirsch habe ungefähr so

ausgesehen. – *Gewisser* ist, daß die Haare die Hirsch- oder
Rehfarbe haben, und daß besonders die Lage, der Gang der
Haare offenbar hirschartig ist. So ist auch die aus der Stirne
und an den Armen und Beinen herauswachsende Locke von
anderer Haarart, als die Hauptlocken. – *Gewiß* also ist
einige Aehnlichkeit mit Hirschhaar da, und gewiß ist dieß
Phänomen ganz außerordentlich. – Einfluß der Einbildungskraft auf die Bildung oder Mißbildung scheint mir in diesem
Beyspiele schlechterdings unläugbar. –

Laßt uns mit dem, *daß* es ist, uns begnügen, und nicht zu
schnell zum *wie möglich?* voreilen!

Ist aber dieß Phänomen gewiß – und viele hundert Menschen haben's gesehen, so ist kein Wort gegen die Möglichkeit einzuwenden – daß der Mutter Einbildungskraft auf die Physiognomie des Kindes wirken könne. – Sehr zweifle ich indessen, ob hiedurch sofort eine neue sehr fruchtbare Quelle schönerer und besserer Gesichtszüge, mithin auch des Charakters zu entdecken seyn dürfte – ob sich Regeln angeben lassen, wie *Mallebranche*, wo ich nicht irre, dazu Vorschläge gethan, wie sich die schwangern Mütter zu verhalten, womit zu beschäfftigen haben? womit nicht? um auf die Geistes- und Herzensfähigkeiten des Embryons den besten und heilsamsten Einfluß zu haben? Regeln wohl, die auf einen gewissen Grad wirken; Gesundheit und Proportion befördern, vielleicht auch gute moralische Bildung erleichtern und vorbereiten können. – Ob aber *Regeln* zur *ersten* Bildung? oder zur unerklärbaren *Mißbildung* während der Schwangerschaft? darüber haben wir im VI. Fragmente schon unsere Gedanken geäußert.

Noch soll angemerkt werden, daß gegenwärtiges Kind von außerordentlicher Leibesstärke war und schnelle Bemerkungsgabe hatte. Wuchs, Fülle, Drang, Gestalt, Fleisch, Bildung, Gebärdung, Stellung, alles zeigte eine künftige Männinn von Wirksamkeit und Fruchtbarkeit.

Genie.

W<small>AS</small> ist Genie? Wer's nicht ist, *kann* nicht; und wer's ist, *wird* nicht antworten.*) – Vielleicht kann's und darf's einigermaßen, wer dann und wann gleichsam in der Mitte

---

*) »Ne cherchés point, jeune artiste, ce que c'est que le Genie. En as-tu: tu le sens en toi-même. N'en as-tu pas: tu ne le connoitras j'amais.« Rousseau *Diction. de Musique.* p. 360.

schwebt, und dem's wenigstens bisweilen gegeben ist, in die Höhe über sich, und in die Tiefe unter sich – hinzublicken.

Was ist *Genie*? was ist's nicht? Ist's bloß Gabe ausnehmender Deutlichkeit in seinen Vorstellungen und Begriffen? Ist's bloß anschauende Erkenntniß? Ist's bloß richtig sehen und urtheilen? viel wirken? ordnen? geben? verbreiten? Ist's bloß – ungewöhnliche Leichtigkeit zu lernen? zu sehen? zu vergleichen? Ist's bloß *Talent*? –

Genie ist *Genius*.

Wer bemerkt, wahrnimmt, schaut, empfindet, denkt, spricht, handelt, bildet, dichtet, singt, schafft, vergleicht, sondert, vereinigt, folgert, ahndet, giebt, nimmt – als wenn's ihm ein *Genius*, ein *unsichtbares Wesen höherer Art* diktirt oder angegeben hätte, der *hat* Genie; als wenn er *selbst* ein Wesen höherer Art wäre – *ist* Genie.

Einen *reichen oder weisen Freund haben*, der uns in jeder Verlegenheit räth, in jeder Noth hilft – und *selbstreich seyn*, und andern in jeder Noth helfen; *selbstweise*, andern in jeder Verlegenheit rathen zu können – siehe da den Unterschied zwischen *Genie seyn*, und *Genie haben*.

* * *

Wo Wirkung, Kraft, That, Gedanke, Empfindung ist, die *von Menschen nicht gelernt und nicht gelehrt werden kann* – da ist *Genie*. Genie – das allererkennbarste und unbeschreiblichste Ding! fühlbar, wo es ist, und unaussprechlich wie die Liebe.

Der Charakter des Genies und aller Werke und Wirkungen des Genies – ist meines Erachtens – *Apparition* ... Wie Engelserscheinung *nicht kömmt* – sondern *da steht*; nicht *weggeht*, sondern weg *ist*; wie Engelserscheinung ins innerste Mark trifft – unsterblich ins Unsterbliche der Menschheit wirkt – und verschwindet, und fortwirkt nach dem Verschwinden – und süße Schauer, und Schreckenthränen, und Freudenblässe zurück läßt – So Werk und Wirkung des Genies. –

Genie – propior Deus ...

Oder – nenn' es, beschreib' es, wie du willst – Nenn's *Fruchtbarkeit des Geistes! Unerschöpflichkeit! Quellgeist!* Nenn's *Kraft ohne ihres gleichen – Urkraft, kraftvolle Liebe;* nenn's *Elastizität der Seele,* oder der *Sinne* und des *Nervensystems* – die leicht Eindrücke annimmt, und mit einem schnell ingerirten Zusatze lebendiger Individualität zurückschnellt – Nenn's unentlehnte, natürliche, innerliche *Energie* der Seele; nenn's *Schöpfungskraft;* nenn's Menge *in- und extensifer Seelenkräfte – Sammlung, Konzentrirung aller Naturkräfte;* nenn's *lebendige Darstellungskunst;* nenn's *Meisterschaft über sich selbst;* nenn's *Herrschaft über die Gemüther;* nenn's *Wirksamkeit,* die immer trifft, nie fehlt in alle ihrem Wirken, Leiden, Lassen, Schweigen, Sprechen; nenn's *Innigkeit, Herzlichkeit,* mit Kraft sie fühlbar zu machen. Nenn's *Zentralgeist, Zentralfeuer,* dem nichts widersteht; nenn's *lebendigen* und *lebendig machenden Geist,* der sein Leben fühlt, und leicht und vollkräftig mittheilt; sich in alles hineinwirft mit Lebensfülle, mit Blitzeskraft – Nenn's *Uebermacht* über alles, wo es hintritt; nenn's *Ahndung* des Unsichtbaren im Sichtbaren, des Zukünftigen im Gegenwärtigen. Nenn's tiefes erregtes Bedürfniß mit Ahndung innerer Kraft, die das Bedürfniß stillt und sättigt – Nenn's *ungewöhnliche Wirksamkeit durch ungewöhnliches Bedürfniß erregt und unterhalten!* Nenn's ungewöhnliche *Schnelligkeit* des Geistes, *entfernte Verhältnisse* mit glücklicher Ueberspringung der Mittelverhältnisse *zusammenzufassen* – oder *Aehnlichkeiten,* die sich nicht herausforschen lassen, *im eilenden Vorbeyflug zu ergreifen –* Nenn's »*Vernunft im schnellsten Flammenstrome der Empfindung und Thätigkeit.*« – Nenn's *Glaube, Liebe, Hoffnung,* die sich nicht geben, nicht nachäffen läßt; oder nenn's schlechtweg nur *Erfindungsgabe –* oder *Instinkt:* Nenn's und beschreib's, wie du willst und kannst – allemal bleibt das gewiß – das *Ungelernte, Unentlehnte, Unlernbare,*

*Unentlehnbare, innig Eigenthümliche, Unnachahmliche,
Göttliche – ist Genie – das Inspirationsmäßige ist Genie –*
hieß bey allen Nationen, zu allen Zeiten Genie – und wird's
heißen, so lange Menschen denken und empfinden und
reden. *Genie blitzt; Genie schafft; veranstaltet* nicht;
schafft! So wie es selbst nicht *veranstaltet* werden kann,
sondern *ist! Genie* vereinigt, was niemand vereinigt;
trennt, was niemand trennen kann; sieht, und hört und
fühlt, und giebt und nimmt – auf eine Weise, deren Unnachahmlichkeit jeder andere sogleich innerlich anerkennen muß
– Unnachahmlich und über allen Schein von Nachahmlich-
keit erhaben ist das Werk des reinen Genius. Unsterblich ist
alles Werk des Genies, wie der Funke Gottes, aus dem es
fließt. Ueber kurz oder lang wird's erkannt – wird seine
Unsterblichkeit gesichert. Ueber kurz oder lang alles herab-
gewürdigt, was schwachen Köpfen *Genie* schien und nicht
war; nur Talent; nur gelernt, nur nachgeahmt, nur Faktize
war, *nicht Geist war aus Geist*; nicht quoll aus unlernbarem
Drange der Seele; nicht war Kind der Liebe! Abdruck des
innern Menschen! Ausgeburt und Ebenbild der verborgensten Kraft! Lauf alle Reihen der Menschen durch, die ganze
Nationen und Jahrhunderte mit Einer Stimme *Genie* nannten – oder deren Werke und Wirkungen unsterblich sind
und fortleben von Geschlecht zu Geschlecht, und nie zu
verkennen, nie auszulöschen sind – wenn noch so viele,
noch so stürmende Stürme über sie brausen – Nenn' unter
allen Einen – der nicht gerade um deßwillen Genie hieß –
und war – weil er *Ungelerntes* und *Unlernbares* empfand,
sprach, dichtete, gab, schuf! *Unnachahmlichkeit* ist der
Charakter des *Genies* und seiner Wirkungen, wie aller
Werke und Wirkungen Gottes! *Unnachahmlichkeit*;
Momentaneität; *Offenbarung*; *Erscheinung*; *Gegebenheit*,
wenn ich so sagen darf! was wohl geahndet, aber nicht
gewollt, nicht *begehrt* werden kann – oder was man hat im
Augenblicke des *Wollens* und *Begehrens* – ohne zu wissen

wie? – was gegeben wird – nicht von Menschen; sondern
von Gott, oder vom Satan!

* * *

Millionen Gegenstände der Natur sind, die uns affiziren,
unsere Kräfte regen, unsere Liebe anziehen, unserm Glauben Kraft, unserer Hoffnung Flügel geben – Millionen
Gegenstände, an denen sich die menschliche Schöpfungskraft üben, in die sich der menschliche Geist hineinwurzeln
kann – und so giebt's auch unzählige Arten von *Genieen*.
Jeder Gegenstand der sichtbaren oder unsichtbaren Welt ist
ein Element, worinn ein Genie als in *seiner* Welt, *seinem*
Reiche, weben und schweben, walten und herrschen kann –
Eine Welt voll Erscheinungen für das *Genie*, dem die äußern
und innern Sinne zu seiner unmittelbaren Erkennung und
Berührung geöffnet sind. Von was Art aber immer ein Genie
seyn möge; aller Genieen Wesen und Natur ist – *Uebernatur*
– *Ueberkunst, Uebergelehrsamkeit, Uebertalent* – *Selbstleben!* – Sein Weg ist immer Weg des Blitzes, oder des
Sturmwindes oder des Adlers – Man staunt seinem wehenden Schweben nach! hört sein Brausen! sieht seine Herrlichkeit – aber wohin und woher weiß man nicht? und seine
Fußstapfen findet man nicht.

Genie! – Tausendmal, und wann mehr als in unserer
Aftergeniezeit weggeworfenes Wort – aber der Name bleibt
nicht – jeder Hauch des Windes weht ihn weg – jedes kleine
Talentmännchen nennt ein noch kleineres *Genie* – damit
dasselbe hinwiederum zu kleinern herabrufe – seht an die
Höhe hinan!

> Der Cherub eilt mit vollen Flügeln
> Und überfliegt dich – Libanon!

Aber Flieger, Rufer und Stauner – die sich einander
wechselsweise hinauf- und herabräucherten, und – ver –

genierten – die Sonne geht auf – und wenn sie untergegangen ist – wo seyd ihr? – *Genieen – Lichter der Welt! Salz der Erde! Substantife* in der Grammatik der Menschheit! »Ebenbilder der Gottheit – an Ordnung, Schönheit und unsichtbaren Schöpferskräften! *Schätze eures Zeitalters! Sterne im Dunkeln,* die durch ihr Wesen erleuchten und scheinen, so viel es die Finsterniß aufnimmt!« – *Menschengötter! Schöpfer! Zerstörer! Offenbarer der Geheimnisse Gottes und der Menschen! Dollmetscher der Natur! Aussprecher unaussprechlicher Dinge! Propheten! Priester! Könige der Welt* ... die die Gottheit organisirt und gebildet hat – zu offenbaren durch sie sich selbst und ihre Schöpfungskraft und Weisheit und Huld – *Offenbarer der Majestät aller Dinge, und ihres Verhältnisses zum ewigen Quell und Ziel aller Dinge: Genieen* – von euch reden wir! euch fragen wir – hat euch die Gottheit bezeichnet – und wie? – wie hat sie euch bezeichnet? – eure Gestalt? eure Züge? eure Miene? ... Gebärde? Was ist's, das euch auszeichnet vor allen Sterblichen, die an eurer Rechten und Linken vorbeygehen? – Bezeichnet seyd ihr, so wahr ihr seyd! wo nur immer das Zeichen Gottes zu finden seyn möge ...

> Der Mann mit Mondstral im Gesicht,
> Wird's suchen und wird's finden. –

Natur versteht die Natur, und Genie ahndet das Genie. Blick des Künstlers faßt den Künstlerblick, wie Schwärmer den Schwärmer anzieht – Vor aller Vergleichung, vor allem Räsonnement, aller Ueberlegung fühlt das Genie die Nähe des Genies; sie erkennen sich, sobald sie sich sehen, entweder durch kräftige Anziehung oder mächtige Zurückstoßung. Dieß gehört zur Natur der Genieen, was zur Natur des Magnets gehört, mit dem Einen Pol anzuziehen, mit dem andern zurückzustoßen. Dennoch giebt's bestimmte und unbestimmbare, lehr- und lernbare Kennzeichen von

verschiedenen Hauptklassen von Genieen. – Ohne mir
anzumaßen, nur die wichtigsten bestimmen zu können, oder
alle zu kennen, will ich das Wenige sagen, was ich hierüber
bemerkt habe.

* * *

Es giebt eine Menge Stirnen und Umrisse, von denen sich
mit Sicherheit behaupten läßt – »Sie sind durchaus nicht für
Genieen gebaut.« – Von folgenden vier Umrissen ist keiner
des Genies fähig – Stumpfheit in hohem Grade – Schlaffheit
– ohne alle Spannung respuirt alle Genialität. 1. duldete was
in Nasenspitze und Kinn – wenn's die Stirne zuließe.

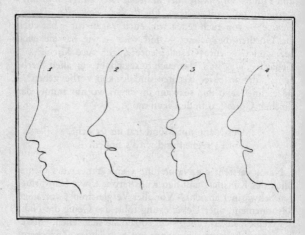

Von dieser innern Ungenialität scheint auch folgender
Umriß zu seyn.

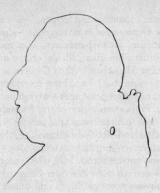

Hinwiederum giebt's solche Umrisse und Stirnen, von denen man sagen kann: Hier *kann* Genie wohnen und wirken; die Natur protestirt wenigstens nicht dagegen. Von dieser Art ist nachstehendes Köpfgen.

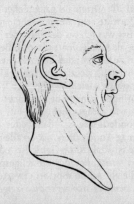

Sodann giebt's Umrisse und Stirnen, von denen sich sagen läßt: Hier ist Genie, oder es ist nirgends – aber auch wieder Geniestirnen, die, allein betrachtet, sich nicht als solche verrathen würden. Bey allen, allen aber, die in irgend einem Fache nach aller Menschen Urtheil *Genieen* waren, fand ich den *Ordensstern im Auge* – und zwar *einerseits* im Blicke, im Feuer, Licht, oder Saft des Auges – wovon unten, *vornehmlich* aber im *Profilumrisse* des obern Augenlieds. Wo mir sonst keine Spur einleuchtete, fand ich sie wenigstens hier allemal entscheidend. Ich habe einen Menschen nicht gesehen, wenn ich diesen Zug nicht gesehen habe – und ist dieser Zug für Genie entscheidend, mag alles andere unentscheidend seyn. Wenn ich nicht Zeit oder Gelegenheit habe einen Menschen physiognomisch durch und durch zu studieren, so bemerke ich mir vorerst wenigstens nur diesen Umriß – und so wenig ich mir sonst anmaße, von jungen Kindern bestimmt und keck zu urtheilen, so getraue ich mir doch hieraus die Hauptsumme ihrer Verstandesfähigkeiten bisweilen ziemlich richtig angeben zu können. Und gerade dieser Zug ist wieder einer, der von den meisten Zeichnern beynahe durchaus vernachlässigt wird; daher sich so selten aus Porträten auf die Originale ganz sicher schließen läßt, auch wenn die Porträte sehr ähnlich scheinen.

Wenn's wahr ist, was ich bis dahin immer wahr befunden habe, daß *Genie*, als Genie *sieht*, ohne zu beobachten – das heißt, ohne sehen zu *wollen*; daß ihm zu sehen gegeben wird – daß es seine tiefsten, richtigsten Bemerkungen im Vorbeyfluge macht, ob sie gleich nachher der Verstand läutern und ins Reine bringen kann – daß es *nicht sucht*, sondern *findet*; so wie's (wie gesagt) nicht kömmt, sondern da ist; nicht *weggeht*, sondern weg ist – daß weder *Verstand* allein, so groß er seyn mag – noch *Imagination* allein, so lebhaft sie seyn mag, Genie ist; daß *Blick Genie* ist – die Seele in den Blick konzentrirt, *Blitzblick* der schnellgespannten Seele – so ließe sich vielleicht schon a priori erwarten – *Hier zeigt sich das Genie, wenn es sich irgendwo zeigen muß*. Nicht daß es sich da allein zeige! Nicht daß es nicht in allen Muskeln und Nerven Sitz und Stimme habe! Nicht daß es nicht in jeder Ader zucke und spucke ... Ich sage nur – es zeigt sich nirgends, es ist nicht vorhanden, wenn es sich *da* nicht zeigt – Nicht, daß nicht Uebung und feiner Beobachtungsgeist dazu gehöre, die so oft so erstaunlich nah an einander gränzenden Schweifungen dieses Umrisses zu unterscheiden – Wirklich große Zeichner, die sich nicht ganz besonders geübt haben, diese feinen Unterschiede zu bemerken, sind hierinn ganz unzuverlässig. Ich werde in den *physiognomischen Linien*, wenn einmal einige meiner Zeichner Blick und Sinn dafür mehr werden gebildet haben – genauere Bestimmungen dieser Art vorlegen. – Hier nur einige Proben.

Die hier eingedruckte Tafel von 8. Augen im Profile mag meine Gedanken einigermaßen sichtbar machen. Unter allen ist kein außerordentliches *Genie* – keines von einem *Dummkopf*. Von keinem wollt' ich mit ganzer Gewißheit, so wie sie mir hier erscheinen, behaupten – Ein großes *Genie*! als von 3. und 5. aber Genie von sehr verschiedener Art. 3. Ein schnelles, kraftvolles Thatgenie. 5. Ein Empfindungsgenie.

1. Ist sicherlich kein Genie.

2. Etwas mehr Verstand – aber zu wenig Energie zur Genialität.

4. Könnte allenfalls von einem schnellen Kopfe seyn; hat aber nicht die mindeste entscheidende Spur von Kraft. Nur in dem vorhängenden Theile des obern Augenlieds ist etwas, das uns verbietet, dieß Auge einem Dummkopf zuzuschreiben.

6. Ist Genie empfänglich; aber weder eines sehr feinen, noch sehr erhabenen – auch wird kein Genius sich da etabliren – hält höchstens Nachtquartier, oder macht einen kurzen Ehrenbesuch.

7. Hat etwas genialisches, und hätte mehr, wenn der Winkel hinten etwas weniger spitz wäre.

8. Eben so verdorben durch Vernachlässigung des hintern Theiles. Oben am obern Augenlied *a* gehört sich bey sol-

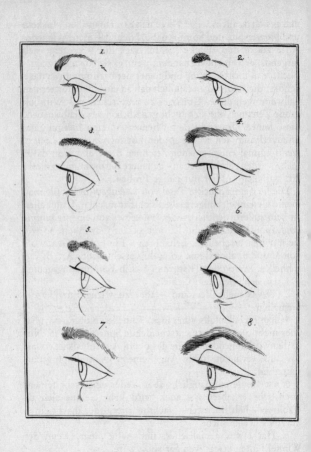

chen Augen eine scharfe Vertiefung, welche dieses ohne das
nicht gemeine Auge zum Genie-Adel würde erhoben haben.

Nachstehende zwey Augen, so gering die Verschiedenheit
ist, sind in Absicht auf Genie wesentlich verschieden.

a ist durchaus ungenialisch. *b* nicht ganz; und warum
nicht? bloß um einiger kaum merkbarer Verschiedenheiten
willen – die kleine Vertiefung oben und der abgerundete
Winkel hinten – geben ihm schon Funken von Genie. Dieß
ist nicht Effatum ins Blaue hinaus. Es ist *Bemerkung*, die
jeder, dem Auge und Sinn gegeben ist, selbst machen kann.

a *b*

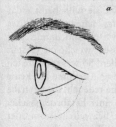 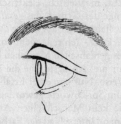

Hier noch zwo Carrikaturen von *Voltäre*. In beyden ist
Genius wetterleuchtender Schalkheit; man bemerke aber
den kleinen Unterschied in *b* von *a*, so wird man gleich

a *b*

gestehen müssen – hier ist noch mehr Kraft und Salz – hier wird das *wetterleuchten treffender Blitz.*

* * *

Noch etwas von dem Auge des Genies, das sich nicht wohl zeichnen läßt – das aber nicht allen Genieen gemein, wenigstens nicht an allen spürbar ist. Das ist nicht nur das Treffende, Blitzende, das sich aus der Zeichnung des Auges ergeben mag – sondern das *Ausfließende,* wenn ich so sagen darf. Sey's nun wirkliche Emanation, wie Licht aus Licht, oder sey's nur Bewegung der Materie des Elementes, die licht, magnetisch, elektrisch, oder wie sie will, heißt – das Auge des Genies, des *gesalbten Gottes,* scheint – Ausflüsse zu haben, die auf andre Augen physisch und unmittelbar wirken. – Ich rede nicht von Ausflüssen, welche die Gestalt des genialischen Menschen haben sollen! So was träumte ich mir nie! Ich bestimme die Natur dieser Ausflüsse auf keine Weise. Nur von einer Erfahrungssache rede ich, die beynahe zum Sprichworte geworden ist, von einer Erfahrungssache, die kein Mensch einen Augenblick bezweifeln kann, der einen Unterschied der Farben zugiebt. Wie jeder Körper das Licht auf eine ihm eigene Art zurückwirft, die etwas von der Natur dieses Körpers, wo nicht an sich hat, doch ausdrückt – so giebt jedes Auge dem Lichtstral, der von ihm ausgeht, eine eigene Direktion und Fibration; – das Auge des Genies giebt ihm eine solche – die spürbarere Sensation auf jedes Auge macht, als jedes ungenialische Auge. Von dieser Art Augen sind, aus ihren Porträten zu schließen, z. E. die vom Cardinal *Retz, Vandyk, Raphael.* Der Blick des Genies in seiner höchsten *Treffenheit,* wenn ich so sagen darf, ist – beynahe wunderwirkend – unwiderstehlich, allanerkannt, göttlich – Ihm beugen sich die Knie, ihm schlagen sich die Augen nieder – ihm gehorchen – wie einer Gottheit – alle, die er trifft. Durch diesen Blick voll allempfindbarer Ueberlegenheit, »wie *Rousseau* so wohl sagt, verwandeln wahre

Genieen die andern in sich selbst. Ihre Macht ist in einem weiten Umfange geschäfftig, innerhalb dessen man ihnen nicht widerstehen kann; kaum lernt man sie kennen, so gelüstet es uns sie nachzuahmen; und in ihrer Hoheit ziehen sie alles, was sie umringt, zu sich hinauf.«

* * *

Das wahre, volle, ganze Genie, das Licht bringt, wohin es seinen Blick wirft; Meister ist, wo sich sein Fuß hinsetzt; das Eden und Wüsten vor sich oder hinter sich zurück läßt – das anzieht, wenn's anziehen, zurückstößt, wenn's zurücksto-ßen will – das kann, was es will, und nur das will, was es kann; das nie sich kleiner fühlt, als wenn's am größten ist, weil es noch unendlich höhere Welten voll Genieen und Kräften und Wirkungen über sich findet – je höher es sich hinauf schwingt, nur um soviel höhere Höhen entdeckt – das Genie, gewurzelt in die Erde wie Nebukadnezars Traumbaum, und unter dessen weit verbreiteten Aesten alle Thiere des Feldes, Schattendürstend sich lagern – Das Genie, das immer empor strebt, wenn tausend Widerkräfte an ihm heraufkrabbeln, es nach der Erde herunter zu reis-sen; das den Schmeichler zu Boden blitzt, den Verächter verachtet – ins Bubengelächter – mit der Bonhomie eines Reichen, den man arm lügt, hineinlächelt – Das Genie, das über alles herrscht, wie Daniels heilige Wächter schnellen vollendenden Rathschluß über alles giebt – Das Urgenie, dessen Denken – Anschauen, dessen Empfindung – That, dessen That unwidertreiblich und unaustilgbar ist: – das hat seinen Hauptausdruck, und das Siegel Gottes – nicht im obern Theil der Stirne – nicht im Blick und Augausdruck allein – sondern vornehmlich in einer breiten, jedoch über dem Sattel etwas gerundeten, gedrängten, etwas vorgeboge-nen Nasenwurzel, »da wohnen,« (nach dem vortrefflichen Ausdruck eines neuerlichen Schriftstellers, den man mit mir zu verwechseln mir die höchst unverdiente Ehre anthat,) »da

wohnen fürchterliche Leiden, verschlungen in die Riesen-
kraft, die sie trägt, und überwindet – eingewurzelte Festigkeit und Fülle des Geistes.«

* * *

Doch habe ich auch große allanerkannte Genieen ohne
dieß Zeichen, ja mit den schwächsten Nasenwurzeln gesehen. Aber ihre Genialität war auch von jener wesentlich
verschieden. So mächtig und stark sie waren – ihre Stärke
war nicht innerlich fester gewurzelter Zustand; war nur
hohe Gespanntheit. Diese waren allemal sinnlicher, reizbarer, und von einer gewissen Seite schwächer, weibischer;
hatten mehr ruhigen Verstand, Vernunft, Abstraktionsgabe,
Zergliederungsfähigkeit – verbreiteten sich mehr – hatten
mehr Imagination, mehr Liebe, mehr Empfindung, mehr
Vernunft, als Geist; mehr Reizbarkeit als Kraft – zogen
mehr an, als sie zurückstießen.

* * *

Intensife Genieen, die auf Einen Punkt mächtig wirken,
sind stärker geknocht, haben festeres Fleisch, sind schwerer
und einfacher in ihren Bewegungen, haben festere Stirnkno-
ten, und perpendikulärere Stirnen, als –
Extensife Genieen, die auf weiten Umfang wirken. Diese
sind zärter, länglichter, luftiger, lockerer gebildet, haben
zurückgehende Stirnen u. s. f.
Alle Genieen des Sehens, Empfindens, Handelns, alle
Genieen in der Welt, glaube ich, lassen sich überhaupt unter
drey Klassen bringen – *Genieen des Details*; *Genieen fürs
Ganze*; *Genieen für beydes*.
1) Inspirationsähnlicher Sinn, unnachahmliche Kraft fürs
Kleine, Abgesonderte – Genie fürs Detail – gemeiniglich
Künstlergenie genannt; – (*Hamiltons* Papilion und Eydexe –
und *Tenners* Köpfe machen es kennbar,) hat seinen Adels-
brief im Scharfblick – größtentheils in dem hineingeschobe-

nen obern Augenlied und der Intension eines unanziehenden
– ausflußlosen, nur einem Raubvogel gleich herausholenden
Blickes, und kleinlichen, scharfgezeichneten Gesichtszügen
– Sehet Augspurger und Nürnberger Mahler und Künstler
die Menge.

2) Inspirationsähnlicher Sinn und unnachahmliche Kraft
für ganze Felder, ganze Tableaux, ganze Massen – *Genie
fürs Große* – mit Vorbeygehung, Verachtung des kleinen
Details – hat sein Zeichen in größern Gesichtstheilen, und
weniger kleinlichen Zügen – wie *Rubens* – *Vandyk.*

3) Inspirationsähnlicher Sinn und unnachahmliche Kraft
fürs Große und Kleine zugleich – *Ganzer Natursinn*, denn
die Natur schafft den ganzen herrlichen Baum, und bildet
jedes Blatt aufs fleißigste, besinnteste aus – die Natur ist frey
ohne Zügellosigkeit, und bestimmt ohne Härte – dieß allein
reine, allein ächte Genie – wo ist's? wo sind erläuternde
Beyspiele? – In der Künstler-Dichter-Philosophen-Helden-
welt? – Wo Umfasser des Ganzen, und Entzieherer jeder
Einzelnheit? Wo? daß ich ihre Züge bezeichnen, und sie auf
den ersten Blick kennbar machen könne? – Ich kenne nur
zwey, die ich nicht nennen, und deren Köpfe ich nicht
hersetzen und sie von dieser Seite kommentiren mag – weil
sie meine Freunde sind, und weil ich mein Werk nicht weiter
(wie einer von ihnen sagte) zu einer *Schädelstätte meiner
Freunde* machen darf. – So viel aber kann ich sagen – im
Ganzen, im Ganzen ihrer Gestalt, ihrer Farbe, ihrer Bewegungen, ihres Ganges u. s. f. in allen Theilen, allen Zügen,
allen Nüancen muß sich dieß ausdrücken. Nicht hier und
dort, nicht dann und wann nur Ein Zug! Ein Blick! Ein Ton!
Ein Tritt! – Alles ist Harmonie! Leben Alles! Alles *Ein*
Leben! dasselbe belebende Leben! – Ihre Gestalt ist fest und
schnellbeweglich zugleich; ihr Blick weit umsehend und
schneidend! Immer Mikroskop oder Telescop – nach Belieben – divergierend und konvergierend! langsam und schnell!
Ihre Farbe gelblicht blaß oder violetröthlicht! Niemals weiß-

licht; milchigt; niemals hochroth; oft sich wandelnd und wendend! Ihr Gang ist leicht und fest – schwebend und auftretend – sie fliegen und wurzeln sich! treten unhörbar und stampfen u. s. f.

* * *

Genieen der Tugend und Religion – die Tugend und Gottheit ahnden, wo niemand sie ahndet – wirken und leiden, wo niemand gelehrt und geschult werden kann; die in sich und außer sich Kräfte, Anlagen, Wirkungen entdekken, die in keinem Wörterbuche Namen haben – Dinge empfinden, sehen, wirken, die kein Auge sah, kein Ohr hörte, und die in keines Menschen Herz kamen, die nur von dem herrühren, der alle Tiefen der Gottheit ergründet, und weiß, was in Gott ist: Genieen – der Religion! Auserwählte des Vaters! denen bereitet ist das ewige Reich von Grundlegung der Welt an – euren Namen und das Siegel Gottes auf eurer Stirne kennt niemand, als wer eures Namens und eures Siegels ist!

Ueber Freyheit und Nichtfreyheit des Menschen.

»Ordnung und Empfindung der Muskeln« (sagt der scharfsinnige und edel freydenkende Verfasser der Gedanken im vorhergehenden Fragmente) »Ordnung und Empfindung der Muskeln« (und hiemit auch nach seinem Sinne – Form des Ganzen) »bestimmt die Denk- und Empfindungsart eines Menschen. Gerade so, wie der Pflug tief oder flach ans Land oder vom Lande geht, nachdem sein Kringel lang oder kurz, hoch oder niedrig gesteckt ist, oder wie der Klang der Geige sich darnach verändert, ob der Steg mit der Stimme gleich steht, oder nicht; so hängt unsere Denk- und Empfin-

dungsart von der Bildung und Ordnung der Muskeln ab.
Wir sind in der Hand des Schöpfers nichts anders, als ein
Werkzeug. Wie er unsre Wirbel stellt, so klingen wir ihm,
und wie er unsre Muskeln bildet und ordnet, so denken und
empfinden wir.«

* * *

Ueber diesen äußerst wichtigen und tiefeingreifenden
Punkt denke ich so: Der Mensch ist frey, wie der Vogel im
Käfig. Er hat seinen bestimmten unüberschreitbaren Wir-
kungs- und Empfindungskreis. Jeder hat, wie einen besondern Umriß seines Körpers, so einen bestimmten unveränderlichen Spielraum. Es gehört zu *Helvetius* unverzeihlichen
Sünden wider die Vernunft und Erfahrung, die *Erziehung*
zum einzigen Mittel der allgemeinsten Bildung und Umbildung angegeben zu haben. Revoltanteres hat vielleicht dieß
Jahrhundert kein philosophischer Kopf der Welt aufgedrun-
gen. – Wer kann's läugnen, daß gewisse Köpfe, gewisse
Bildungen – gewisser Empfindungen, Talente, Wirksamkei-
ten von Natur fähig, von Natur unfähig sind?

Einen Menschen zwingen wollen, daß er denke und empfinde wie ich – heißt, ihm meine Stirn und Nase aufdringen
wollen; heißt, dem Adler Langsamkeit der Schnecke, der
Schnecke Schnelligkeit des Adlers gebieten wollen. Siehe da
die Philosophie unsrer luzianischen Geister! wie der Soldat
unter dem Prügel des Offiziers – seine Individualität verlieren und nur präsentiren soll – was sein Nachbar, oder sein
Vormann präsentirt, so soll man unter ihrer Peitsche gravitätisch Schritt für Schritt einherheucheln! – Wahre Kenntniß
des Menschen – physiognomisches Studium allein macht
solche – *Tyranneyen ohne ihres gleichen* unmöglich. Jeder
Mensch kann nur, was er kann, und ist, was er ist. Er kann
nur auf einen gewissen Grad steigen – und weiter nicht, und
wenn man ihn mit der Unbarmherzigkeit eines ergrimmten
Scharfrichters auf den Tod geißelte. Jeder Mensch soll nach
sich selbst gemessen werden: Was kann er, als er? Er in den

Umständen, in denen er ist? – Nicht, was könnte *ich* in seiner Lage? O Menschen! Brüder! Eines Vaters Kinder, wann wollt ihr einander billig beurtheilen? wann aufhören, vom Empfinder Abstraktionen des kalten Denkers, vom kalten Denker warme Empfindungen zu fordern? zu erzwingen? wann vom Apfelbaum keine Birnen, vom Weinstock keine Aepfel mehr verlangen? – Der Mensch ist Mensch, und kann nicht Engel seyn, wenn er's auch wünscht. Und so ist jeder Mensch ein eigen Ich und Selbst, und kann so wenig ein anderes Selbst werden, als ein Engel … Z. E. ich *kann* nie zu dem unerschrockenen Muth eines *Carls des XII.* nie zur planmachenden Weisheit eines *Heideggers*, nie zur algebraischen Fazilität eines *Eulers* – nie zum klassifizirenden Genie eines *Linneus* gebildet werden, so lange meine Stirn und meine Nase so luftig, locker, unknöchern und so – umrissen ist, wie sie ist. – In meinem Bezirke bin ich frey. In meinem Kreise kann ich wirken wie ich will. Wenn ich *ein* Pfund empfangen habe, so kann ich nicht wirken, wie der, so zwey empfangen hat. Aber dieß Eine kann ich gut oder übel anwenden. Ein gewisses Maaß von Kraft ist mir gegeben, das ich gebrauchen und durch den Gebrauch vermehren, durch Nichtgebrauch vermindern, durch Mißbrauch verlieren kann – aber *nie* kann ich – mit diesem bestimmten Maaß von Kraft das ausrichten, was sich mit einem doppelten Maaß so angewandten Maaße ausrichten ließe – *Fleiß* kann dem Talente, das nicht fleißig ist, und Talent dem Genie, das keine Gelegenheit und Uebung hat sich zu entwickeln – sehr nahe kommen, oder vielmehr nahe zu kommen scheinen – aber nie kann Fleiß Untalent zum Talent, oder Genie machen. Jeder muß bleiben, wer er ist. Er kann sich nur auf einen gewissen Grad vervollkommnen, ausbreiten, entwickeln. Jeder ist Fürst – und Souverain, aber nur in seinem großen oder kleinen Fürstenthume. Er kann's anbauen, daß es so viel Ertrag giebt, als ein noch einmal so großes, das nicht angebaut wird. Aber sein Fürstenthum kann er nicht erweitern, bis der *Herr* ihm seines

Nachbars unangebautes Fürstenthum *schenkt*, wenn das seinige ganz angebaut ist. Dieser Glaube an diese Freyheit und Nichtfreyheit des Menschen – ist's, der jeden demüthig und muthig, bescheiden und wirksam machen kann. Bis hieher und nicht weiter – aber so weit! ruft Gottes Stimme Wahrheit, Physiognomik jedem Menschen zu, der Ohren hat zu hören: *Sey, was du bist, und werde, was du kannst.*

Jedes Menschen Physiognomie und Charakter kann sich erstaunlich verändern; aber doch nur auf eine so und so bestimmte Weise. Jeder hat einen großen Spielraum – der kleinste ein gut groß Stück Feld, auf welches er mancherley, nach des Bodens Art, säen kann. Aber er kann nur *den* Saamen säen, den er empfieng, und nur *den* Boden bauen, auf den er hingestellt ist. In dem großen Hause Gottes sind zur Ehre des Hausherrn goldene, silberne und hölzerne Gefäße; alle tauglich, alle nützlich – alle Gottesempfänglich; alle Werkzeuge der Gottheit – alles Gedanken, Offenbarungen von ihm! Alles Worte seiner Kraft und Weisheit – aber das Hölzerne bleibt hölzern, das Silberne silbern, das Goldene golden. Das Goldene kann ungebraucht veraltern; aber es bleibt golden. Das Hölzerne kann nützlicher werden, als das Goldene; aber es bleibt hölzern. Keine Erziehung, keine Anstrengung, kein Aufstreben der Imagination ohne tiefe innere Ahndung und Gefühl der Kraft – kann uns eine andere Natur geben. *Laß jeden Menschen das seyn, was er ist; und sey du das, und nichts anders, als was du bist; so bist du Gott und Menschen und dir selber gut genug.* – Bist du *Violin* – willst du *Flötenton* aus dir erzwingen? Bist du *Trompete* – willst du schallen lernen wie die *Trommel*? Aber dieselbe Violin, so oder so gespannt, so oder so gehalten – so oder so gestrichen – wie unendlich mannichfaltige Töne kann sie von sich geben – nur keinen Flötenton – so wenig die Trommel trompeten kann! Aber wie unendlich verschieden kann die Trommel gerührt werden!

Mit einer schlechten Feder kann ich nicht schön schreiben; aber schön und schlecht mit einer schönen. Ich kann nicht Weisheit reden, wenn ich dumm bin; aber dumm reden, wenn ich weise bin. Nicht geben, wenn ich nicht habe, aber wenn ich habe, geben, oder behalten, brauchen, oder nicht brauchen. Mit tausend Gulden kann ich kaufen nicht alles, was ich will – aber dennoch steht es mir frey, unter unzähligen Dingen, deren Werth diese Summe nicht übersteigt – auszulesen. Also bin ich frey und nicht frey; von meiner innern und äußern Organisation hängt die Summe meiner Kräfte, der Grad meiner Aktivität und Passivität ab. Von den äußern Umständen, Erweckungen, Veranlassungen, Menschen, Büchern, Schicksalen, der Gebrauch, den ich von dem bestimmten Maaße meiner Kräfte machen kann. *Nicht an jemandes Wollen oder Laufen liegt's, wie einer ist; sondern an Gottes Erbarmen. Auch darf kein Gefäß zum Töpfer sagen: warum hast du mich also gemacht? – Aber der Herr, der Gerechte, schneidet auch nicht, wo er nicht säete, und sammelt nicht, wo er nichts hinlegte. Aber fordert mit Recht von dem, der fünf Talente empfieng, fünf andere damit gewonnen; zwey gewonnen von dem, der zwey empfieng, und Eines von dem, der Eines empfieng.*

An physiognomische Schriftsteller.

Sprecht vor allen Dingen keinem einzigen physiognomischen und antiphysiognomischen Schriftsteller nichts nach, was ihr nicht *selber* gesehen habt!

Lieber wenig *reinwahres*, ganz, und von allen Seiten oft beobachtetes – als vieles – nachgesprochenes, nachgeschriebenes, halbgesehenes.

Bestimmtheit in Zeichnungen und in Ausdrücken – sey euer tägliches Studium! Schreibt und zeichnet eher hart, als unbestimmt! am liebsten so *bestimmt* und so *unhart*, wie die Natur!

Keiner nehme sich vor, eine vollständige Physiognomik zu schreiben.

Vertheilt euch in verschiedene Felder. Es sind der Felder so viel. Wer alles bearbeiten will, bearbeitet nichts. Ich habe unzählige Felder unbearbeitet gelassen, und in den meisten nur einige Furchen gepflügt, um zu zeigen, wie ich glaube, daß dieß oder jenes gepflügt werden sollte.

Ihr seyd für die ächte Physiognomik verdorben und verloren – wenn ihr nicht vom kleinsten Detail anfangt; nicht das Ganze immer ins Detail auflöset, und nicht das Detail wieder ins Ganze zusammensetzt: *Nur* vom *Ganzen* reden, und *nur* vom *Detail* – heißt vergessen, daß alles *Ganze* der Natur das *kleinste* Detail ist, und alles Detail Faden zum Gewebe des *Ganzen*.

Eine eurer Hauptsorgen sey, für die zu bezeichnenden *Geistigkeiten* alle erst besondere Namen zu finden – dann werdet ihr lernen und lehren. Wie unzählige Arten von Verstandesfähigkeiten z. E. giebt's? Wie wenig ist gesagt, wenn man bloß sagt: »viel oder wenig Verstand« – Erst alle mögliche Arten des Verstandes also – und so der Güte, der Stärke, der Kraft, der Leidsamkeit u. s. w. Alle Nüançen mit unterscheidenden Wörtern bezeichnen gelernt – allenfalls numerirt – und dann eure Menschen, eure Gesicher darnach geprüft. In dieser Absicht wird es dann wohl unentbehrlich nöthig seyn, eine Zeitlang beynahe jeden euch vorkommenden Menschen nur von Einer Seite genau zu prüfen, wiederholt zu prüfen, um die besondere *Art* dessen, was ihr finden wollt, die besondere Art des Verstandes, Gedächtnisses, der Güte u. s. w. durch Vergleichung mit vielen eurer Bekannten genauer bestimmen zu lernen. Ohne diese Uebung werdet ihr immer unbestimmt schreiben, und unbestimmt verstanden werden; und auf Bestimmtheit kömmt wahrlich das meiste an.

Leset, um euch in dieser Fertigkeit, feine Unterschiede zu bezeichnen, zu üben – die Schriften eines *Girards, Locke, Mendelssohns, Sulzers, Wolfens,* und besonders Alex. Gottlieb *Baumgartens.* Und um das Mahlerische des Ausdruckes euch leichter zu machen, leset die Schriften der besten Mahler und mahlerischen Kunstrichter, die physiognomischen Dichter und Dramatisten! *Shakespear, Winkelmann, Göthe, Wieland, Heinse, Jakobi,* (in Allwills Papieren). *Lessing, Herder* – sind unter andern die Schriftsteller, in denen ich viel physiognomische Sprache finde.

Prüft alles, was ihr schreibt, beym Vorlesen, ob es sogleich verstanden, sogleich gefühlt werde? ob alles frey und unwegprellend aus eurer Seele in die Seele des Schauers, Lesers, Hörers überfließe? aus ihren Mienen lebendig zurückschalle? ob es euch noch wahr, und noch wahrer vorkomme *während* und *nach* dem Lesen, wie beym Schreiben?

Bleibt immer dabey fest, nur *das sehen* zu lassen, was ihr selbst *gewiß* sehet, und oft gesehen habt. Wisset vorher genau, was ihr schreiben wollt! Denkt euch bey dem ersten Schreiben den gelassensten Forscher *und Freund der Wahrheit*; und beym zweyten den schärfsten, listigsten, schalkhaftesten, beredtesten Gegner der Physiognomik, bereit wie ein Drache, alle eure Behauptungen zu verschlingen. Aber auch nur als *gegenwärtig* mußt du dir, Mitarbeiter an Physiognomik, den Drachen denken; als *mündlichen* Bestreiter, *mündlichen* Chikaneur – wie weit könnte seine angesichtliche Impertinenz, wenn sie aufs höchste steigen wollte, steigen? – *Diesem* Grade baue vor! *diese* Stimme mache verstummen. Mehr ist von keinem Menschen zu fordern. Christusweisheit könnte nur die *gegenwärtigen* Sophisten verstummen machen – die Abwesenden nicht. Diese haben immer gut Spiel, wenn sie schreiben; *einerseits: Epistola non erubescit* – und anderseits – den Pöbel ununtersuchender Lacher immer auf ihrer Seite. Vor nichts mehr hüte dich, als jemals für diese schreiben zu wollen, oder Rücksicht auf

diese zu nehmen. Je heller und näher das Licht der Wahrheit
ihren Augen kömmt, desto mehr toben sie – wenn der, so
das Licht hält, ihnen nicht mit treffenderm Blicke in die
Achse ihrer Augen hineinschaut: – Schriftsteller! schreib
nichts, das dir wider*sprochen* werden darf – in Gegenwart
eines ruhig unparteyischen Zeugen. Was dir aber in dessen
Gegenwart, selbst vom geschworensten Feinde der Wahrheit nicht widersprochen werden darf – das schreibe; und
wenn der tollgewordene Nichtwidersprecher sich sogleich
wenden, und mit aller möglichen Schalkheit dawider *schreiben* würde . . . . Ich setze daher meinen Namen zu meinen
Schriften allen – besonders zu der gegenwärtigen – das heißt:
»*Ich bin Mann dafür.* Das behaupte ich. Schande *mir*, wenn
ich Unwahrheit, Unerfahrung schreibe.« – Für *Räsonne-
ments* braucht's allenfalls nicht eben schlechterdings des
Namens. Diese haben ihre eigene von allen Namen, allem
Ansehen unabhängige Consistenz. Aber für *Erfahrungen,
Beobachtungen, Thatsachen* – gehört der Name. Ein
Schriftsteller, der Beobachtungen und Erfahrungen giebt, ist
ein *Zeuge.* Ein Zeuge ohne Namen – gegen Fakta mit
Namen, welch ein Zeuge – ihr Herren Philosophen? – wer
will für euch schreiben? – Setzt gegen Beobachtungen –
Erfahrungen, Zeichnungen – nicht Räsonnements – sondern
Erfahrungen, Beobachtungen, Zeichnungen! das heißt –
seyd Zeugen gegen Zeugen! Genannte gegen Genannte. Wer
beschämen will, muß sich selbst schämen können: Wer mein
Auge will niederschlagen, mich erst ansehen dürfen – wer
das nicht darf – achte des Schaamlosen nicht, physiognomischer Schriftsteller! Aber achte und ehre den Widersprecher,
der das Licht nicht scheut, und sagt: Bruder! »So seh' ich!
Siehst du nicht auch so?« – Nicht horchend genug kannst du
jeden Widerspruch des Redlichen, oder auch des Unredlichen, der *gegenwärtig* ist, oder es seyn *darf* – anhören. Sey
er gegründet oder nur scheinbar! Er verdient Achtung und
Beantwortung – und du wirst ihm antworten . . . Suchst du
nur immer Wahrheit für dich, und Nutzen für andre – deine

Schrift wird nicht allein allen guten gefallen – sie wird bleiben! –

Und dann, Brüder, deckt zuerst und mehr das Gute auf, als das Böse.

Wer viel Gutes sehen gelernt hat, darf und kann, ohne böse zu werden, das Böse freylich auch sehen.

Wer viel Gutes sehen gelehrt hat – darf dann, wenn er will, ohne Furcht zu schaden, das Böse auch aufdecken. Nicht ein einziges *Muster* eines physiognomischen Schriftstellers wüßte ich euch anzugeben – am wenigsten mich selbst; denn ihr wißt, wie viel ich nach aller Kunstrichter Anmerken gesündiget habe, und wie wenig ich's mit allem guten Willen besser machen kann?

Nur das, was mir heiliger Grundsatz war und ist, kann ich am Anfange, in der Mitte und am Ende dieses Fragmentes nicht genug empfehlen.

Sucht nur zu nützen – und nur durch das zu nützen, was euch liebe, heilige, gesehene und empfundene Wahrheit ist. Amen!

Von den Augen.

Nun will ich noch einige eigne Bemerkungen über die Augen nachholen [...].

* * *

Blaue Augen zeugen überhaupt mehr von Schwäche, Weiblichkeit, Weichheit, als die *braunen* und *schwarzen*. Zwar giebt's unzählige kraftvolle Menschen mit blauen Augen – doch finde ich viel mehr *starke, männliche, denkende* Menschen mit braunen, als mit blauen Augen. Woher es komme, daß man in *China* oder in den *philippinischen* Inseln sehr selten *blaue* Augen, und niemals, als nur bey

Europäern, oder bey Leuten, die in diesen Gegenden von europäischen Aeltern geboren sind, gesehen habe – ist untersuchens werth – um so mehr, da kein weichlicheres, wollüstigeres, friedsameres, fauleres Volk ist, als die *Chineser.*

. *Cholerische* Menschen haben allerley Arten von Augen, doch mehr braune und grünlichte, als blaue. *Grünlichte* sind beynah ein entscheidendes Zeichen von Heftigkeit, .Feuer und Muth.

Hellblaue Augen habe ich fast nie bey melancholischen, selten bey cholerischen, am allermeisten bey phlegmatischen Temperamenten, die jedoch viel Aktivität hatten, angetroffen.

Augen, wo der untere Bogen des obern Augenliedes hoher Zirkelbogen war – habe ich immer gut, zart, auch furchtsam, zaghaft, schwach befunden.

Augen, die, wenn sie offen, und nicht zusammengedrückt sind, lange, scharfe, spitzige Winkel gegen die Nase haben, habe ich fast nie, als bey sehr verständigen, oder sehr feinen Menschen gefunden.

Ich habe noch kein Auge, dessen Augenlied horizontal auf dem Apfel sich zeichnete, und halb den Stern durchschnitt, gesehen – als an sehr feinen, sehr geschickten, sehr listigen Menschen, wohl verstanden, an sehr vielen redlichen auch, die aber sehr feinen Verstand hatten, und viel Anstelligkeit.

Augen, die weit offen sind, so daß viel Weißes noch unterm Stern zum Vorschein kömmt – habe ich an den blödesten, phlegmatischten – und zugleich an den muthigsten und feurigsten gefunden. Neben einander gesetzt, wird man leicht das Matte und Feurige, das Unbestimmte und Bestimmte unterscheiden können. Die Feurigen sind fester, kecker gezeichnet, haben weniger Schweifung, gleich dickere, beschnittnere, jedoch weniger hautige Augenlippen.

Tab. XI.

ALBERTUS HALLER.

Joh. H. Lips sculp. 1775.

Beylage.

Haller.

Und nicht *Haller*! Erst ins Französische übersetzt, und dann aus dem Französischen wieder verdeutscht – also nicht *Haller* mehr. Höchstens etwas von seiner Stirne, und seinem *Auge* – und im obern Theile der Nase, und im Munde noch einige Spuren von ihm – Der untere Theil könnte des gemeinsten Gelehrten seyn. Auch der Schließmuskel unter dem Auge, von dem wir oben sprachen, ist nicht bemerkt. Lage und Umriß der Stirn und das *Auge* zeigt indessen hellen, leichtlernenden, wohlergreifenden Geist. Das Auge ist Buchstabe *heller* Einsicht, obgleich der Sternkreis mißzeichnet ist.

Nachstehendes Porträt von ihm, erst vor anderthalb Jahren von *Pfenninger* nach dem Leben gezeichnet, ist das

wahreste, und ist zehnmal besser, bedeutender. Man sollte kaum glauben, daß es von demselben Manne wäre. Die Nase, ob wohl etwas zu groß, ist voll Sagazität; Mund und Kinn allein schon von der feinsten *Verstandesbedeutung.* Aber das helle, tiefe Licht der Augen ist auch mit keinem Zuge angezeigt. Und dennoch ist dieß Gesicht viel weiser, als das andere mit dem sprechenden Auge – Warum? Um des Umrisses des Profils willen. Das Auge spricht viel – aber noch mehr spricht oft der Profilumriß.

Einige Tafeln vermischte Nationalgesichter.

A.

Ein Russe, Pohle, Deutscher, zween Türken,
ein Engländer.

1) Ein *russischer* Soldat aus *Nisia Nowogret* in preußischen Diensten. Rohe, fleischige, gedehnte Plumpheit und Treue. –

2) Ein *polnischer* Edelmann, besonders durch das Zurückgehende seiner langen Stirne, durch den vorstehenden Bogen seines mit Haaren bedeckten Hinterhauptes – durch den weit hinaufgehenden Hals – als *Polake* kennbar.*)

3) Ein geschickter Künstler von Augspurg, ein *Deutscher* also. Ein starker, wackerer, dreister, arbeitsamer Mann;

---

*) »Der *Pohle* ist unter den ungebildeten Nationen der Joviale, so wie der Ungar der Cholerische. Alle diese Nationen sind mehr oder weniger Viehhirten, leben in freyer Luft, und sind fern von aller Kultur des Geistes, und allem Kummer wegen eingebildeter Bedürfnisse. Daher ihre vorzügliche Stärke und Behendigkeit, und Schnelligkeit, die in Stumpfheit und Dürre der Lebensgeister bey uns übergeht, die wir den innern Menschen mehr anbauen, nicht heftigere Leidenschaften haben, aber keinen Augenblick des Lebens beynahe ohne dieselben sind.« Aus einem Manuscripte.

geradeweg – cholerisch melancholischen Temperaments. So,
dünkt mich, kann kein Franzose, kein Engländer aussehen.
Freylich ist das Original lieblicher. Aber immer voll
Deutschheit – die, wie wir wissen, überhaupt in Vielfaltigkeit und Härte der Züge sich äußert.

4) Ein *Türke* – durch die hervorstehende Augenbraune,
die Habichtsnase, Rfinde des Hinterhaupts, starken Bart –
am meisten aber durch den Umriß der Stirne – und des
offnen Mundes kennbar, und durch den Blick des hinstau-
nenden Laurens.

5) Ein in Ungarn erzogener *Türke* – Die Stirn allein gut;
alles andre besonders von der Augenbraune an bis zur
Oberlippe schlecht. Auch Wange und Backen haben nichts
feines. Im Munde schwebt jedoch ein Hauch von Treue und
Liebe mit Verstand.

6) Wie zeichnet sich auch noch in der elendesten Copie
der Engländer *Garrik* aus! Die kurze oben fein gerundete
Stirn – das Auge des Tiefblickers; das Bestimmte der Nase,
(das freylich mehr dem *Garrik*, als dem *Engländer* eigen ist)
das zwar im Kupfer ärgerlich vergröberte Nasenloch mit
dem äußerst bedeutenden Schättchen gegen die Nasenspitze
– die *Muskeln* am Auge und der Nase herab gegen den Mund
– der feine, mit Salz bestreute, obgleich wieder vernachläs-
sigte, Mund – das hervorstehende, nicht scharfe, nicht
stumpfe Kinn – und die gute Proportion der ganzen Form –
kann das alles, ich glaub's nicht – in irgend einem der
weisesten Russen oder Mohren, oder chinesischen Gesichte
zusammen gedacht werden?

B.

Ns. 2. 1) *Ein Spanier*, 2) *Holländer*, 3) *Mohr*,
4) *Virginier*.

Man sehe hier noch verschiedene Nationalköpfe, die sich
noch mehr von einander unterscheiden, als die vorigen.

1. *Ludwig von Varges*, ein Mahler von *Seville* in Spanien gebürtig – voll spanischen Ausdrucks! Breite und hohe Stirn – kernhafte Augenbrauen, offne nicht zusinkende Augen; eine breite Nase, oder vielmehr eine Nase mit breitem Rücken; Trockenheit, Muth, Trutz, oder vielmehr Verschlossenheit im Munde.

2. *Wilhelm Hondius*, ein Kupferstecher aus dem *Haage*, nach *Vandyk*. Man vergleiche *Holländer* und *Spanier* – man vergleiche *Demuth* und *Stolz*; sanfte, matte, hinschleichende Fleißarbeit – mit kühnem, trutzendem, sich fühlendem Heldengeiste. Hier abgerundetere – freylich auch nicht gemeine, nicht unedle, beynahe Cartesische Stirn – hier geschweiftere Augenbrauen – hier mattere, zusinkendere Augen; das ganze Gesicht ovaler, geschmeidiger, jungfräulicher.

3. Ein *Mohr* – Das Bogigte im Umrisse des ganzen Gesichtes; die Breite der Augen; die Zerdrücktheit der Nase; besonders aber die so stark aufgeworfenen, vorhängenden, zähen Lippen; entfernt von aller Feinheit und Grazie – bezeichnen das Mohrische.

4. Ein *Amerikaner* aus Virginien gebürtig.*) – Wie viel edler, gutherziger, empfindsamer, fein wollüstiger, als der Mohr! welche Weiblichkeit im Ganzen! welche reine Wölbung des Schädels! Beyläufig die Anmerkung, oder Frage: diese tiefen zusinkenden Augen, sind sie nicht beynahe beständig mit dieser Höhlung am Profile der Nase vergesellschaftet? Und findet man sie anders, als bey Liebevollen?

Nachstehendes Profil eines jungen *Calmucken* – Die mißproportionirte Breite des obern Schädels; das einwärts sich Senkende unter dem Haarzopf; die Höhe der schwachen Augenbraune über dem Auge – die beynahe, besonders in der Natur und von vornen, gänzliche Unsichtbarkeit des obern Augenlieds; die Nähe des Auges am Umrisse der Nasenwurzel; die Kleinheit und das Aufwärtsgehende der Nase; und die Länge der Oberlippe – verglichen mit dem

---

*) Wenn alle Amerikaner so aussähen – wie stünd' es mit unsern *Recherches philosophiques*?

Untertheile der Nase, und besonders das beynah ungeheuer große Ohr sind alles charakteristische Züge seiner Nation. Sonst ist dieser Junge voll Bonhomie, Fertigkeit, Lebhaftigkeit und trug- und bosheitsloser Wildheit.*)

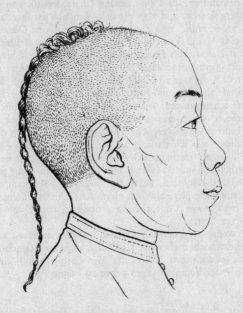

*) »Der *Calmuke* ist ein sonderbares Gemisch der feinsten Fähigkeiten, und der untersten Thierheit. Sein Auge verkündigt mit seinem Feuer und Mobilität die reizbarste Seele. Er thut im Kriege Wunder persönlicher Tapferkeit, und ist wieder höchst frey. – Kurz es ist keine Stätigkeit in seinen Charakter zu bringen. Er begreift höchst leicht, und ist zugleich spekulativ – hängt gern wie alle Mongolen an metaphysischen Ideen der Cosmogonie – Uebrigens gleicht er im niedrigen Moralischen dem Mohren, ist geil, diebisch, rachgierig, Lügner und Schmeichler.« Aus einem Manuscripte.

Etwas von den Temperamenten.

Man erwartet vermuthlich in diesem Werke eine ausführliche Abhandlung und eine genaue Charakteristik von den *Temperamenten*, und man irrt sich. Was sich darüber sagen läßt, haben *Haller* und *Zimmermann*, *Kämpf* und *Oberreit*, und eine Menge Vor- und Nachschreiber – von *Aristoteles* bis auf *Huart*, von *Huart* auf *Böhme*, von *Böhme* bis auf *Lawätz* – gut und schlecht, mit und ohne Witz gesagt – daß mir nichts zu sagen übrig scheint. *Studiert* habe ich diese Schriftsteller nicht, das heißt, sie nicht erst selbst durchaus zu verstehen gesucht; jeglichen erst mit sich selbst, dann alle unter sich – dann mit der Natur und mannichfaltigen einzelnen Individuen sie verglichen. So viel aber glaubte ich doch aus allem, was ich darüber las, schließen zu dürfen – daß dieß Feld, so bearbeitet es scheinen mag, einer ganz neuen Umarbeitung äußerst bedarf. Ich selbst habe zu wenig physiologische Kenntniß, zu wenig Muße, und am wenigsten Sinn für diese physiologisch chymische Untersuchung, als daß man etwas ausgearbeitetes, durchgedachtes von mir erwarten dürfte.

So wenig ich indessen zu leisten versprechen kann, wage ich es dennoch, nicht ohne Hoffnung, zu neuer Beleuchtung dieses so wichtigen Theiles der Menschenkenntniß, einige Winke oder Veranlassungen geben zu können.

* * *

Man pflegt oft die vier gewöhnlichen Temperamente zu charakterisiren, und sodann diesen Charakter auf irgend *Ein* Individuum ganz anzuwenden.*) Dadurch veranlaßt man ein anderes Extrem, das der menschlichen Vernunft zur größten Schande gereicht – *Läugnung der Temperaments-*

---

*) Wer wird *Choleriker*, *Sanguiniker*, wer *Phlegmatiker* oder *Melancholiker* seyn wollen, wenn er alles das seyn soll, was der Witz eines Schriftstellers ihn seyn heißt?

verschiedenheiten. Ich finde in den Schriften *über die Temperamentslehre* gerade den schändlichen Unsinn, wie in einigen berühmten französischen Schriften über Zeugung und Organisation, die ein unaustilgbarer Schandfleck nicht für die *Religiosität* ihrer Verfasser, will ich sagen, sondern für die *Philosophie* des Landes und des Jahrhunderts sind.

Daß jeder menschliche Körper, so wie jeder Körper überhaupt, auf eine bestimmte Weise aus verschiedenen gleichartigen und ungleichartigen Ingredienzien zusammengesetzt sey; daß sich, wenn ich so sagen darf, in dem großen Dispensatorium Gottes für jedes Individuum eine eigene Mischungsformel, ein besonderes Rezept finden ließe – wodurch der Grad seines Lebens, die Art seiner Empfindlichkeit, Empfänglichkeit, Wirksamkeit bestimmt wird;*) – daß mithin jeder Körper sein eigenes individuelles *Temperament*, oder einen eigenen Grad von *Reizbarkeit* habe – kann so wenig, als die Verschiedenheit der Gesichter, dem mindesten Zweifel ausgesetzt seyn. Daß *Feuchtigkeit* und *Trokkenheit*, *Feurigkeit* und *Kälte* vier Haupteigenschaften der körperlichen Ingredienzien seyn, ist eben so unläugbar, als daß *Wasser* und *Erde*, *Feuer* und *Luft* Ingredienzien dazu sind. Daß daher gewiß wenigstens vier Haupttemperamente entstehen, das *cholerische*, wo die *Wärme*, das *phlegmatische*, wo die *Feuchtigkeit*, das *sanguinische*, wo die *Luft*, das *melancholische*, wo die *Erde* die Oberhand hat, das heißt, wo am meisten davon in die *Geblütsmasse* und in den *Nervensaft*, und zwar in diesen in höchst subtilisirter fast geistig wirksamer Form, eingetreten ist – ist wieder nicht dem mindesten Zweifel ausgesetzt. Aber auch nicht dem mindesten Zweifel, dünkt mich, vors *erste*: daß sich diese vier Hauptingredienzien auf so unzählige Weise verändern und versetzen lassen, daß daraus unzählige Temperamente entstehen, und daß oft das prädominirende Prinzipium

---

*) Oder, wie *Böhme* andeutet, unzählige besondere Musikalinstrumente, zum Zusammenstimmen gemacht, jedes auf eigne Art gestimmt, Hall und Gegenhall von sich zu geben.

kaum herauszufinden ist; zumal da aus der Zusammenflie-
ßung und wechselseitigen Anziehung dieser Ingredienzien
sehr leicht eine neue Kraft entstehen oder losgebunden
werden kann,*) die einen ganz andern Charakter hat, als
von den zwey oder drey Ingredienzien jede hatte. Diese
neue Kraft kann so verschieden, so namenlos seyn, daß man
sogleich fühlt – keine der gewöhnlichen Benennungen paßt
auf diese prädominirende Kraft. Und was noch wichtiger ist
– als dieses, und weniger beherzigt wird – ist, daß es in der
Natur noch so viele Elemente? – oder heißt's wie ihr wollt,
so viele Ingredienzien zu den Körpern giebt, die nicht
Wasser, nicht *Luft*; nicht *Feuer*, nicht *Erde* sind, die ich in
den gewöhnlichen Temperamentslehren nicht genug mit in
Anschlag gebracht sehe, die aber in der Natur gar sehr mit in
Anschlag gebracht sind. – *Oel* z. E. *Quecksilber* – *Aether*,
die *elektrische Materie*, das *magnetische Fluidum*. (*Mayers
Azidum pingue, Schmidts Frostmaterie, Blaks fixe Luft*, des
Abts Fontana Salpeterluft – als hypothetische Wesen, wenn
man will, nicht einmal gerechnet.) – Nur drey, vier solcher
anderer Elemente – und wie viel hundert solche kann's
geben, zu denen wir den Namen noch nicht haben.**) – Nur
drey, vier – wie können, wie müssen sie neue Hauptklassen
von Temperamenten geben! – Und wie unendlich die unter-
geordneten Mischungen vermannichfaltigen! – Warum sollte
es nicht so gut ein ölichtes Temperament geben, als ein
wässerichtes; ein ätherisches, als ein luftiges – ein merkuria-
lisches, als ein irrdisches?

Stahls brennbares Grundwesen oder Element der Zähig-
keit, wie viel verschiedene Arten von vorzüglich merkwür-
digen Mischungen oder Bestandformen formirt dieß nicht

---

*) Wie z. E. durch Vermischung des *Salmiaks* und der *Potasche*.

**) »Zwar nach den tiefsten Naturforschern und Chymisten sind wenige
einfache Kräfte und Elemente zur Bewegung und Mischung unzähliger Körper
der ganzen Natur genug; je tiefer man alle Werke Gottes beobachtend studirt,
desto mehr findet man wenige einfache Mittel, durch die Gott einfältig die
mannichfaltigsten formirt, und ausführt; Einheit zur Wurzel von Unendlich-
keiten des Allmacht.« Gedanke eines Freundes.

allein? Die *ölichte, harzigte, gummichte, schleimichte, mil-chigte, gallertartige, butterigte* oder *fette, käsigte, seifen-hafte, wachsartige, kampherartige, zunderigte, phosphori-sche, hyrophorische, schwefelichte, rußige, kohlichte*? Wovon keine mit der andern zu verwechseln, jede ihre besondern auszeichnenden Eigenschaften und Wirkungen in der Natur und Kunst hat. Die metallische Mischung oder Form, die wohl dazu könnte gerechnet werden, hat allein wieder eine Menge von wichtigen Unterschiedsarten; und daß Eisentheile im Blute aller Menschen seyn, ist nun längst vollkommen ausgemacht. Nur *Erde* z. E. wie mannichfaltige *Salze* begreift diese in sich; wie wenig also ist gesagt, *irrdisches Temperament? salziges?* da die Salze unter sich verschieden sind, wie Hitze und Kälte? wie die zwo Hauptgattungen, *Sauersalz* und *Laugensalz*, aus denen man alle übrige bestehend oder formirt findet.

Für die Physiognomik also, deucht mich – und ich glaube auch überhaupt für richtige, auch medizinische Temperamentskenntniß, könnten wir einen einfachern Weg betreten – der uns über die gewöhnlichen Unterscheidungen gewissermaßen hinweg führen, und doch noch zu mehr Unterscheidungen Raum geben würde – vielleicht bestimmbarern Unterscheidungen. –

Wie immer die innere Natur der Körper beschaffen seyn mag, wie immer der *Stoff*, die *Zusammensetzung* der Stoffe, die *Organisation, Blutmischung, Nervenbau, Lebensart, Nahrung*; – das Facit von dem allen ist dennoch – *ein bestimmter Grad von Reizbarkeit* gegen einen gegebenen Punkt. – Wie also, deucht mich, die Elastizität der Luft durch ihre *Temperatur* verschieden ist, und sich nicht durch innere Zergliederungen, sondern durch die Grade ihrer Wirksamkeit bestimmen läßt; so, deucht mich, verhält es sich mit den Temperamenten des menschlichen Körpers; ihre innerliche Zergliederung ist unmöglich, oder schwer möglich. Das Facit ihrer Ingredienzien, und die Mischung derselben wird indessen immer *Eins – Ein gewisser Grad von Reizbarkeit bey einem gegebenen Reizungspunkt.*

Gewissermaßen also barometrisch und thermometrisch ließen sich, glaube ich, alle Temperamente viel *richtiger* und *leichter* bestimmen – als nach der gewöhnlichen Eintheilung – die in sofern freylich immer Statt haben könnte – wenn es sich ergäbe – daß bey gewissen Mischungen, die wir itzt *melancholisch* oder *sanguinisch* nennen, nie ein gewisser Grad von Reizbarkeit und Nichtreizbarkeit möglich wäre – daß z. E. bey der Mischung, die man die *melancholische* nennt, der Grad der Reizbarkeit bey einem gemeinsamen Gegenstande nie zum *Temperé* hinauf – die *cholerische* nie unters *Temperé heruntersteige?*

Reizbarkeit könnte auch bey den vier gemeinen Temperamenten nach ihrer anzusehenden Wirkungsart in *Höhe, Tiefe, Weite* und *Nähe* bemerkt werden. So ist das *cholerische* am reizbarsten in alle Arten von *Höhe,* ohne Gefahr zu scheuen – das furchtsamste *melancholische* hingegen reizbar in alle Arten von *Tiefe,* wo es nur sichern Grund finden oder vermuthen kann; das *sanguinische* in alle Arten von *Weite,* bis zur Zerstreuung ins Unendliche; das *phlegmatische* weder in große Weite, noch Höhe, noch Tiefe reizbar, nur zu dem, was es in Ruhe bequem am nächsten erlangen kann, geht so der Nähe nach, glatten Wegs hin nach seinem kleinen oder mäßigen Horizont, keinen Schritt leicht weiter, in gleichgültigem Nichtachten alles übrigen, zur ökonomisch-epikurischen Gartenphilosophie noch am bequemsten. *Indolentia* ist eigentlich das höchste Gut – des Phlegma wie des *Epikurs.*

Wir würden, wenn die Temperatur des menschlichen Körpers wie die Luft bestimmt würde – also bloß das Wesentliche, die *Summe des Temperaments,* das, was uns seine Kenntniß eigentlich brauchbarer machen würde, durch *Grade der Reizbarkeit* ausdrücken.

Von unzähligen Menschen, die ich sehe, könnte ich nicht sagen: »Sie haben dieß, jenes der vier bekannten Tempera-

mente.« Aber von unzähligen ließe sich, bey genauer Beobachtung, sagen, in welches Zehend der Skala sie gehörten,
wenn man eine Leiter von 100. Graden der Empfindlichkeit
bey einem gewissen Gegenstande annähme. Ich sage immer:
bey einem gewissen Gegenstande – denn wie in dem folgenden Aufsatz eines Freundes bemerkt werden wird – und
zum Theil eben bemerkt worden – jedes Temperament hat
seine eigene Reizbarkeit in Höhe, Tiefe u. s. w. Also müßte
man einen bestimmten Punkt annehmen, gegen den sich alle
stellen müßten; der auf sie wirken müßte, so wie der Thermometer nur an dem Orte, wo er beständig steht, bestimmte
Anzeigen giebt.

Diesen Punkt kann jeder annehmen, wie er will.

Jeder könnte sich selbst zum Thermometer aller Temperamente machen, die auf ihn wirken.

Um diesen Gedanken einigermaßen sinnlich zu machen,
haben wir die Adieux von Calas nach *Chodowiecki* auf das
Titelblatt dieses Bandes hingesetzt.

Das *feuchteste* Temperament ist bey dieser Scene das
unreizbarste. (a)

Das *luftige* ist bloß zu kraftlosen Thränen reizbar. (b)

Das *feurige* – zu kraftvoller Rache. (c)

Das *irrdische* hat keine Elastizität; schwirrt nicht, sondern
wird zu Boden gedrückt. (d)

Der *Phlegmatiker* ist rund, glatt, voll und *sitzt*.

(a) Aber zeigt ihm leichte Vortheile, seine Ruhe und Bequemlichkeit zu
vermehren, so ist es reizbar zur Biegsamkeit unter alles, wenn's nicht zu lange
währt, doch auch zur längsten Geduld, wenn ihr die Vortheile verdoppelt,
oder keine andere Auskunft läßt. Stört ihr's ganz, so wird's hinreißende
Ueberschwemmung.

(b) Zu allen Lustigkeiten desgleichen.

(c) Zu allem besten und ärgsten, was nur Feuer erfordert und nährt, nur
nicht zur Ruhe, außer es sey außerordentlich müde oder ekel worden auf eine
Weile.

(d) Nur reizbar zu fester Anhänglichkeit, wo fester Besitz zu hoffen, zur
Festhaltung unter allem Druck; giebt gute Märtyrer von allerley Art, aber
keine frühen Apostel, nur in späten Erfahrungsjahren die gründlichsten ihrer
Art.

Der *Sanguiniker* steht, *hüpft*, fliegt, ist länglicht rund und proportionirt.

Der *Choleriker* ist eckigter, und drückt, und *stampft*.

Der *Melancholische* ist eingedrückt und *sinkt*.

Bey der Schätzung der Temperamente, oder, wie ich lieber sagen möchte, des Grades der *Reizbarkeit*, nämlich bey *einem* Punkte, müssen immer zwo Sachen sorgfältig unterschieden werden; *momentane* Spannung, und *Reizbarkeit* überhaupt, oder die *Physiognomie* und das *Pathos* des Temperamentes. Wie *kann* der Mensch gereizt werden? wie *wird* er itzt gereizt? wie groß ist sein *Spielraum*, sein *Reich* überhaupt? und dann: wo ist seine gegenwärtige *Residenz*? wie viel *kann* dieser Arm heben? wie viel *hebt* er gerade itzt? Das *Kapital* also von Temperament (wie wir uns anderswo schon ausgedrückt haben) wäre im *Umrisse* des ruhenden Körpers; der Zins, den dieß Kapital abwirft, im *bewegten* Auge, der *Augenbraune*, dem *Munde*, und der *aktuellen* Farbe zu suchen.

Es wird sich noch finden, daß die *Temperatur* oder *Nervenreizbarkeit* der organischen Leben sich in bestimmten und bestimmbaren Umrissen endigt, daß das bloße Profil z. E. solche Linien abwirft, aus deren Biegung sich der Grad der Reizbarkeit in Höhe, Weite, Tiefe, Horizontalruhe bestimmen läßt.

Alle Profilumrisse eines Gesichtes und des ganzen Menschen liefern uns *charakteristische Linien*, die auf zweyerley Weise wenigstens betrachtet werden können. Vors erste ihrer *innern Natur* nach, sodann ihrer *Lage* nach. Ihre innere Natur ist zweyerley, *gerade* oder *krumm*; ihre äußere ebenfalls, *perpendikulär* oder *schief*. – Beyde haben ihre mannichfaltigen Unterordnungen, die sich aber, wie schon bey Anlaß der Stirnen eine Probe gegeben worden, leicht klassifiziren lassen. – Kämen zu diesen Profilumrissen noch einige über einander stehende Grundlinien der Stirne – ich habe gar keinen Grund zu zweifeln, daß auf diese Weise sich nicht die Temperatur eines jeden Menschen überhaupt, das höchste und tiefste seiner Reizbarkeit gegen jeden gegebenen Gegenstand bestimmen lasse.

Das *Pathos* des Temperamentes, der Moment ihrer wirklichen Gereiztheit zeigt sich in *Bewegung der Muskeln*, die sich in jedem animalischen Körper nach der *Beschaffenheit* und *Form* desselben richtet. Zwar ist jeder Menschenkopf aller Bewegungsarten der Leidenschaften fähig. Jedoch jeder nur bis auf einen gewissen Grad. Da aber dieser Grad viel schwerer zu finden und schwerer zu bestimmen ist, als die Umrisse der Ruhe, auch sich daraus so leicht nicht auf den Grad der Elastizität und Reizbarkeit überhaupt schließen ließe – wie aus den ruhenden Umrissen, so könnte man sich vors erste mit diesen allein begnügen – und zwar weil das Haupt die Summe des Körpers, das Profil oder die Grundlinie der Stirn eine Summe des Hauptes ist – mit der Profillinie des Angesichts, oder der Grundlinie der Stirn. Itzt weiß man schon, daß jede Linie, je mehr sie sich dem Zirkelbogen, oder noch mehr dem Oval nähert – dem cholerischen Feuer entweicht; – sich hingegen ihm nähert, je *gerader* und *schiefer* und *gebrochener* sie ist.

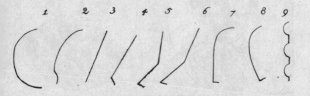

1. ist das Phlegma non plus ultra.
2. ist sanguinisch. 3. 4. 5. 6. ungleiche Grade des Hochcholerischen.
7. 8. 9. einige Linien des melancholischen; nämlich charakteristisch verstärkt.

Cholericus. *Phlegmaticus.*

Einige Beylagen zur physiognomischen Charakteristik der gewöhnlichen vier Temperamente.

A.

Choleriker, Phlegmatiker.

Hier ein *Choleriker* und *Phlegmatiker*, von vorne und im Profil anzusehen.

Wieder ein Beweis unsers Satzes, die Temperamente sind auch ohne Farbe, ohne Leben, ohne Blick sogar – so wenig wir die Bedeutsamkeit des Blickes verwerfen oder ausschließen wollen, *durch bloße Umrisse* erkennbar.

Was in dem Gesichte des Cholerikers *eckigt* ist, ist cholerisch; was fleischig rund ist, im Phlegmatiker *phlegmatisch*.

Die Nasenspitze im Profile des Charakters ist für die sehr cholerische Unterlippe zu phlegmatisch. Das Auge im Profile des Phlegmatikers, als eines solchen, zu cholerisch.

Die Augenbrauen des Cholerikers, als Cholerikers, hätten stärker, und die Stirne nicht so zart und feineckigt seyn sollen. Das Vollgesicht des Cholerikers ist überhaupt viel zärter, als das Profil, und für den Choleriker zu zart. Der Mund ist beynahe ganz sanguinisch. Das Auge ist am wenigsten für die Cholera ausschließend charakteristisch.

Charakter der Cholera liegt sonst viel in der Zeichnung des Auges – Entweder – wenn der Augapfel hervordringt, viel Weißes unter dem Sterne noch sichtbar ist – aber dieß ja nicht allein; sondern zugleich das obere Augenlied sich zurückschiebt, daß man fast gar nichts davon wahrnimmt, wenn sich das Auge öffnet.

Oder, wenn das Auge tief liegt, die Umrisse davon sehr bestimmt, und fest und ohne viele Schweifung sind. Des Phlegmatikers Umrisse sind durchaus lockerer, stumpfer, hängender, ungespannter. Die Umrisse der Augen geschweift. Wohl verstanden; es giebt andere Kennzeichen noch viel; nicht alle Phlegmatiker haben dieß Zeichen; aber wer's hat, ist gewiß Phlegmatiker.

Wenn die vorstehende Unterlippe, die jedoch *an sich* immer ein Zeichen des Phlegma ist, indem sie offenbar vom Ueberflusse, und nicht vom Mangel der Feuchtigkeiten herrühret, *eckigt*, scharfgezeichnet ist, wie im Profile unsers Cholerikers – so ist's Zeichen von *cholerisirtem Phlegma*, das heißt, von der Siedbarkeit des Wassers – ist sie weich, abgestümpft, kraftlos, hängend, so ist's reiners Phlegma.

Beylage B.

Sanguiniker. Melancholiker.

Unser Sanguiniker hat zu viel Phlegma. Sonst sind Aug' und Stirn und Nase vollkommen sanguinisch – nicht ganz bogigt, nicht hart, zurückgehend, weich und doch bestimmt. – Der Melancholiker im Profil ist melancholischer, als der mit dem Vollgesichte, welches mehr verachtet, als leidet. Beyde haben auch eine ungleiche Stirn. Die obere ist melancholischer und gerade so schwach, als nöthig ist, um von jeder kleinen Last dunkler Ideen schwer gedrückt zu werden.

Ich habe es an sehr viel Melancholikern bemerkt, daß sie bey den Schläfen Vertiefungen haben.

Das Auge des obern ist wahrhaft melancholisch. Das untere mehr durchblickend, als matt erlischend. – Die Augen der Melancholiker rollen entweder schnell und scheinen hervorzudringen – oder sie starren still.

Gegen die Lippen herunter sich senkende Nasen habe ich an vielen Melancholikern, und an keinem einzigen bemerkt, bey dem melancholisches Temperament nicht bisweilen wenigstens herrschend ist. Auch vorstehende Unterlippen und kleines nicht sehr stumpfes, nicht sehr fleischiges Kinn.

Besonders aber ist der Zug vom Auge herunter bis zum Kinne, und der von der Nase bis unter den Mund äußerst

Sanguineus   *Melancholicus*

melancholisch – so wie's auch Haar und Kleid und Stellung ist.

Es giebt Melancholiker mit sehr sanguinischem Temperamente. Menschen von feiner Reizbarkeit, feinem moralischen Gefühle, die zu Lastern hingerissen worden und werden – die sie tief verabscheuen, und denen zu widerstehen sie doch keine Kraft haben. Der Charakter dieser ihrer tiefen Traurigkeit und Muthlosigkeit schwebt im immer ausweichenden Blick und wenigen wider einander stehenden Fältchen der Stirnhaut – Und wie die eigentlichen Melancholiker größtentheils ihren Mund verschlossen haben – so sind dieser ihre Lippen in der Mitte immer etwas offen. Kleine Nasenlöcher bemerkte ich an sehr vielen Melancholikern. Und selten haben sie ordentlich und nett gereihete und reinlich weiße Zähne.

Beylage C.

Hier eine noch mehr charakteristische Tafel, nach den geprüftesten Beobachtungen angegeben.

Bey dem *Phlegmatiker* ist der Uebergang von der Nase zur Lippe unphlegmatisch und heterogen. Die Schweifung des obern Augenliedes ist nicht phlegmatisch genug.

Der *Choleriker* dürfte noch eine eckigtere Nasenspitze und schärfer gezeichnete Lippen haben.

Der *Sanguiniker* ist beynahe unverbesserlich – nur dürfte die Nase vom Munde noch etwas weiter abstehen. Ueber der Nase dürfte der *Melancholiker* eine schärfere Vertiefung haben, und noch einen Einbug an der Kinnlade, nahe beym Ohre.

[...]

Beschluß.

Und nun lege ich auf itzt – die physiognomische Feder nieder . . . und mit welcher Empfindung? – – Gewiß, Leser! nicht mit der stolzen des Triumphs – gewiß mit dem tiefsten Gefühle der Mängel, Fehler und Unvollkommenheiten meines Werkes; gewiß mit der Ueberzeugung – unendlich viel weniger geleistet zu haben, als geleistet werden kann. Gleichsam nur an der Schwelle habe ich hin und her gedeutet, und Wege gezeigt, die ich gieng – und Wege, die ich als gangbar vermuthete – und vorgelegt nach Möglichkeit, was ich fand auf meinem Wege. *Viel* versprach ich nicht. Kann die Welt nicht zufrieden seyn, wenn ich allenfalls – vielleicht etwas *mehr* geleistet, als ich *versprach*; so kann mein Herz zufrieden seyn, wenn es hoffen darf, durch dieses Werk, und zwar durch *jedes Fragment* desselben – *Menschenkenntniß* und *Menschenliebe* befördert und erweitert zu haben.

Von Herzen verachte ich alle Selbsterhebung autorschaftlicher Eitelkeit und Anmaßung.

Von Herzen auch alle Selbsterniedrigung, die nicht aus innerstem Drange herrührt.

Also kann und darf ich weiter nicht viel von dem Werthe oder Unwerthe gegenwärtiger Versuche sagen.

Die Billigkeit wird sich's, ohne mein Erinnern, zur Pflicht machen, alles, was in diesem Felde geleistet worden vor mir – zu messen und zu vergleichen mit dem, was ich neu geleistet habe, und nach der Beschaffenheit meines Berufs und meiner Umstände und meiner Vorgänger leisten konnte.

So viel aber muß man mir und meiner Ueberzeugung selber zu sagen erlauben.

Den Werth haben diese Fragmente, daß nichts *blindlings nachgeschrieben*, sondern alles, richtig nun, oder unrichtig – gut oder schlecht – alles *selbst durchgedacht* ist, was ich als Räsonnement – *Selbsterfahrung* alles, was ich als besondere

Bemerkung, und *selbst geahndet*, was ich als Ahndung gab.
Ich gab nichts, als was *mir* wenigstens so, wie ich's gab,
Wahrheit war, und wie ich glaubte, *nützliche* Wahrheit.

Diese Ueberzeugung allein ist's, die mich itzt am Ende
tröstet, hält, trägt, beruhigt – und mir jedes unverdiente
Lob, und jeden unverdienten Tadel in gleichem Grade unbedeutend macht.

Diese Ueberzeugung allein ist's, die mich noch beruhigen
kann, wenn alle Sichtbarkeit meinem Blicke wird verschwunden seyn – alle Empfindungen verschlungen werden
von der einzigen: *O Eitelkeit der Eitelkeiten! Alles ist eitel!*

In diesem heißen – aus des Lebens Thaten und Empfindungen allen zusammen stralenden Brennpunkte – was wird
meinem Herzen Kühlung seyn – als du – süße Empfindung –
daß es für die Menschheit kein göttlichers Vergnügen giebt,
als Wohlthun durch Wahrheit.

ἀληθευειν ἐν ἀγαπη.

Jeder Moment, der dir gegeben ist – vom Vater! – sammle
mein Herz Schätze dieses Vergnügens am milden Strale der
Sonne, die nichts ist, als *Wahrheit und Liebe!*

* * *

Nicht Namen hat die Menschenherrlichkeit!
Wer giebt mir zehentausend Stimmen?
Und jeder Stimme lebendigen Geist?
Nicht Namen hat die Menschenherrlichkeit!
Nein! Menschenvater! Namen nicht!
O du, Erstaunen meiner Sinnen all'!
Anbetung du der Unermeßlichkeit!
Verstummer aller Zungen, du!
Gestaltunfähiger Gestalter
Des Menschen Angesicht!
Mit welchen Stimmen, die die Erde
Den Erdelüften abentlehnt,
Mit welcher Thräne, geschöpft aus Mayen Thau,
Getrunken mit Morgenblicken der Anbetung,

Oder entschlürft der heiligsten Mondnacht?
Mit welcher Thräne jauchz' ich aus
Die immer frohere Freude:
Ich bin ein Mensch!
O du, der Unerforschlichkeiten aller
Unerforschlichste!
Du höchste der Höhn! der Tiefen tiefste!
Unaussprechlichkeit! . . . Gott! . . .
Der Lichter Licht, und dunkler
Als Erde-Mitternacht!
Du in den Höhen Weltentrager,
Korallen Krümmer am Felsen des Meers!
Du Licht des Nachtwurms in der Hecke!
Und Licht der Nebelsterne, Höchster!
Du Sonnenbestraler!
Und Menschenbeseeler im Traume der Nacht!
O du, den ich im Menschenangesicht
Erblick'! O du, den mir verkündigt
Bescheidner Weisheit stilles Lichtaug'!
Der mit mir spricht durch holde Lippen
Des Bruders und der Gattinn!
Der auf der keuschen Unschuld reinen Zahn
Wirft einen Mondstral seiner Herrlichkeit!
O du, durch den mein Auge Freude schöpft –
Aus allen Sichtbarkeiten –
O du, durch den mein Angesicht
Dem weiten Lichtgewölbe
Und aller Majestät der stillen Sterne
Offen ist, und offen ist dem Auge
Des Bruders und der Gattinn!
Wie sprech' ich aus die froheste der Freuden:
Ich bin ein Mensch!
O du Erstaunen aller Ewigkeiten!
Von deines Angesichtes Licht ein Stral!
Nicht Erde nur; ein ewiger Hauch
Von dir, von dir!

Ein Spiegel dein, in dem ich dich erkenn'!
Ein Spiegel dein, in dem du dich erkennst;
Zu bebend ist und Markdurchschauernd
Das Hochgefühl der Menschenherrlichkeit,
Versagt mir Verstummen und Sprache!
O Seyn, o Seyn der Menschheit!
Nicht Pflanzenwärme nur
Nicht Adlersonnendurst
Gabst du dem Staube, der meinen Namen trägt;
Gabst Schmachten ihm nach *dir* und *dich*,
Nach Ewigkeiten Durst –
Und Ewigkeiten!
Und gabst ihm Licht, zu sehn im Bruder Auge
Und zu verstehn den Blick der Ewigkeiten,
Und in dem Blick, was Welten schuf,
Und Lichtes Unerschöpflichkeit
Der Sonne gab;
Den Vaterstral aus deinem Angesicht!
O Seyn, o Seyn der Menschheit!
O das, was Welten schuf,
Und Lichtes Unerschöpflichkeit
Der Sonne gab,
Und Vaterstral und Ewigkeit
Im eignen Auge tragen:
Wer fühlt sie aus der Würden höchste?
Hat Worte? Wer? der Seligkeiten
Seligste zu nennen?
O du – ich Offenbarung dein,
Für jedes Angesicht,
Dem Ewigkeit dein Auge gab!
O du mir Offenbarung
In jedem Angesicht, in das du sprachst
Gedanken der Unsterblichkeit!
Mir ewig Offenbarung im Angesichte deß,
Durch den du sprachst in jedes Angesicht
Gedanken voll Unsterblichkeit!

O du, zu nennen nicht von allen Zungen!
Nicht auszupreisen von aller
Unsterblichkeiten Entzückung!
Im Angesichte Jesus Christus
Werd' ich dich sehn, wie du mich siehest. Amen! Amen!

Den 8. März 1778.

Anhang

Zu dieser Ausgabe

Der Text der vorliegenden Edition folgt dem Faksimiledruck nach der Erstausgabe 1775–78 (siehe Literaturhinweise): Johann Caspar Lavater, *Physiognomische Fragmente zur Beförderung der Menschenkenntnis und Menschenliebe*, 4 Bände, Zürich: Orell Füssli / Leipzig: Edition Leipzig, 1968–69. Die Orthographie und Interpunktion des Erstdrucks blieb grundsätzlich gewahrt; lediglich offensichtliche Druckversehen wurden stillschweigend verbessert, unter Berücksichtigung der Korrigenda in Band III zu den Bänden I und II, sowie in einigen Fällen fehlende Apostrophe nach dem überwiegenden Gebrauch in den Drucken ergänzt. *â*, *ô*, *û* wurde durch ä, ö, ü wiedergegeben sowie – aufgrund der Umstellung von Frakursatz in der Druckvorlage auf Antiquasatz im vorliegenden Neudruck – ſ durch s und ꝛc. durch *etc.* Textstellen, die innerhalb der Grundschrift des Originals (Fraktur) durch größeren Schriftgrad hervorgehoben sind, erscheinen kursiv. Auf die im Frakursatz übliche Auszeichnung von fremdsprachigen Ausdrücken in Antiqua mußte jedoch beim Antiquasatz des Neudrucks verzichtet werden. Ergänzungen des Herausgebers (Seitenverweise) stehen in eckigen Klammern; Textauslassungen sind durch Auslassungspunkte in eckigen Klammern gekennzeichnet.

Die Kupferstiche der Originalausgabe (die das ungewöhnliche Format von 25,5 × 29,5 cm aufweist) sind durchgehend verkleinert wiedergegeben.

Die nachfolgende Übersicht ermöglicht die Zuordnung der einzelnen Fragmente dieser Auswahl zur originalen Zählung der Gesamtausgabe; dabei bezeichnen die arabischen Ziffern der linken Spalte die Seitenzahl der vorliegenden Ausgabe, die römischen und arabischen Ziffern der rechten Spalte Band- und Fragmentnummer oder – für die Bände III und IV – Band-, Abschnitt- und Fragmentnummer der Erstausgabe.

Anmerkungen

3 [Titelvignette] Die Subscriptio zum Titelemblem hat Lavater in
Bd. 1, S. [a] recto, folgendermaßen formuliert: »Sieh die warnen-
de Güte! Sieh die Erfahrung, die still prüft, / An des Genius Seite,
der anschaut, was die Natur zeigt.« Erfahrung und Güte sollen
den Physiognomiker vor vorschnellem Urteil bewahren. Die mit
dem Triregnum geschmückte Göttin Natur zeigt eine Reihe von
Köpfen. Die unvollendete Pyramide versinnbildlicht den Frag-
mentcharakter des Werkes (Lichtenberg und Musäus deuten sie
als den babylonischen Turm der Verwirrung!). Das Schatzkästlein
rechts verweist auf die Kostbarkeit des Werkes, während der
Pelikan links als Symbol für den Opfertod Christi steht. Hinten
ist der brennende Dornbusch zu erkennen – das Antlitz Gottes
bleibt dem Menschen verhüllt. So ist das Emblem eine Zusam-
menstellung vertrauter Elemente.

5,33 *Allegationen:* Anführungen von Bibelstellen, Zitaten.

11,11 *dräuen:* drohen.

15,16 *insinuiren:* unterstellen, einflüstern.

16,28 *Lambert:* Johann Heinrich L. (1728–77), Philosoph, Mathematiker und Physiker, Universalgelehrter. Philosophisches Hauptwerk: *Neues Organon oder Gedanken über die Erforschung und
Bezeichnung des Wahren und dessen Unterscheidung von Irrtum
und Schein* (2 Bde., 1764).

17,5 *Heßen:* Felix Heß (1742–68), Jugendfreund Lavaters; über
dessen frühen Tod berichtet das Tagebuch von 1771.

17 [*] *Füeßlin:* Johann Heinrich Füßli (1741–1825), Schüler Bodmers (s. Anm. zu 109,27), befreundet mit Lavater, zusammen mit
dem Freund Verfasser eines aufsehenerregenden Flugblatts gegen
den Amtsmißbrauch des Grüninger Landvogts Grebel, 1763, das
zu dessen Verurteilung und Absetzung führte. Ursprünglich zum
Theologen bestimmt, bekannt geworden durch Odendichtungen
im Stile Klopstocks und des Sturm und Drang, wandte er sich der
Malerei zu und ging 1765 nach London; die Begegnung mit
Reynolds, dem angesehensten englischen Maler der Zeit, und ein
achtjähriger Aufenthalt in Rom (1770–78), wo er besonders die
Antike und Michelangelo studierte, wurden entscheidend für
seine künstlerische Entwicklung. Seit 1779 wieder in London,
gewann er als Maler, Zeichner und Kupferstecher im englischen

Kunstleben überragenden Einfluß (1804 Direktor der Royal Academy). Vgl. S. 378.

Klopstock, Raphael und Michelange: s. Anm. zu 109,28, 43,27 und 214,2.

18,17 *Zimmermann:* Johann Georg Z. (1728–95), Schweizer Arzt und Schriftsteller, Schüler Hallers (s. Anm. zu 109,32) und auch dessen späterer Biograph. Seit 1768 als Leibarzt in königlich-kurfürstlichen Diensten am Hofe Georgs III. in Hannover. Verfasser der vielgelesenen Abhandlungen *Über die Einsamkeit* (1756) und *Von dem Nationalstolze* (1758). Entdecker und Förderer von Lavaters physiognomischer Begabung (vgl. S. 36 und 377 f.).

19,7 *Klockenbring:* Friedrich Arnold K., Redakteur des *Hannoverischen Magazins,* wo 1772 Lavaters erste physiognomische Abhandlung erschien (vgl. S. 377).

19,29 *Radotages:* (frz.) hier etwa: Stammeleien.

20,20 f. *den Aristoteles ausschrieben:* Die physiognomischen Schriften des Aristoteles (384–322 v. Chr.; vgl. die Ausgabe von Richard Foerster: *Scriptores physiognomici,* 1893) werden heute seinem Schülerkreis, den sogenannten Peripatetikern, zugeschrieben.

24,7 *Zugabe:* Diese Zugabe stammt von Goethe (vgl. v. d. Hellen, S. 33 ff.).

25,16–18 *Der würdigste Gegenstand der Beobachtung … ist der Mensch:* Diese theologische Auffassung stimmt überein mit der aufklärerischen Maxime, die Alexander Pope (s. Anm. zu 228,18) in seinem *Essay on Man* (1733–34) wie folgt formuliert hat: »The proper study of mankind is Man.«

27,14 *eine gewisse Modephilosophie:* Damit ist die Leibnizisch-Wolffsche Metaphysik gemeint (vgl. Anm. zu 34,3 und 42,6). Die Zitate stammen aus der Popularphilosophie, konnten aber nicht genau nachgewiesen werden; Anklänge bei Christian Wolff in den *Vernünftigen Gedanken von Gott, der Welt und der Seele des Menschen, auch allen Dingen überhaupt* (1720; I, §§ 742 und 749) und Moses Mendelssohn (s. Anm. zu 314,3) in der *Abhandlung von der Unkörperlichkeit der menschlichen Seele* (1761) und in *Phaedon oder über die Unsterblichkeit der Seele* (1767).

29,6 *Fibern:* hier: Nervenfasern (medizinisch: Fibrillen).

34,2 *Newton:* Isaac Newton (1643–1727), englischer Physiker, Mathematiker und Astronom, mit der Entdeckung des Gravitationsgesetzes und der Formulierung dreier Axiome der Mechanik (unter Einbeziehung der Galileischen Theorie der Bewegung) Begründer der klassischen Physik. Hauptwerk: *Philosophiae naturalis principia mathematica* (1687). Ebenso grundlegend wurden seine Untersuchungen zur Natur des Lichts. Vgl. Anm. zu 170,8.

34,3 *Leibnitz:* Gottfried Wilhelm Leibniz (1646–1716), Philosoph, Mathematiker, Universalgelehrter. Philosophische Hauptwerke: *Discours de Métaphysique* (1686), *Système Nouveau de la Nature et de la Communication des Substances, aussi bien que de l'Union, qu'il y a entre l'Âme et le Corps* (1695), *Nouveaux Essais sur l'Entendement Humain* (1704), *Essais de Théodicée sur la Bonté de Dieu, la Liberté de l'Homme et l'Origine du Mal* (1710), *Principes de la Philosophie ou Monadologie* (1714).

34,9 *eines Labradoriers:* Labrador: kanadische Halbinsel, 1497 von dem italienischen Seefahrer Giovanni Caboto entdeckt und 1501 von dem Portugiesen Cortereal so benannt.

36,4 *Zimmermann:* s. Anm. zu 18,17.

36,5 *Kämpf:* Johann Philipp K.; bekannter wurde sein Sohn Johann K. (1726–87) als Unterleibsspezialist.

38 [*] *Ac mihi ... viderentur:* (lat.) Mir freilich[,Quiriten,] erschienen einerseits die Briefe, Siegel, Handschriften, sodann das Geständnis eines jeden als ganz deutliche Beweise und Anzeichen für den Frevel, andererseits als noch weit deutlichere jene: ihre Gesichtsfarbe, ihre Augen, ihre Mienen, ihr Schweigen. So betäubt waren sie nämlich, so blickten sie zur Erde nieder, so verstohlen sahen sie einander manchmal an, daß sie nicht von anderen angezeigt zu werden, sondern sich selbst anzuzeigen schienen. (Cicero, *In Catilinam* 3,13; Marcus Tullius Cicero, *Vier Reden gegen Catilina*, lat./dt., übers. und hrsg. von Dietrich Klose, Stuttgart 1972 [u. ö.], Reclams Universal-Bibliothek, 9399 [2], S. 73.)
Conscientia ... in vultu: (lat.) Das Gewissen läßt sich am Blick ablesen. (Seneca, *De beneficiis* 2,52,2.)

39,3 *Sulzer:* Johann Georg S. (1720–79), Philosoph und Pädagoge, Schüler von Bodmer und Breitinger (s. Anm. zu 109,27 und 166,22). Mit seinem enzyklopädischen Hauptwerk *Allgemeine Theorie der Schönen Künste* (2 Bde., 1771–74) übte er einen bestimmenden Einfluß auf die Ästhetik der deutschen Aufklärung aus. Lavater besuchte ihn 1763 in Berlin, wo er durch Friedrich d. Gr. Direktor der Ritterakademie geworden war.

40 [*] *seine [Baumgartens] idealische Definition von Scientia:* Lavater zitiert ungenau; in der *Metaphysica* (1739) des Philoso-

phen und Wolff-Schülers Alexander Gottlieb Baumgarten (1714–62) heißt es: »scientia signorum est (semiotica, semiologia philosophica, symbolice) characteristica« – »die Wissenschaft von den Zeichen ist (die Semiotik, die philosophische Zeichenlehre, auf symbolische Weise) die allgemeine Zeichenkunst« (§ 349). Mit dem späteren Werk *Aesthetica* (2 Tle., 1750–58) wurde B. zum Begründer der Ästhetik als selbständiger Disziplin.

40 [**] *Lithotheologie:* Teil der im 18. Jh. »Physikotheologie« genannten Lehre, welche Gottes Existenz aus der zweckmäßigen Beschaffenheit der Natur (in diesem speziellen Falle aus den Steinen) ableitet.

42,6 *Wolf:* Christian Wolff (1679–1754), Mathematiker und Philosoph, dessen Philosophie in ihrer Strenge, Klarheit und systematischen Geschlossenheit besonders von dem universalen Denken Leibniz' geprägt wurde, jedoch keinesfalls – wie noch im 19. Jh. weithin behauptet – als bloßes Systematisieren Leibnizscher Gedanken aufgefaßt werden kann, die zudem erst dadurch katheder-fähig gemacht worden wären. W., vor Kant der einflußreichste Philosoph der deutschen Aufklärung, schrieb seine Hauptwerke in deutscher Sprache (lateinische Fassungen entstanden erst später und blieben z. T. unvollendet), wodurch er entscheidenden Anteil an der Entwicklung einer deutschen Wissenschafts- und Philosophiesprache hatte.

42,15 *Bonnet:* Charles B. (1720–93), Genfer Naturforscher, Naturphilosoph und Psychologe. Lavater übersetzte 1769/70 dessen Hauptwerk *La Palingénésie philosophique* (2 Bde., 1769).

43,27 *Dürer:* Albrecht D. (1471–1528), Nürnberger Maler, Zeichner, Kupferstecher und Holzschneider.
Raphael: Raffael, eigtl. Raffaello Santi (1483–1520), italienischer Maler der Hochrenaissance.

44,22–33 *»Jetzt erkennen wir … Amen!«:* Das Zitat ist eine Paraphrase von 1. Kor. 13,9; die Vermutung, es stamme von Hamann (s. Anm. zu 176,18), konnte nicht erhärtet werden.

47 [*] *Dominatur … pro omnibus verbis:* (lat.) Beherrschend aber ist vor allem der Gesichtsausdruck. Hierdurch erscheinen wir flehend, hierdurch auch bald drohend, bald schmeichelnd, bald heiter, bald stolz erhaben, bald unterwürfig; an ihn hängen die Menschen ihre gespannten Blicke, er wird beobachtet, schon ehe wir die Rede beginnen; er bekundet, daß wir manches lieben oder hassen, er macht uns das meiste verständlich und ersetzt oft alle

Worte. (Marcus Fabius Quintilianus, *Institutio oratoria* 11,3,72; übers. und hrsg. von Helmut Rahn, Darmstadt 1975, S. 636 f.)

58,19 *Gellerts Lied:* »Warnung vor der Wollust« (Str. 13) von Christian Fürchtegott Gellert (1715–69), der als Lyriker (*Lieder*, 1743; *Geistliche Oden und Lieder*, 1757) und Fabeldichter (*Fabeln und Erzählungen*, 2 Tle., 1746–48), als Verfasser von Rührkomödien (u. a. *Die zärtlichen Schwestern*, 1747) und des ersten deutschen Familienromans (*Leben der schwedischen Gräfin von G****, 2 Tle., 1747–48) einer der populärsten Autoren der Aufklärungszeit war.

59,23 *Sokrates:* S. (470–393 v. Chr.), griechischer Philosoph; galt als Muster der Häßlichkeit.

59,27 *Recensent:* Der Rezensent der *Allgemeinen Deutschen Bibliothek* ist Friedrich Nicolai (1733–1811), der Herausgeber der Zeitschrift. Das Zitat findet sich weder in dieser Rezension noch in denen der *Frankfurter Gelehrten Anzeigen* und des *Deutschen Museums.*

59,30 *Constantinus:* Flavius Valerius Constantinus (um 280–337; Konstantin d. Gr.), römischer Kaiser, der nach dem Sieg über seinen Rivalen Maxentius an der Milvischen Brücke (312) sich zum Gott der Christen bekannt haben soll, jedenfalls das Christentum hinfort förderte und sich kurz vor seinem Tode taufen ließ.

63,15 *Helvetius:* Claude-Adrien Helvétius (1715–71), französischer Philosoph aus dem Kreis der Enzyklopädisten; 1765/66 am Hof Friedrichs II. Konzipierte eine praktische Philosophie, die keinerlei angeborene geistige Fähigkeiten anerkennt, die Bestimmung des Menschen vielmehr durch Erfahrung und Bildung in seiner Umwelt erklärt und den sozialen Fortschritt in der Möglichkeit von Gesetzgebung und Erziehung sieht, die Normen menschlichen Handelns zu verändern. Sein Hauptwerk *De l'Esprit* (1758) wurde 1759 (ersch. 1760) von Gottsched ins Deutsche übersetzt.

64,23 *der größte Erziehungskünstler:* Johann Bernhard Basedow (1727–90), Reformpädagoge, Begründer des Philanthropinums in Dessau. Lavater setzte sich für die Verbreitung von dessen *Elementarwerk* (4 Bde., 1774) in der Schweiz ein.

67,32 *mährischen Brüdern:* Mährische, auch Böhmische Brüder, eine religiöse Gemeinschaft, 1467 gegründet, die ein Leben nach den Grundsätzen des Urchristentums erstrebte; ihr letzter Bischof war der Pädagoge Johann Amos Comenius (1592–1670). Reste der

M. B. siedelten sich 1722 auf den Zinzendorfschen Besitzungen an.

67,32 *Mennoniten:* eine im 16. Jh. aus der Täuferbewegung entstandene niederländische Glaubensgemeinschaft, die von Menno Simons geführt wurde; s. Anm. zu 254,19.

68,10 *exequirten:* ausgestatteten.

69,6 *Raphaels:* s. Anm. zu 43,27.

Guidos: Guido Reni (1575–1642), italienischer Maler des bolognesischen Barock.

69,7 *Wests:* Benjamin West (1738–1820), englischer Maler, schuf als Hofmaler Georgs III. große Historienbilder; Mitbegründer der Royal Academy.

Mengs: Anton Raphael M. (1728–79), Maler des deutsch-römischen Klassizismus; auch Kunstschriftsteller. Mit Winckelmann (s. Anm. zu 109,34) befreundet.

Füeßlins: s. Anm. zu 17 [*].

70,13 *Es wird in Unehre gesäet und herrlich auferweckt:* vgl. 1. Kor. 15,43.

71,23 *Lairesse:* Gérard de L. (1641–1711), flämischer Maler und Radierer, Vertreter des Klassizismus.

71,24 *Le Brüns:* Charles Le Brun (1619–90), französischer Maler, Ornamentzeichner und Dekorateur, Mitbegründer der Akademie, »Premier Peintre du Roi« am Hof Ludwigs XIV. und Direktor der königlichen Tapetenmanufaktur; seit 1668 verantwortlich für die gesamte Innendekoration des Versailler Schlosses.

Rembrands: Rembrandt Harmensz. van Rijn (1606–69), holländischer Maler, Radierer und Zeichner.

71,25 *Golzius:* Hendrik Goltzius (1558–1617), holländischer Kupferstecher, Radierer, Zeichner und Maler.

Holbeins: Hans Holbein d. J. (1497–1543), Maler und Zeichner, bedeutendster Porträtist der Dürerzeit.

71,27 *Titians:* Tizian, eigtl. Tiziano Vercellio (1476/77–1576), italienischer Maler der Hochrenaissance.

Vandyks: Anthonis van Dyck (1599–1641), flämischer Maler und Radierer, bedeutend vor allem als Porträtist.

74,10 f. *Seine Erasmus alle ... seine Pelikans, Howards, Morus:* Porträts von Holbein: Erasmus (1469–1536) hat H. öfter gemalt und in Holz geschnitten, 1523 und um 1530. In Basel entstanden 1519–26 sechs Passionsbilder. (*Pelikans:* vgl. Anm. zu 3 [Titelvignette].) Von Henry Howard (1517–47), dem englischen Renaissancedichter, gibt es mehrere Zeichnungen in Windsor

Castle. Den Lordkanzler Thomas Morus (1478–1535) malte H. mehrmals, auch im Kreise seiner Familie.

77,28–31 *Denn, o Tiefe des Reichthums ... daß er sich aller erbarmte:* vgl. Röm. 11,32 f.

81,2 *Hogarth:* William H. (1697–1764), englischer Maler und Kupferstecher, bedeutendster Vertreter der satirischen Malerei und Karikatur. Kunsttheoretische Schrift: *Analysis of Beauty* (1753).

81,14 *Roußeau ... Aemil: Émile* (1762), Erziehungsroman von Jean-Jacques Rousseau; s. Anm. zu 229,8.

81,14 f. *der vorige König in Preußen:* Friedrich Wilhelm II. (1713–40); sein Sohn: Friedrich II. (1740–86).

82,11 *der Wernersche Christus:* Johann Werner (um 1600–56), Maler und Bildhauer. Von ihm sind eine Christus-Skulptur (1637) sowie Gemälde mit der Geißelung, der Dornenkrönung, Kreuztragung, Kreuzanheftung und Grablegung Christi überliefert.

90,30 *Preyslers Zeichnungsbuch:* Johann Daniel Preßler (1666 bis 1737), Maler und Kupferstecher, seit 1704 Direktor der Nürnberger Akademie. Gab mehrere Zeichenvorlagenwerke heraus, z. B. *Gründliche Anleitung, welcher man sich im Nachzeichnen schöner Landschaften bedienen kann* (1734).

90,31 *Hagedorn:* Christian Ludwig von H. (1712–80), Kunstgelehrter und Sammler, Bruder des Dichters Friedrich von H.; seit 1764 Direktor der Akademie und Gemäldegalerie in Dresden. Sein Buch *Betrachtungen über die Malerei* (2 Bde., 1762) war weit verbreitet.

90,32 *Boerhave:* Herman Boerhaave (1668–1738), führender niederländischer Mediziner seiner Zeit (Lehrer u. a. von Haller, s. Anm. zu 109,32).

90,33 *Grotius:* Huigh De Groot, gen. Hugo Grotius (1583–1645), niederländischer Jurist, Staatsmann und Sozialphilosoph, Begründer des modernen, aus dem Naturrecht entwickelten Völkerrechts. Hauptwerk: *De jure belli ac pacis* (1625).

Puffendorf: Samuel Frhr. von Pufendorf (1632–94), Jurist und Historiker. Ausgehend von den Lehren des Grotius, gewann seine Staats- und Völkerrechtstheorie für den souveränen Staat im aufgeklärten Absolutismus eine führende Bedeutung. Hauptwerk: *De jure naturae et gentium* (1672).

90,34 *Montesquieu:* Charles de Secondat, Baron de la Brède et de M. (1689–1755), französischer Schriftsteller und Staatsphilosoph. Sein Hauptwerk *De l'Esprit des Lois* (1748) hat nicht nur auf den Gang der Aufklärung in Frankreich, auf die Wissenschaft vom Staat und die Verfassungen dieses Jh.s den größten Einfluß gehabt, sondern auch auf die Politik des folgenden Jh.s.

101,16 *leves gustus:* (lat.) mit leichten Kostproben.

101,33 *Arkanum:* Geheimnis, Wundermittel.

105,9 f. *Ich bin nicht gekommen Friede zu senden, sondern das Schwerdt:* Mt. 10,34.

107,27 *Rubens:* Peter Paul R. (1577–1640), flämischer Barockmaler. *Vandyk, Raphael:* s. Anm. zu 71,27; 43,27.

108,7 *policirten ... Verfassungen:* in Ordnung gebrachten, gesitteten Zustände.

108 [*] *Aus einem Schreiben eines Freundes:* Die Stelle findet sich nicht in den Briefen Goethes, Herders, Hamanns oder Lenz'. Ähnliche Passagen über die verweichlichte Gegenwart, die der ungekünstelten Menschengröße wieder bedürfe, finden sich in den *Physiognomischen Fragmenten* häufiger (z. B. Bd. 2, S. 23).

109,25 *Vanderwerf:* wahrscheinlich Verschreibung für: Jan van der Meer, gen. Vermeer van Delft (1632–75), holländischer Maler.

109,27 *Geßners:* Salomon Geßner (1730–88), Schweizer Dichter, Meister der Prosaidylle; seit 1762 überwiegend als Maler, Kupferstecher und Radierer tätig; nach dem Tod des Vaters (1775) auch Verleger in Zürich.
Bodmers: Johann Jakob Bodmer (1698–1783), Initiator der Zürcher Aufklärung. 1725–75 Professor für helvetische Geschichte am Zürcher Collegium Carolinum (Gymnasium); Lehrer Lavaters. Organisator des literarischen Lebens in Zürich, Förderer junger Talente (Klopstock, Wieland u. a.). B. war selbst dichterisch und vor allem literaturtheoretisch in der Auseinandersetzung mit Gottsched tätig (vgl. Anm. zu 166,22). – Arche: bezieht sich auf B.s religiöses Epos *Noah* (1750), später umgearbeitet und erweitert u. d. T. *Die Sündflut* (1753) und *Die Noachide* (1765).

109,28 *Klopstocks:* Friedrich Gottlieb Klopstock (1724–1803), in seiner Lyrik und Epik Erneuerer der deutschen Verskunst und der poetischen Sprache. Lavater wurde durch das religiöse Epos *Der Messias* (4 Bde., 1748–73) stark beeinflußt. Figuren aus dem *Messias* werden hier genannt: Eloa (d. i. Elohim), der »(Gott-) Erwählte« (1. Gesang, V. 291 ff.); die Samma-Episode findet sich im 2. Gesang, V. 106 ff.

109,32 *Haller:* Albrecht von H. (1708–77), Schweizer Dichter, Mediziner, Universalgelehrter. Verfasser philosophischer Natur- und Lehrgedichte wie *Die Alpen* (1729), *Gedanken über Vernunft, Aberglauben und Unglauben* (1729), *Die Falschheit menschlicher Tugenden* (1730), *Über den Ursprung des Übels* (1734), *Unvollkommenes Gedicht über die Ewigkeit* (1736), die als eigentlicher Beginn der Gedankenlyrik in der deutschen Literatur zählen.

109,34 *Winkelmannen:* Johann Joachim Winckelmann (1717–68), Archäologe und Kunsthistoriker, der wesentlich an der Wiederentdeckung der antiken Kunst, besonders der griechischen Antike, beteiligt war. Hauptwerke: *Gedanken über die Nachahmung der griechischen Werke in der Malerei und Bildhauerkunst* (1755), *Sendschreiben von den herculanischen Entdeckungen* (1762), *Geschichte der Kunst des Altertums* (2 Bde., 1764), *Monumenti antichi inediti* (2 Bde., 1767–68).

110,3 *Cicero:* Marcus Tullius C. (106–43 v. Chr.), römischer Redner, Schriftsteller und Politiker; wurde 43 ermordet.

Cäsar: Gaius Iulius Caesar (100–44 v. Chr.), römischer Feldherr, Schriftsteller und Politiker; wurde 44 ermordet.

110,4 *Solon:* S. (um 640– um 560 v. Chr.), athenischer Politiker, Gesetzgeber, Dichter.

110,5 *Brutus:* Marcus Iunius B. (85–42 v. Chr.), einer der Mörder Caesars.

Plato: Platon (427–347 v. Chr.), griechischer Philosoph.

110,6 f. *Montesquieu:* s. Anm. zu 90,34.

110,7 *Sagacität:* Scharfsinn.

110,9 *Locken:* John Locke (1632–1704), englischer Philosoph, gilt mit seinen Hauptwerken *An Essay concerning Human Understanding* (1690) und *Two Treatises of Government* (1690) als einer der einflußreichsten Denker der europäischen Aufklärung.

110,10 *Voltairen:* François-Marie Arouet, gen. Voltaire (1694 bis 1778), französischer Dichter, Philosoph und Historiker. Universaler Schriftsteller, dessen Œuvre enzyklopädischen Umfangs den Höhepunkt der französischen und europäischen Aufklärung markiert. Von seinen Dichtungen, die – wie nahezu alle Werke V.s – immer auch satirische, witzig-ironische Kampfschriften waren gegen religiöse, moralische, soziale Vorurteile, gegen Dogmatik und metaphysische Spekulation, gegen religiösen Fanatismus und geistige Intoleranz, gegen absoluten Wahrheits- und Machtanspruch, gegen Mißstände des Ancien régime und der Hofgesellschaft und die für Besserung der menschlichen Verhältnisse warben, seien hier nur genannt die Epen *La Henriade* (1723/28) und *La Pucelle d'Orléans* (1733/62), die Erzählungen *Zadig ou la Destinée* (1747), *Candide ou l'Optimisme* (1759) und *L'Ingénu*

(1767), die Tragödien *Mahomet* (1742) und *Tancrède* (1760), beide 1802 von Goethe übersetzt; von seinen philosophischen Schriften im engeren Sinne die *Lettres philosophiques* (1734), der *Traité sur la Tolérance* (1763) und der *Dictionnaire philosophique portatif* (1764); von seinen historiographischen Werken *Le Siècle de Louis XIV* (1751/66) und *Essai sur les Mœurs et l'Esprit des Nations et sur les Principaux faits de l'Histoire depuis Charlemagne jusqu'à Louis XIII* (1756/69).

111,7 *Sanderson:* konnte nicht ermittelt werden.

114,1 *Air:* (frz.) Aussehen, Haltung.

114,20 f. *Worte eines Recensenten:* s. Anm. zu 59,27.

122,3 *Vier Silhouetten:* Die vier Bildnissilhouetten stellen nach Lavaters Handexemplar dar: (1) Magdalena Forrer, (2) Frau Pestalozzi, (3) Maria Lochner, (4) Caroline Herder. Zu »Silhouette« und »Schattenriß« vgl. Anm. zu 152,15.

127,10 *Etourderie:* (frz.) unüberlegtes Handeln.

127,17 *Umriß von einem der größten und reichsten Genies:* Konnte nicht ermittelt werden.

129,1 *Kleinjogg:* eigtl. Jacob Gujer (1716–85), der unter dem Namen »Kleinjogg« berühmt gewordene Bauer aus Wermatswil.

130,5 *Hirzel:* Johann Caspar H. (1725–1803), Zürcher Stadtarzt und Volksaufklärer. Verfasser des Traktats *Die Wirtschaft eines philosophischen Bauern* (1761), worin er den fortschrittlichen Landwirt Kleinjogg als Muster vorstellte.

130,8 *saisirt:* erfaßt, begriffen.

130,21 *Xenophon:* X. (um 430 – um 354 v. Chr.), griechischer Schriftsteller, Schüler des Sokrates. Verfasser von Erinnerungen an Sokrates und einer Verteidigung des Sokrates.

131,19 *Panegyrist:* Lobredner.

135,15 *Dinglingers:* Johann Melchior Dinglinger (1664–1731), Goldschmied und Emailleur in Dresden.

135,22 *Wreens:* Christopher Wren (1632–1723), englischer Architekt, bis 1660/61 als hervorragender Astronom und Mathematiker tätig. Sein bedeutendstes Werk ist die St. Paul's Cathedral in London (1675–1710).

140,17 *Messiade:* Gemeint ist Klopstocks *Messias,* s. Anm. zu 109,28.

151,17 *Palliatife:* Linderungsmittel.

151,24 *Momus:* in der griechischen Mythologie Personifikation des Tadels, der bloßlegenden Beobachtung und Kritik.

152,15 *Schattenrisse:* Die Kunst des Schattenrisses kam um die Mitte

des 18. Jh.s aus Frankreich. Der Ausdruck »Silhouette« für
das Schattenbild wurde benannt nach dem Finanzminister Ludwigs XV., Etienne de Silhouette, dessen Sparmaßnahmen die teu-
re Miniaturmalerei durch den billigeren Schattenriß zu erset-
zen suchte. Vom Originalriß konnten Verkleinerungen mit Hilfe
des sogenannten Storchenschnabels maßstabgetreu hergestellt
werden.

152 [*] *Deutscher Merkur 1775: Der Teutsche Merkur*, August 1775,
S. 116 (aus der »Geschichte des Philosophen Damischmend« von
Christoph Martin Wieland).

159,14 *Belial:* Teufel, Satan, Antichrist.

160,3 *perpendikulare:* perpendikular: vertikal, rechtwinklig auf die
Horizontale auftreffend (von lat. *perpendiculum* ›Senklot, Richt-
schnur‹).

162,31 f. *Schattenbild eines der größten Männer unserer Zeit:*
Gemeint ist Karl Ulysses von Salis (1728–1800), Begründer des
Philanthropinums zu Marschlins (Graubünden), an dem u. a. Carl
Friedrich Bahrdt unterrichtete. Mit Lavater befreundet.

166,16 f. *2. scheint ein entsetzlich heftiger ... Kopf zu seyn:* Abb. 2:
nach Lavaters Handexemplar Matthias Meyer aus Turbenthal.

166,22 *J. J. B.:* Johann Jakob Breitinger (1701–76), seit 1731 Professor für hebräische, später auch für griechische Sprache und Literatur am Zürcher Collegium Carolinum, zusammen mit seinem
Freund Bodmer (s. Anm. zu 109,27) Verfasser wichtiger ästheti-
scher und literaturtheoretischer Schriften im sogenannten Litera-
turstreit mit Gottsched; programmatisches Hauptwerk: *Critische
Dichtkunst* (1740), eingeleitet von Bodmer, gegen Gottscheds
Versuch einer Critischen Dichtkunst vor die Deutschen (1730).

168,13 f. *Verfasser des Sendschreibens:* Gemeint ist das *Sendschreiben an den Verfasser der Nachricht von den Zürcherischen
Gelehrten im ersten Bande der allgemeinen theologischen Bibliothek [...] von einem Zürcherischen Geistlichen* (1775), eine gegen
Lavater gerichtete Streitschrift Johann Jakob Hottingers. Lavater
wurde dagegen von dem Zürcher Theologen Johann Jakob Hess
und von seinem Freund Johann Konrad Pfenninger (vgl. Anm. zu
319,15) in Schutz genommen: *Appellation an den Menschenverstand, gewisse Vorfälle, Schriften und Personen betreffend* (1776).

170,3 *Sapere aude! Incipe!:* (lat.) Wage zu wissen! Fang an! (Horaz,
Episteln 1,2,20.) »Sapere aude!« war ein Leitspruch der Aufklä-
rung; vgl. Immanuel Kant, »Beantwortung der Frage: Was ist
Aufklärung?« (1784), in: *Was ist Aufklärung? Thesen und Defi-*

nitionen, hrsg. von Ehrhard Bahr, Stuttgart 1974 [u. ö.] (Reclams Universal-Bibliothek, 9714), S. 9.

170,8 *Isaac Neuton. Vier schattirte Köpfe:* Der Text stammt von Goethe (vgl. v. d. Hellen, S. 218–226); vgl. Anm. zu 34,2.

170,21 *immanieren:* hier: aufnehmen.

176,18 *H....nn:* Johann Georg Hamann (1730–88), philosophischer Schriftsteller. Unterzog den Rationalismus der Aufklärung radikaler Kritik und forderte – auch gegen Kants kritischen Vernunftbegriff gerichtet – eine Philosophie der individuellen Glaubensgewißheit. H.s Ideen, sein Denk- und Sprachstil hatten große Wirkung auf die Sturm-und-Drang-Bewegung, besonders auf den jungen Herder (mit dem er befreundet war), und die Romantik. Hauptwerke: *Sokratische Denkwürdigkeiten* (1759), *Kreuzzüge des Philologen* (1762; darin u. a. *Aesthetica in nuce*). Stand in brieflichem Verkehr mit Lavater. – Der Text stammt von Herder (vgl. Johann Gottfried H., *Sämtliche Werke,* hrsg. von Bernhard Suphan, Bd. 9, Berlin 1893, S. 471 f.). Nur der letzte Abschnitt (»Der Umriß hier ...«) ist von Lavater.

176,19 *Satrapen:* Satrap: im persischen Reich unter den Achaimeniden (553–331 v. Chr.) Titel eines Großstatthalters, Stellvertreters des Großkönigs, unter den Sassaniden (224–642/651 n. Chr.) eines Stadtfürsten; in der Zeit des Reichsverfalls seit dem Ende des 5. Jh.s v. Chr. wurden die Satrapen zu selbstherrlichen Landesfürsten – auf diese Bedeutung, auf Hamann übertragen, mag Lavater hier anspielen.

178,17 *Areopagiten:* Areopagit: Gemeint ist Dionysius Areopagita, ein bis heute unbekannt gebliebener Verfasser von Schriften (in denen er sich als der von Paulus bekehrte Ratsherr von Athen ausgibt, vgl. Apg. 17,34), die, um 500 entstanden, vom Neuplatonismus geprägt sind und die nach ihrer Übersetzung ins Lateinische durch Johannes Eriugena (J. Scotus) im 9. Jh. (*De caelesti hierarchia, De ecclesiastica hierarchia, De mystica theologia* u. a.) auf die Scholastik und die Mystik einen großen Einfluß ausübten.

178,34 *Quos ego ... fluctus:* (lat.) Euch will ich! Aber zunächst geht's vor, die Fluten zu glätten. (Vergil, *Aeneis* I,135.)

181,32 *Karl der XII.:* K. XII. (1682–1718), schwedischer König. Im Nordischen Krieg (1700–21) gegen Dänemark, August den Starken von Polen und Peter d. Gr. von Rußland war er bis zum Frieden von Altranstädt (1706) der überragende Feldherr.

186,25 *Freundschaft:* s. Nachw. S. 385 f.

189,19 *Raphael, Rubens, Rembrand, Vandyk:* s. Anm. zu 43,27; 107,27; 71,24; 71,27.

Oßian: Ossian, Held des südirischen Sagenkreises. Unter diesem Namen veröffentlichte der schottische Dichter James Macpherson (1736–96) 1762 eigene Gedichte (*Fingal*, 2. Ausg. 1765 zus. mit *Fragments on Ancient Poetry*, 1760, und *The Works of Ossian*, 1765), die als Zeugnisse der Volksdichtung (von Herder u. a. m.) gefeiert wurden. Erst spät (1895) wurde die Fälschung entlarvt.

189,20 *Homer:* griechischer Dichter, Verfasser der beiden ihm zugeschriebenen Epen *Ilias* und *Odyssee* aus dem 8. Jh. (?) v. Chr.

Milton: John M. (1608–74), englischer Dichter. Sein Hauptwerk, das religiöse Epos *Paradise Lost* (1667/74), war neben den Epen Homers das stärkste Vorbild für Klopstocks *Messias* (vgl. Anm. zu 109,28). Bodmer (s. Anm. zu 109,27) hat die Blankversdichtung 1732 in Prosa übersetzt; an Milton entwickelte er seine Vorstellungen vom »Wunderbaren« und »Erhabenen« in der Poesie (*Critische Abhandlung von dem Wunderbaren in der Poesie und dessen Verteidigung mit dem Wahrscheinlichen in einer Verteidigung des Gedichts Joh. Miltons von dem verlornen Paradiese*, 1740), die schließlich zum offenen Bruch mit Gottsched führten (vgl. Anm. zu 166,22).

189,27 *Tinktur:* hier: Verbindung, Durchdringung.

191,6 *Maratti:* Carlo M. (1625–1713), italienischer Maler des römischen Spätbarock.

191,12 *Winkelmann:* s. Anm. zu 109,34.

193,7 *Rigauds:* Hyacinthe Rigaud, eigtl. Rigau y Ros, gen. Rigaud (1659–1743), französischer Maler, bedeutendster Porträtist der Zeit Ludwigs XIV.

193,25 *tingirt:* hier: durchdringt.

193,27 *Sensationen:* (äußere) Sinneswahrnehmungen.

194,34 *Fluxion:* Fließen.

195,6 *Ap[p]roximation:* Annäherung.

195,11 f. *affizirten:* erregten.

209,25 *K....nn:* Christoph Kaufmann (1753–95), der berüchtigte »Genieapostel« aus Winterthur, der die Ideale der Sturm-und-Drang-Bewegung (er schlug den Titel für Friedrich Maximilian Klingers Drama *Sturm und Drang*, 1776, vor) in seiner Lebensführung zu verwirklichen suchte.

214,2 *Michelange Buonarotti:* Michelangelo Buonarotti (1475 bis 1564), italienischer Maler, Bildhauer und Architekt der Hochrenaissance.

218,1 f. *nachstehender Kopf – eines der größten Pforten- und Kronenmachers:* offenbar ein einflußreicher Höfling und Politiker (Niccolò Machiavelli?).

218,6 *Ghiberti:* Lorenzo G. (1378–1455), italienischer Bildhauer und Goldschmied der Frührenaissance. Zu seinen Hauptwerken gehören zwei Bronzetüren der Taufkapelle beim Dom in Florenz. Verfasser von *I Commentarii* (um 1447–50; 1. Gesamtausg., 2 Bde., 1912), einem wichtigen Quellenwerk zur italienischen Kunstgeschichte.

Lombardi: Lombardo (Lombardi), italienische Bildhauer- und Baumeisterfamilie des 15. und 16. Jh.s. Wahrscheinlich meint Lavater hier Pietro Lombardo (um 1435–1515), der wichtige Grabmäler und Kirchenausstattungen in Venedig schuf.

da Vinci: Leonardo da V. (1452–1519), die größte Universalbegabung der italienischen Renaissance: Leonardo war Maler und Architekt, Philosoph, Wissenschaftler und Erfinder.

Ferrucci: Andrea F. (1465–1526), toskanischer Architekt und Bildhauer.

221,24 *Emanuel Bach:* Carl Philipp Emanuel B. (1714–88), Sohn Johann Sebastian B.s, 1740 Kammercembalist Friedrichs d. Gr., 1767 Nachfolger Telemanns als Musikdirektor in Hamburg. Bedeutender Klavierkomponist (über 200 Sonaten, 50 Klavierkonzerte) sowie Verfasser des Buches *Versuch über die wahre Art, das Clavier zu spielen* (2 Tle., 1753–62; Faks.-Neudr. 1969).

224,11 *Burneys Reisen:* Carl Philipp Emanuel Bachs Selbstbiographie ist enthalten in: Charles Burney, *The Present State of Music in Germany [...]*, 1773 (dt. u. d. T. *Tagebuch einer musikalischen Reise*, Tl. 3. übers. von Johann Joachim Bode, 1773; Faks.-Neudr. 1959).

226,16 *Homer:* s. Anm. zu 189,20.

226,21 *Bodmer, Geßner:* s. Anm. zu 109,27.

Ramler: Karl Wilhelm R. (1725–98), Berliner Lyriker. Seine Odendichtung in antikisierender Metrik nach Horaz galt vielen Zeitgenossen als formales Vorbild – das lyrische Pathos der Poesie Klopstocks (vgl. Anm. zu 109,28) fehlte ihr ganz.

Wieland: Christoph Martin W. (1733–1813), mit der *Geschichte des Agathon* (2 Bde., 1766–67) Begründer des deutschen Bildungsromans, Wegbereiter der deutschen Klassik. 1773–89 Herausgeber des *Teutschen Merkur*, der bedeutendsten literarischen Zeitschrift der Zeit. Als Übersetzer des Horaz, Cicero, Lukian und anderer antiker Autoren hatte er neben Winckelmann (vgl.

Anm. zu 109,34) maßgebenden Anteil an der Wiederentdeckung der klassischen Antike.

226,22 *Lenz:* Jakob Michael Reinhold L. (1751–92), Dichter aus dem Sturm-und-Drang-Kreis um Goethe und Herder in Straßburg. Stand zeitweise in engem Kontakt mit Lavater.

Klopstock: s. Anm. zu 109,28.

Stollberg: Friedrich Leopold Graf zu Stolberg-Stolberg (1750–1819), Lyriker unter dem Einfluß Klopstocks, rhapsodischer Prosaist (u. a. *Über die Fülle des Herzens*, 1777), Übersetzer (u. a. der *Ilias* Homers, 1778). Besuchte zusammen mit seinem Bruder Christian und Goethe 1775 Lavater in Zürich.

228,18 *Pope:* Alexander P. (1688–1744), englischer Dichter, einer der großen Schriftsteller des englischen Klassizismus, von überragendem Einfluß auf die französische und deutsche Literatur des 18. Jh.s. Hauptwerke: das Lehrgedicht *An Essay on Criticism* (1711); die komisch-satirischen Versepen *The Rape of the Lock* (1714), 1744 von der Gottschedin übersetzt, und *The Dunciad* (4 Tle., 1728–42), 1747 von Bodmer (vgl. Anm. zu 109,27) übertragen, die von nachhaltiger Wirkung auf die Gattung der komischen Verserzählung waren, in Deutschland besonders auf die Werke Wielands (vgl. Anm. zu 226,21); *An Essay on Man* (4 Tle., 1733–34), das klassische Lehrgedicht schlechthin, das Voltaire zu seinem *Discours en vers sur l'Homme* von 1738 anregte und Gegenstand des Traktats *Pope ein Metaphysiker!* wurde, den Mendelssohn gemeinsam mit Lessing verfaßte (vgl. Anm. zu 314,3) und 1755 anonym herausgab.

228,23 *Voltäre:* s. Anm. zu 110,10.

229,7 *Addisons:* Joseph Addison (1672–1719), englischer Schriftsteller und Staatsmann, zusammen mit Richard Steele (1672–1729) Begründer und Herausgeber der Moralischen Wochenschriften *The Tatler* (1709–11), *The Spectator* (1711–12) und *The Guardian* (1713). Auf seinen Essays in diesen Zeitschriften gründet sich sein europäischer Ruhm.

229,8 *Boiläus:* Nicolas Boileau-Déspreaux (1636–1711), französischer Dichter und Ästhetiker, bedeutendster Poetologe des französischen Klassizismus. Seine der *Ars poetica* des Horaz nachgebildete Versepistel *L'Art poétique* (1674) hatte großen Einfluß auf die dichtungstheoretischen Schriften Gottscheds und der deutschen Frühaufklärung.

Roußeau: Jean-Jacques Rousseau (1712–78), französischer Schriftsteller und Philosoph. Anfangs im Kreis der Enzyklopädi-

sten, bekämpfte R. zunehmend den Rationalismus der Aufklä-
rungsphilosophie, forderte die Autonomie des Gefühls und for-
mulierte gegen den aufklärerischen Erkenntnis- und Fortschritts-
optimismus eine radikale Gesellschafts- und Kulturkritik. Die
literarische und philosophische Wirkung seiner Hauptwerke *La
Nouvelle Héloïse* (1761), *Émile ou de l'Éducation* (1762) und *Du
Contrat Social ou Principes du Droit Politique* (1762) auf den
deutschen Sturm und Drang, die Romantik und den deutschen
Idealismus war außerordentlich. – Lavater besuchte ihn 1764 im
schweizerischen Môtiers im Val de Travers (Neuchâtel), wohin R.
im Juli 1762 nach der Veröffentlichung des *Contrat Social* und des
Émile vor einer drohenden Verhaftung geflüchtet war.

230,1 *Hermes:* Johann Timotheus H. (1738–1821), Theologe und
Schriftsteller. Verfasser des vielgelesenen Romans *Sophiens Reise
von Memel nach Sachsen* (5 Bde., 1769–73).

230,24 *Sevigné:* Marie de Rabutin-Chantal, Marquise de Sévigné
(1626–96), französische Schriftstellerin. Mme de S. wurde durch
ihre zahlreichen (etwa 1500) Briefe an die Tochter, Mme de
Grignan, berühmt; die Briefe, schon zu ihren Lebzeiten in Ab-
schriften verbreitet, nach ihrem Tode veröffentlicht (erste größere
Auswahl-Ausgabe der *Lettres*, in 2 Bdn., 1726), zählen zu den
klassischen literarischen Werken des 17. Jh.s. – »Que pour ne
point souhaiter . . . que de ne l'avoir jamais vu« – »Um keinesfalls
ihre Freundschaft zu wünschen, gibt es kein anderes Mittel, als sie
nie gesehen zu haben«.

233,14 *Nachstehendes Gesicht:* Das Porträt stellt Johann Georg
Zimmermann dar (s. Anm. zu 18,17).

240,14–17 *Bild des . . . Vaters des großen Mannes:* Das Porträt stellt
Goethes Vater dar.

242,2 *Geysersche:* Christian Gottlieb Geyser (1742–1803), Kupferstecher und Radierer, befreundet mit Chodowiecki (s. Anm. zu
279,8). Einer der angesehensten Stecher seiner Zeit, beliebtester
Buchillustrator der deutschen Klassik.

243,6 *Ein schwäbischer Bauer . . . M. K.:* In Lavaters Handexemplar
heißt er: M. Klier von Schlierbach. •

247,1 *Ein männliches Profil. H.:* Das Porträt stellt Herder dar. Der
Text S. 248 f. stammt nach Herders Vermutung von dem jungen,
Lavater nahestehenden Theologen Johann Caspar Häfelin
(1754–1805), der später Prediger in Dessau und Bremen wurde.
Steig (S. 552) vermutet dagegen Johann Georg Zimmermann (s.
Anm. zu 18,17) als Verfasser.

248,8 f. *Schattenrisse … im II. Theile Seite 102:* In Bd. 2 der *Physiognomischen Fragmente*, S. 102, findet sich ein Schattenriß von Herder mit dem Text: »Nachstehende Silhouette ist – eines unerreichbaren, immer fortdringenden, unter sich grabenden, hoch auffliegenden, überschauenden, umfassenden, festen, allgewaltigen Genies voll Schöpfungs- und Zerstörungskraft. Wie seine Werke, Eine Pyramide, an welcher Mäuse nagen und Insekten den Kopf zerstoßen. Diesen Uebergang von Stirn zu Nase hab' ich noch an keinem gemeinen Menschen gesehen. Es werden noch mehrere ähnliche in diesem Werke vorkommen. Alles ausserordentliche Genies.«

251,1 *Ignatius Loyola:* Ignatius von L. (1491–1556), Gründer des Jesuitenordens (1634/40). Aus vornehmer baskischer Familie geboren, nach Hof- und Militärdienst als Offizier in spanischen Diensten bei der Belagerung von Pamplona gegen die Franzosen 1521 schwer verwundet, entdeckt I. auf dem langen Krankenlager die Schriften der großen Mystiker des 13. und 14. Jh.s, besonders der Meister der Deutschen Mystik. Eine Zeit intensiven religiösen Lebens folgte, in der er die Grundzüge seiner *Exercitia spiritualia* festlegte und sich vom Pilger und Büßer zum »Soldaten« Christi und der Kirche wandelte. Nach umfangreichen philosophischen und theologischen Studien sammelte I. 1534 erste Gefährten um sich. 1540 bestätigte Papst Paul III. die Gemeinschaft, die sich fortan ganz in den Dienst und Missionsauftrag des Papstes stellte, »zum Heil der Seelen und zur Ausbreitung des Glaubens«.

252,22 *Hahn:* Philipp Matthäus H. (1739–90), evangelischer Pfarrer, Schüler von Johann Albrecht Bengel und Friedrich Christoph Oetinger, wichtiger Repräsentant des schwäbischen Pietismus. Unterhielt in seinem Pfarrhaus in Kornwestheim eine feinmechanische Werkstatt, in der er nach eigenen Entwürfen Uhren, Waagen und Rechenmaschinen bauen ließ.

253,5 *Dexterität:* Gewandtheit, Geschicklichkeit.

254,19 *Zwingli:* Ulrich Z. (1484–1531), Zürcher Theologe, Reformator und Politiker, dessen Lehre sich vor allem in der Auslegung des Abendmahls von Luther unterschied. Starb auf dem Schlachtfeld.

Diderot: Denis D. (1713–84), französischer Aufklärer, Mitverfasser und -herausgeber (bis 1772) der *Encyclopédie ou Dictionnaire raisonné des Sciences, des Arts et des Métiers* (35 Bde., 1751–80), Kunsttheoretiker und Schriftsteller (*Le Neveu de Rameau*, um

1760–72 entstanden, erschien erstmals 1805 in Goethes Übersetzung, 1821 ins Französische rückübersetzt; *Jacques le Fataliste et son Maitre*, entst. 1773–75, ersch. 1796; *Le Fils naturel*, 1757; *Le Père de Famille*, 1758, 1760 von Lessing übersetzt).

Bolingbrocke: Henry Saint-John Bolingbroke (1678–1751), englischer Staatsmann und Schriftsteller. Schloß 1713 als Staatssekretär den Frieden von Utrecht, der den europäischen Krieg um das Erbe des letzten spanischen Habsburgers, Karls II. (1665–1700), beendete.

Menno Simonis: Menno Simons (1496–1561), Führer der mennonitischen Brüderschaft (vgl. Anm. zu 67,32). Nach der Vertreibung der Wiedertäufer aus Münster (1535) sammelte Simons die Gemäßigten in freien Gemeinden, die in den Niederlanden zunächst verfolgt, seit 1578 geduldet wurden. Später kam es zur Spaltung. Bedeutende Gruppen siedelten sich in Rußland, nach 1917 in Nord- und Südamerika an. Die Mennoniten vertreten eine strenge Scheidung von Kirche und Staat, lehnen jeglichen Militärdienst ab und unterziehen sich einer asketischen Lebensführung.

255,15 *Heß:* s. Anm. zu 17,5.

Zollikofer: Georg Joachim Z. (1730–88), seit 1758 Pfarrer in Leipzig, gab 1771 Lavaters *Geheimes Tagebuch* heraus.

255,15 f. *Eberhard:* Johann August E. (1739–1809), philosophischer und populärwissenschaftlicher Schriftsteller.

264,27–30 *Das Weib schaute an, daß der Baum gut war ... und nahm von desselben Frucht ...:* 1. Mose 3,6.

265,9 *ovidische Verwandlungen:* Ovid (Publius Ovidius Naso, 43 v. – 18 n. Chr.), römischer Dichter. Seine Verserzählungen *Metamorphoses* berichten in 15 Büchern 256 Verwandlungsmythen (von Menschen in Götter, Tiere, Pflanzen und umgekehrt).

269,16 *Großes und Kleines in Einem Gesichte:* Das Porträt stellt Anna Amalie (1723–87) dar, Tochter Friedrich Wilhelms I. von Preußen und Äbtissin von Quedlinburg.

271,12 *In diesem ... Gesichte:* Das Porträt zeigt die Tochter Johann Georg Zimmermanns (vgl. Anm. zu 18,17).

278,6 *Pièces de Rapport:* (frz.) etwas, das aus vielen Einzelteilen künstlich zusammengesetzt ist.

278,6 f. *musaische Arbeit:* hier etwa: rhetorisch gefügt.

278,36 *Poußin:* Nicolas Poussin (1593/94–1665), französischer Maler des Klassizismus.

Raphael: s. Anm. zu 43,27.

279,8 *Chodowiecki:* Daniel Ch. (1726–1801), Berliner Kupferstecher und Maler. Einer der wichtigsten Mitarbeiter Lavaters (vgl. S. 378).

279,30 *respuirt:* speit aus, sondert ab.

280,30 *Pallia:* Pallium (lat.): Mantel, Verhüllung; hier: Hautbedekkung (Gesichtshautteil) des Oberkiefers.

285,3 f. *die Natur handelt durchaus nach Gesetzen, und nach denselben Gesetzen:* Lavaters Quasi-Evolution ist nur religiös, nicht naturwissenschaftlich gefaßt wie später bei Charles Darwin (1809–82).

285,26 *Superiöre:* Überlegene.

287,2 *Chifer:* Chiffre, Buchstabe.

287,8 *Aristoteles:* s. Anm. zu 20,20 f.

Porta: Giambattista della P. (1535–1615), italienischer Physiker und Philosoph. Verfasser einer *Magia naturalis sive de miraculis rerum naturalium libri IV* (1558) sowie des Traktats *De humana physiognomia* (1583), eines wichtigen Vorläufers des Lavaterschen Unternehmens.

292,8 *Mallebranche:* Nicolas (Nicole) Malebranche (1638–1715), französischer Philosoph, einflußreichster Vertreter eines christlichen Cartesianismus in Frankreich (gen. der »christliche Plato«). Hauptwerk: *De la Recherche de la Vérité* (3 Bde., 1674/78).

292,17 f. *im VI. Fragmente:* Es muß richtig heißen: im VII. Fragment; ebd., in Bd. 4 der *Physiognomischen Fragmente*, Abschn. 1, S. 66, führt Lavater an Beispielen aus, daß wesentliche Erfahrungen im Leben einer schwangeren Frau auf Gestalt und Aussehen ihres werdenden Kindes einwirken können.

292 [*] *»Ne cherchés point ... tu ne le connoitras j'amais«:* »Such nicht danach, junger Künstler, was Genie ist; wenn du es nicht hast, wirst du es niemals kennenlernen!«

293,27 *Apparition:* (frz.) Erscheinung.

294,1 *propior Deus:* (lat.) Gott näher.

294,7 *ingerirten:* eingefügten.

295,17 *Faktize:* feststellbare Wirklichkeit, Tatsächlichkeit, Faktizität.

298,9 *respuirt:* hier: weist zurück, schließt aus.

299,4 *nachstehendes Köpfgen:* Nach Lavaters Handexemplar stellt das Porträt Dr. Uhrlsperger aus Augsburg dar.

303,9 *Effatum:* (lat.) Aussage, Ausspruch.

303,11 *Voltäre:* s. Anm. zu 110,10.

304,8 *Emanation:* in der neuplatonisch-gnostischen Lehre das Hervorgehen der Schöpfung aus der göttlichen Einheit.

304,23 *Fibration:* Vibration, Schwingung.

304,27 *Retz:* Jean-François-Paul de Gondi, Kardinal von R.
(1613–79), französischer Politiker. Seine wohl 1662 begonnenen
Mémoires, postum 1717 veröffentlicht (allerdings weder in dieser
Ausgabe noch in späteren Editionen vollständig), sind als historische Quelle wie als literarische Autobiographie von großer Bedeutung.
Vandyk, Raphael: s. Anm. zu 71,27; 43,27.

306,29 *Hamiltons:* Gemeint ist wahrscheinlich Philipp Ferdinand de
Hamilton (1664–1750), niederländisch-österreichischer Maler, bekannt vor allem als Tier- und Stillebenmaler.

306,30 *Tenners:* David Teniers d. J. (1610–90), flämischer Maler,
schuf bedeutende Genrebilder des flämischen Volkslebens.

307,10 *Rubens:* s. Anm. zu 107,27.

308,19–309,5 *Ordnung und Empfindung der Muskeln … so denken
und empfinden wir:* vgl. »Physiognomische Briefe an Herrn Z.
von K.«, in: *Deutsches Museum,* Oktober 1777, S. 358.

309,11 *Helvetius:* s. Anm. zu 63,15.

310,12 *Carls des XII.:* s. Anm. zu 181, 32.

310,12 f. *Heideggers:* Johann Heinrich Heidegger (1633–98), Zürcher Theologe. Mitverfasser der Bekenntnisschrift *Formula con-
sensus Helvetici* (1675) der reformierten Kirche.

310,13 *Fazilität:* Leichtigkeit, Gewandtheit.
Eulers: Leonhard Euler (1707–83), führender Mathematiker seiner
Zeit, Universalgelehrter. Verfasser großer, didaktisch neuartiger
Lehrwerke, darunter die *Vollständige Anleitung zur Algebra*
(2 Bde., 1770).

310,14 *Linneus:* Carl von Linné (1707–78), schwedischer Mediziner
und Botaniker. L.s bedeutendste Leistung ist die Schaffung der
heute noch verwendeten Systematik der Pflanzenwelt (*Systema
naturae,* 1735); das L.sche System gibt jeder Pflanze eine lateinische Doppelbezeichnung aus Gattungs- und Artname (sog. binäre
Nomenklatur).

314,2 *Girards:* Antoine Girard (1603–80), französischer Jesuit. Verfasser zahlreicher theologischer Schriften.
Locke: s. Anm. zu 110,9.

314,3 *Mendelssohns:* Moses Mendelssohn (1729–86), Schriftsteller
und Philosoph der deutschen Aufklärung, Verfasser wichtiger
Schriften zur Ästhetik, Metaphysik und Religionsphilosophie,
zur jüdischen Geistesgeschichte und Apologetik sowie zur Eman-
zipation des deutschen Judentums. Freund Lessings, der M.s erste

Schrift ohne Wissen des Autors in Druck gab und anonym erscheinen ließ: *Briefe über die Empfindungen* (1755). Lavater kannte sie ebenso wie die *Philosophischen Gespräche* (1755), als er M. 1763 in Berlin begegnete. Die Schrift *Phaedon oder über die Unsterblichkeit der Seele* (1767) machte M. in ganz Europa bekannt, sie wurde in elf Sprachen übersetzt. Der sogenannte Pantheismusstreit mit Friedrich Heinrich Jacobi (vgl. Anm. zu 314,8) über dessen Behauptung, Lessing sei in seinen letzten Tagen ein entschiedener Spinozist gewesen, bildete den Hintergrund für M.s wohl reifstes Werk *Morgenstunden oder Vorlesungen über das Dasein Gottes* (1785), in welchem er in Kap. 13–15 den Spinozismus und Pantheismus zu widerlegen sucht und Lessings »Religion der Vernunft« verteidigt.

314,3 f. *Sulzers, Wolfens ... Baumgartens:* s. Anm. zu 39,3; 42,6; 40[*].

314,7 f. *Winkelmann ... Wieland:* s. Anm. zu 109,34; 226,21.

314,8 *Heinse:* Johann Jakob Wilhelm H. (1746–1803), Erzähler und Kunstschriftsteller der Sturm-und-Drang-Zeit. Verfasser des ersten deutschen Künstlerromans, *Ardinghello und die glückseligen Inseln* (2 Bde., 1787).

Jakobi: Friedrich Heinrich Jacobi (1743–1819), Schriftsteller und Philosoph. Verfasser des philosophischen Briefromans *Aus Eduard Allwills Papieren* (1776), einer Auseinandersetzung mit der Geniereligion des jungen Goethe. Die Schrift *Über die Lehre des Spinoza in Briefen an den Herrn Moses Mendelssohn* (1785) gründet sich auf Spinozas Philosophie des Pantheismus und ist gegen Mendelssohn gerichtet (sog. Pantheismusstreit, vgl. Anm. zu 314,3). Seiner Gefühls- und Glaubensphilosophie, die ebenso Kants Vernunftlehre wie Fichtes Idealismus ablehnte, kommt im damaligen Geistesleben eine zentrale Bedeutung zu.

314,33 f. *Epistola non erubescit:* (lat.) Der Brief (das Papier) errötet nicht.

319,2 *Haller:* s. Anm. zu 109,32.

319,15 *Pfenninger:* Johann Konrad P. (1747–92), Zürcher Pfarrer und Schriftsteller, intimster Freund Lavaters (*Etwas über Pfenninger*, 3 Hefte, 1792–93).

320,17 *polnischer Edelmann:* Abb. 2: nach Lavaters Handexemplar Piedrojewski.

320,21 *Künstler von Augspurg:* Abb. 3: Saler; gemeint ist wahrscheinlich Otto Christian S. (um 1723–1810), Augsburger Maler und Kupferstecher.

322,17 *Garrik:* Abb. 6: David Garrick (1716–76), der bekannteste englische Schauspieler der Epoche.

323,1 *Ludwig von Varges:* Luis de Vargas (1502–68), spanischer Maler.

323,7 *Wilhelm Hondius:* Willem H. (nach 1597–um 1658), holländischer Kupferstecher.

323 [*] *Recherches philosophiques:* (frz.) philosophischen Forschungen. Im 18. Jh. erschienen mehrere anonyme Abhandlungen unter diesem Titel.

326,5 *Haller … Zimmermann, Kämpf:* s. Anm. zu 109,32; 18,17; 36,5.
Oberreit: Jacob Hermann Obereit (1725–98), Arzt und Mystiker. Stand mit Lavater in Verbindung.

326,6 *Aristoteles:* s. Anm. zu 20,20 f.

326,7 *Huart:* Juan Huarte (um 1520–92), spanischer Arzt und Schriftsteller. Sein Hauptwerk *Examen de ingenios para las sciencias* (1575) wurde von Lessing übersetzt: *J. Huartes Prüfung der Köpfe zu den Wissenschaften* (1752). Er war ein Wegbereiter der naturwissenschaftlichen Psychologie.
Böhme: Jakob B. (1575–1624), schlesischer Mystiker.

326,8 *Lawätz:* wohl verschrieben für: Antoine Laurent de Lavoisier (1743–94), französischer Chemiker. Begründer der modernen organischen Chemie. Vgl. Anm. zu 328,28.

327,11 *Dispensatorium:* (lat.) Arzneibuch.

328,16 f. *Mayers Azidum pingue:* Johann Tobias Mayer (1752 bis 1830), Mathematiker und Physiker in Göttingen. Verfasser von Abhandlungen besonders zur Wärmelehre und physikalischen Chemie. – Azidum (Acidum) pingue (lat.): fette (ölige) Säure; gemeint ist die Schwefelsäure.

328,17 *Schmidts Frostmaterie:* Nicolaus Ehrenreich Anton Schmid (1717–85), Goldschmied und Mechaniker, bekannt u. a. durch seine Herstellung von Magneten und seine Schriften zum Magnetismus. – Frostmaterie: Lavater spielt auf die Kräfte der »magnetischen Materie« im natürlichen Zustand an, auf den ›kalten‹ Magnetismus »natürlicher Magnete« (im Gegensatz zum angereicherten Magnetismus »künstlicher Magnete«), wie ihn Sch. etwa in seinem Aufsatz »Vom Magnete« (erschienen im *Hannoverischen Magazin*, Jg. 3, 54. Stück, 18. Juli 1765) beschrieben hat.
Blaks fixe Luft: Joseph Black (1728–99), englischer Chemiker und Physiker. Entdeckte 1757 das Kohlendioxyd als neue »Luftart«, d. h. das Gas, das bei starker Abkühlung zu einer lockeren weißen

Masse von festem Kohlendioxyd, dem sogenannten Kohlensäure-schnee, erstarrt. – fixe Luft: festes Kohlendioxyd.

328,18 *Abts Fontana Salpeterluft:* Felice (Abt) Fontana (1730–1805), italienischer Physiker, Chemiker und Physiologe. In seiner Schrift *Descrizioni ed usi di alcuni strumenti per misurare la salubrità dell'aria* (1774) beschreibt er das von ihm erfundene Eudiometer, ein Meß- und Reaktionsrohr aus Glas, zur Messung von gewonnenem Salpetergas.

328,28 *Stahls brennbares Grundwesen:* Georg Ernst Stahl (1660 bis 1734), Arzt und Chemiker, seit 1716 Leibarzt König Friedrich Wilhelms I. in Berlin. Entwickelte die sogenannte Phlogiston-theorie zur Erklärung der Verbrennungsvorgänge, mit dem Phlo-giston (d. i. Schwefel) als materiellem Bestandteil aller brennbaren Körper, der bei der Verbrennung entweiche. Nach der Entdek-kung des Sauerstoffs (1771) wurde die Theorie St.s 1775 durch Lavoisier (s. Anm. zu 326,8) widerlegt.

330,27–29 *Gartenphilosophie ... Epikurs:* Epikur (341–271 v. Chr.), griechischer Philosoph. Lehrte seit 306 in seinem Garten in Athen und gründete in Konkurrenz zu den beiden herrschenden Philo-sophenschulen, der Platonischen Akademie und dem Aristoteli-schen Lykeion mit seinem Wandelgang (griech. *peripatos*, daher die peripatetische Schule genannt, vgl. Anm. zu 20,20 f.), eine eigene Schule.

330,28 *Indolentia:* (lat.) Freisein von Schmerz; eine Maxime der Epikureischen Philosophie.

330,34 *Grade der Reizbarkeit:* Albrecht von Haller (s. Anm. zu 109,32) hatte 1753 u. d. T. *De partibus corporis humani sensibili-bus et irritabilibus* Untersuchungen über Sensibilität (Nervenreiz-barkeit) und Irritabilität (Muskelreizbarkeit) veröffentlicht, die weite Verbreitung fanden.

331,17 *Adieux von Calas:* »Abschied Calas von seiner Familie« (1765), Gemälde von Chodowiecki (s. Anm. zu 279,8).

341,17 ἀληθευειν ἐν ἀγαπη: (griech.) in Liebe die Wahrheit sagen.

Literaturhinweise

Lavater über Physiognomik

Von der Physiognomik. In: Hannoverisches Magazin. 10. Jahrgang. 10., 11. und 12. Stück. 3., 10. und 14. Februar 1772. [Erste Schrift Lavaters über Physiognomik, anonym hrsg. von Johann Georg Zimmermann; vgl. S. 19 und 377.]

J. C. Lavater von der Physiognomik. Zweytes Stück, welches einen in allen Absichten sehr unvollkommnen Entwurf zu einem Werke von dieser Art enthält. [Mit einem »Vorbericht« hrsg. von Johann Georg Zimmermann.] Leipzig: Weidmanns Erben und Reich, 1772.

Physiognomische Fragmente, zur Beförderung der Menschenkenntniß und Menschenliebe, von Johann Caspar Lavater. Erster Versuch. Leipzig: Weidmanns Erben und Reich / Winterthur: Heinrich Steiner und Compagnie, 1775. – Zweyter Versuch. Ebd. 1776. – Dritter Versuch. Ebd. 1777. – Vierter Versuch. Ebd. 1778.

Anastat. Nachdr. 2 Bde. Zürich: [o. V.,] 1908. – Faks.-Dr. 4 Bde. Zürich: Orell Füssli / Leipzig: Edition Leipzig, 1968–69.

Übersetzungen: Erste vollst. frz. Ausg.: 4 Bde. La Haye [d. i. Den Haag] 1782–1803. Neudr. 10 Bde. Paris 1806–09. – Erste vollst. engl. Ausg.: 3 Bde. London [1790–98]. Später viele gek. Ausg. – Erste vollst. holl. Ausg.: 4 Bde. Amsterdam 1783–84.

Rezensionen, Gegenschriften, Imitationen, Parodien, Pamphlete u. ä. verzeichnet: Karl Goedeke: Grundriß zur Geschichte der deutschen Dichtung. 3 Aufl. Bd. 4,1. Dresden 1916. S. 263–266.

Physiognomische Fragmente, zur Beförderung der Menschenkenntniß und Menschenliebe, von Johann Caspar Lavater. Verkürzte Ausgabe von Johann Michael Armbruster. 3 Bde. Winterthur: H. Steiner, 1783–87. – Nachdr. 4 Bde. Wien: J. P. Sollinger, 1829.

Die Physiognomik J. K. Lavaters im Auszuge. Hrsg. von Johann Kaspar Orelli. 2 Bde. Zürich: Schultheß, 1846 [u. ö.]. (Lavaters ausgewählte Schriften. Bd. 3. 4.)

J. C. Lavaters Vermischte physiognomische Regeln. In: Hand-Bibliotheck für Freunde von Johann Caspar Lavater. Bd. 1. [Zürich:] [o. V.,] 1793. – Dass.: J. C. Lavaters Vermischte physio-

gnomische Regeln, ein Manuscript für Freunde. [Leipzig:] Jaco-
bäer, 1802.

Geheimes Tagebuch, Von einem Beobachter seiner Selbst. Hrsg.
von Georg Joachim Zollikofer. Leipzig: Weidmanns Erben und
Reich, 1771.

Unveränderte Fragmente aus dem Tagebuch eines Beobachters seiner Selbst; oder des Tagebuchs zweyter Theil, nebst einem Schreiben an den Herausgeber desselben. Ebd. 1773.

Johann Kaspar Lavaters nachgelassene Schriften. Hrsg. von Georg
Geßner. 5 Bde. Zürich: Orell, Füßli, 1801–02.

Sekundärliteratur

Allgemeines

Georg Geßner: Johann Kaspar Lavaters Lebensbeschreibung von
seinem Tochtermann G. G. 3 Bde. Winterthur 1802–10.

Georg Finsler: Zürich in der 2. Hälfte des 18. Jahrhunderts. Zürich
1884.

Max Dessoir: Geschichte der neueren deutschen Psychologie.
2., völlig umgearb. Aufl. Bd. 1. Berlin 1902.

Paul Schnorf: Sturm und Drang in der Schweiz. Diss. Zürich 1914.

Martin Hürlimann: Die Aufklärung in Zürich. Leipzig 1924.

Julius Forssmann: J. K. Lavater und die religiösen Strömungen des
18. Jahrhunderts. Riga 1935.

Kamal Radwan: Die Sprache Lavaters im Spiegel der Geistesgeschichte. München 1971.

Peter von Matt: . . . fertig ist das Angesicht. Zur Literaturgeschichte
des menschlichen Gesichts. München 1983.

Mitarbeiter

Eduard von der Hellen: Goethes Anteil an Lavaters *Physiognomischen Fragmenten*. Frankfurt a. M. 1888.

Reinhold Steig: Herders Verhältnis zu Lavaters *Physiognomischen
Fragmenten*. In: Euphorion 1 (1894) S. 540–557.

F[riedrich] O[tto] Pestalozzi: Joh. Caspar Lavaters Beziehungen zur
Kunst und zu den Künstlern. Zürich 1915. (Neujahrsblatt auf das

Jahr 1915 zum Besten des Waisenhauses in Zürich.) [Gibt Auskunft über die beteiligten Künstler.]

Rolf Christian Zimmermann: Das Weltbild des jungen Goethe. 2 Bde. München 1969–79. [Bes. Bd. 2, S. 213–234; stellt ausführlich die hermetische Tradition dar.]

Lavater und die Physiognomik

Heinrich Maier: Lavater als Philosoph und Physiognomiker. In: Johann Caspar Lavater 1741–1801. Denkschrift zur hundertsten Wiederkehr seines Todestages. Hrsg. von der Stiftung von Schnyder von Wartensee. Zürich 1902. S. 353–494.

Ludwig Klages: Prinzipielles bei Lavater. In: L. K.: Zur Ausdruckslehre und Charakterkunde. Heidelberg 1926. S. 53–66.

Ernst Benz: Swedenborg und Lavater. Über die religiösen Grundlagen der Physiognomik. In: Zeitschrift für Kirchengeschichte 57 (1938) S. 153–216.

Max Pulver: Lavaters Physiognomik und seine Physiognomie. In: M. P.: Auf Spuren des Menschen. Zürich/Leipzig 1942. S. 68–82.

Ruth Züst: Die Grundzüge der Physiognomik von Lavater. (Diss. Zürich.) Bülach 1948.

Walter Brednow: Von Lavater zu Darwin. Berlin 1969.

– Wesen und Bedeutung der *Physiognomischen Fragmente* J. C. Lavaters. In: Johann Caspar Lavater: Physiognomische Fragmente zur Beförderung der Menschenkenntnis und Menschenliebe. Faks.-Dr. nach der Ausg. 1775–78. Bd. 4. Zürich/Leipzig 1969. [Nachw.] S. 1–47.

Reinhard Kunz: J. C. Lavaters Physiognomik im Urteil von Haller, Zimmermann und anderen zeitgenössischen Ärzten. Diss. Zürich 1970.

Lavater und die Kunst

Charlotte Steinbrucher: Lavaters *Physiognomische Fragmente* im Verhältnis zur bildenden Kunst. Berlin 1915. [Enthält einen Nachweis der abgebildeten Personen.]

F[riedrich] O[tto] Pestalozzi: Joh. Caspar Lavaters Kunstsammlung. Zürich 1916. (Neujahrsblatt auf das Jahr 1916 zum Besten des Waisenhauses in Zürich.)

Eduard Castle: Die Sammlung Lavater. Mappe I: Lavater und die Seinen. Zürich/Leipzig/Wien [1923].

Oskar Holl: Von steifer Halbwürde, horchendem Argwohn und anderen Physiognomien. Unbekannte Chodewiecki-Figurinen aus Lavaters Sammlung. In: Lessing Yearbook 4 (1972) S. 7–26.

Gustav Solar: Johann Caspar Lavater im Spiegel seiner Sammlung. In: Neue Zürcher Zeitung. Nr. 80. 18. Februar 1973.

Klaus Bartels: Physiognomische Hexameter Lavaters. In: Neue Zürcher Zeitung. Nr. 346. 29. Juli 1973.

Nachwort

Johann Caspar Lavater (1741–1801) ist – trotz seiner erstaunlichen Begabung, seinem »physiognomischen Genie«, wie Goethe die Meinung der Zeit zusammenfaßte – eher zufällig auf die Physiognomik gestoßen, ihr aber dann recht eigentlich verfallen; durch ihn ist sie zur Modewissenschaft und Lieblingsbeschäftigung der Zeit geworden und hat ihm jenen Ruhm verschafft, mit dem sich kein anderer Schweizer Zeitgenosse (Rousseau ausgenommen) messen konnte. Aber auch reichlich Kritik, Satire und Pamphlet hat sein Unterfangen produziert: Lavater und seine Physiognomik begeisterten und provozierten eine Zeit des Umbruchs, die Jahre nach 1770, die, zwischen Rationalismus und Empfindsamkeit oszillierend, ein neues, diesseitig orientiertes Weltbild zu formieren suchte, dessen Zentrum der Begriff des Individuums bildet.

Entstehung von Lavaters Physiognomik

Johann Georg Zimmermann brachte 1772 einen Vortrag Lavaters über Physiognomik, den dieser in Zürich gehalten und dem Freund zur Lektüre geschickt hatte, im *Hannoverischen Magazin* ohne dessen Wissen zum Abdruck. Notgedrungen ergänzte Lavater für die im gleichen Jahr erfolgende Buchpublikation seine unfertigen Gedanken durch ein zweites Stück, welches »einen in allen Absichten sehr unvollkommnen Entwurf zu einem Werke von dieser Art enthält«. Das hier erstmals skizzierte Werk über Physiognomik brauchte indes Jahre, bis es fertig vorlag. Der vielbeschäftigte Lavater, der neben seinem intensiv betriebenen Pfarramt in Zürich ein unermüdlicher Verfasser religiöser Schriften war und einen ausgedehnten Briefwechsel unterhielt, versicherte sich zur Bewältigung der großen Aufgabe der

Mitarbeit von Freunden, die ihm physiognomische Betrachtungen und Gedanken, vor allem aber Stiche, Silhouetten und ähnliches Bildmaterial zukommen lassen sollten. Am Schluß des 4. Bandes zählt er als Helfer auf: Zimmermann, Herder, Merck, Geßner, Sturz, Lenz, Kaufmann, Füßli, Sulzer u. a., verschweigt aber – auf dessen eigenen Wunsch – den Namen des wohl wichtigsten: Goethe. Eine unentbehrliche Rolle spielen ferner die vielen Zeichner und Stecher, denen Lavater ein nicht immer bequemer Auftraggeber war (ein »väterlicher Freund und Tyrann zugleich«, wie Solar schreibt); die wichtigsten unter ihnen sind die beiden Schweizer Johann Heinrich Lips (1758–1817), der nicht weniger als 370 Kupfer beisteuerte, und Johann Rudolf Schellenberg (1740–1806), von dem 91 Kupfer stammen, ferner Lavaters Schwager Georg Friedrich Schmoll (gest. 1785) und der berühmteste von allen: Daniel Chodowiecki (1726–1801). Nur der geniale Johann Heinrich Füßli, seit Jugendzeit mit Lavater befreundet, ließ sich zur Mitarbeit nicht gewinnen; in einem Brief an Lavater vom 4. November 1773 heißt es: »Ich finde mich weder geschickt noch aufgelegt, [...] Physiognomien zu zeichnen, davon neune auf ein Quartblatt gehen. Die Ilias in einer Nußschale zu zeichnen oder den Wagen und die Rosse Elias auf einen Mückenflügel auszumalen, überlasse ich dem ›seelenvollsten‹ Zeichner Europas. [Damit ist Chodowiecki gemeint; Ch. S.] Ich brauche Raum, Höhe, Länge, Tiefe.« Daneben beschäftigte Lavater auch schlechte Handwerker (»Du lässest jeden Dreck stechen«, warf Goethe ihm einmal unmutig vor). Das Sammeln von Physiognomica wurde ihm zur Manie, und sein »Physiognomisches Cabinett« bildete schließlich den einzigen Aktivposten (den er allerdings stark überschätzte, da er über keinen sicheren Kunstverstand verfügte und sich oft täuschen ließ), als er, infolge der Spekulation mit der französischen Prachtausgabe seiner *Physiognomischen Fragmente* hochverschuldet, 1801 starb; über die Sammlung und ihren Verkauf berichten Pestalozzi und Solar. Bis in sein

Alter hinein pflegte Lavater Silhouetten einzeln und serien-
weise mit Merkversen von seiner Hand zu versehen und in
alle Welt zu verschicken; darin bleibt die emblematische
Struktur noch sichtbar, die für seine Physiognomik charakteristisch ist (vgl. Anm. zur Titelvignette S. 3). Es handelt
sich um regelrechte Serienproduktion, wobei der Abdruck
durch den handschriftlichen Zusatz zum Unikat erhoben
wurde. Kein Wunder, daß bei dem regen Kommerz (denn er
ließ sich von fürstlichen und reichen Gönnern dafür
beschenken) und der großen Nachfrage bald Fälschungen
auftauchten, woran seine Praxis, die eigene Handschrift
durch Sekretäre imitieren zu lassen, nicht ganz unschuldig
sein mochte. Derlei Vermarktung bildet indessen nur einen
Nebenaspekt seines grundsätzlichen Bemühens, unter seinen sympathetischen Anhängern Unmittelbarkeit des Kon-
taktes und eine Aura authentischer persönlicher Intimität
über Zeit und Raum hinweg zu suggerieren.

Geistesgeschichtliche Grundlagen, Methode

Lavater hat den Leitsatz seines gesamten physiognomischen
Tuns dem Werk vorangestellt: »Gott schuf den Menschen
sich zum Bilde!« Das menschliche Antlitz, so folgert er
daraus, spricht als Bild Gottes in einer spezifischen Sprache;
im 1773 erschienenen 16. Brief der *Aussichten in die Ewigkeit* gibt er folgende, in die heilsgeschichtliche Perspektive
gerückte Deutung: durch die – leiblich-personal aufgefaßte –
Auferstehung wird der menschliche Körper so vollkommen
plastisch, daß er als vollständiger und wahrer Ausdruck
seines Inneren zu fungieren vermag; nach dem Jüngsten
Gericht tritt das endgültige Gesicht jedes Menschen hervor,
worin sich sein eigentliches Wesen, befreit von allen Verstel-
lungen und maskenhaften Verzerrungen des Irdischen, gül-
tig ausprägt. Damit wird das irdische Sprechen mit all seinen
Unzulänglichkeiten abgelöst durch eine physiognomische

Sprache, in der alles Innere unverfälscht und simultan zum Ausdruck kommt – das bedeutet wahrhafte, von aller Lüge befreite Kommunikation, wie sie die Gemeinschaft der Seligen bestimmt. »Wie Christus das redendste, lebendigste, vollkommenste Ebenbild des unsichtbaren Gottes ist, [...] so ist jeder Mensch [...] so ganz Ausdruck, gleichzeitiger, wahrhafter, vielfassender, unerschöpflicher, mit keinen Worten erreichbarer, unnachahmbarer Ausdruck; Er ist ganz Natursprache.«[1] In einem unpublizierten Brief an Charles Bonnet vom 21. August 1778 führt er diese Grundüberzeugung noch deutlicher aus: »Es ist eine unverzeihliche Sünde wider die Natur, und, wenn ich's sagen darf, beynahe eine *Lästerung des Geistes* der Natur, daß man behaupten durfte: ›Die Natur setze Gesichtstheile zusammen, wie der Buchdrucker Buchstaben.‹ Die Natur arbeitet immer aus Einem in Eins. Alles bildet Eins; Eins alles; die Kraft, die das Auge bildet, dieselbe, und keine andre Kraft bildet die Nase, u.s.w. und sie bildet sie nach keinem andern Plane, als nach dem ersten ewigen Grundrisse des Ganzen – höchste Gewaltthätigkeiten ausgenommen. Wer dies annimmt, muß, wenn er richtig fortschließen will, a priori, an die Physiognomie glauben. Er muß die Möglichkeit vorempfinden, aus Einem aufs Ganze, aufs einzele vom Ganzen schließen zukönnen. Er muß eine Homogeneität aller Theile, mithin eine Homogeneität der Kraft und der Wirkung von Geist und Körper, die *Ein* ganzes ausmachen, eine unwillkürliche Harmonie des Sichtbaren und Unsichtbaren annehmen. Jede Wirkung ist wie die Kraft, die sie hervorbringt. Wirkung ist Physiognomie. Kraft ist ein gewisses Maaß von Geist, Geistigkeit, Reiz, oder, wie man das unsichtbare wirkende Ich nennen will.« – Wie stark Lavaters Vorstellungen durch Emanuel Swedenborg geprägt waren, hat Ernst Benz gezeigt, wie denn überhaupt die Physiognomik im hermetischen Traditionszusammenhang

1 Johann Caspar Lavater, *Aussichten in die Ewigkeit, in Briefen an Herrn Joh. George Zimmermann*, Bd. 3, Zürich 1773, S. 108 f.

gesehen werden muß. 1769 veröffentlichte etwa Christian Adam Peuschel eine *Abhandlung der Physiognomie, Metoskopie und Chiromantie* (die der junge Goethe kannte), in der diese Herkunft deutlich durchscheint. Solche Nachbarschaft zu magischen Praktiken trug nicht wenig bei zur Verdächtigung der Physiognomik.

Die prätendierte Übereinstimmung von Innen und Außen gilt auch schon für den irdischen Bereich, wo sich im menschlichen Gesicht das Innere mehr oder weniger deutlich abbildet; dabei ist hier die Möglichkeit der Verstellung in Rechnung zu stellen. »Alles in der Natur, jede Frucht, das geringste Blatt hat seine Physiognomie, seine Natursprache – die von jedem geöffneten Auge verstanden wird; Nur der lebendige, vernünftige, moralische Mensch, nur das Ebenbild Gottes soll sie nicht haben?«[2] Im Unterschied zum himmlischen Zustand sind die irdischen Zeichen nie mit letzter Sicherheit zu entschlüsseln: auch der begabteste Physiognomiker bleibt der Begrenztheit der menschlichen Erkenntnisfähigkeit unterworfen: »Ich verspreche nicht (denn solches zu versprechen wäre Thorheit und Unsinn) das tausendbuchstäbige Alphabeth zur Entzieferung der unwillkührlichen Natursprache im Antlitze, und dem ganzen Aeußerlichen des Menschen, oder auch nur der Schönheiten und Vollkommenheiten des menschlichen Gesichtes zu liefern; aber doch einige Buchstaben dieses göttlichen Alphabeths so leserlich vorzuzeichnen, daß jedes gesunde Auge dieselbe wird finden und erkennen können, wo sie ihm wieder vorkommen.« (S. 10.)

Aus dieser Grundmaxime ergibt sich zwanglos die Ableitung, daß innere und äußere, moralische und leibliche Schönheit Hand in Hand gehen: erhabenste Beweise dafür sind ihm Christus und Judas (s. S. 72 ff.). Solches Schließen von somatisch-physiognomischen auf moralisch-seelische Verhältnisse gilt Lavater als wissenschaftlich, wenngleich er

2 Ebd., S. 111 f.

den künstlerischen Aspekt dabei nicht gering veranschlagt:
die Physiognomik ist als Wissenschaft nicht in dem Sinne
lehr- und lernbar wie etwa die Algebra, sondern sie bleibt
wie die Kunst stets gebunden an eine spezifische Begabung,
den Tiefenblick des Genies. Entscheidend bleibt bei diesem
Verfahren der Analogie der Eindruck des Ganzen eines
menschlichen Gesichtes: obgleich aus Einzelzügen bestehend, gewinnt es einzig in der leib-seelischen Einheit seine
individuelle Einmaligkeit. Und darin liegt wohl der Haupt-
grund für die Faszination auf die Zeitgenossen: daß hier
versucht wurde, die neu entdeckte und emphatisch gefeierte
Kategorie der Individualität, der »Selbstigkeit«, konkret zu
fassen. »Sey, was du bist, und werde, was du kannst«
(S. 311): das ist die Maxime, unter der das bürgerliche
Individuum im 18. Jahrhundert seinen Weg antritt; die
Möglichkeiten der Selbstverwirklichung spinnt der Bil-
dungsroman aus und reflektiert das Kunstprogramm der
Klassik von Herder bis Schiller.

Lavaters Physiognomik konzentriert sich stets auf die unbewegten Züge des Antlitzes, die durch dessen festen Teil,
den Knochenbau, gegeben sind: »das Knochensystem ist immer Fundament der Physiognomik, man mag dasselbe
bloss als *bestimmend* in Ansehung der weichern Theile, oder
bloss als *bestimmt* durch die weichern Theile, oder als *bestimmend und bestimmt zugleich* ansehen. *Prägend* oder
*geprägt – immer – fester, bestimmter, dauerhafter, merk-
barer; prägend und geprägt – immer Charakter des Festern,
Dauerhaftern* im Menschen.«[3] Die Weichteile (Muskeln,
Fleisch), mit deren Hilfe der augenblickliche, bewegliche
Ausdruck zustande kommt, bleiben ihm nicht nur sekun-
där, sondern werden aus der Physiognomik ausgeschlossen
und einer eigenen Disziplin, der Pathognomik, überstellt
(s. S. 275 ff.); diese hat Johann Jakob Engel in seinen zwei-
bändigen *Ideen zu einer Mimik* (1785–86) ausführlich darge-

3 *Physiognomische Fragmente*, Bd. 3, S. 162 f.

stellt. Die Einseitigkeit, bei der Deutung des menschlichen Charakters dessen bewegte Züge, Gebärden, Gang usw., aber auch sein Tun und Handeln auszuschließen und sich auf das Bleibende, die Anlage, die im Knochenbau vorgeprägt ist, zu konzentrieren, haben Kritiker wie Lichtenberg hervorgehoben, der moniert, daß er wissen wolle, wie ein Mensch seine Anlagen in der Praxis realisiert habe. Lavaters Insistieren auf dem Schädelumriß erklärt seine Vorliebe für die Silhouette, wo jeder augenblicklich-spontane Ausdruck zugunsten der reinen Umrißlinie getilgt erscheint. An dieser lassen sich auch am einfachsten Messungen vornehmen: Lavater hat empirische Verfahren gegenüber der intuitiven Schau zwar vernachlässigt, aber nicht gänzlich ausgeschlossen, wie seine Erfindung eines Stirnmeßinstruments (Bd. 4, S. 237 ff.) beweist. Diesen Weg der empirischen Schädelmessung zur Charakterbestimmung hat wenig später Franz Joseph Gall mit seiner Phrenologie eingeschlagen.

Die Physiognomik ist nach Lavater nicht zu trennen von der Person, die sie betreibt: »unter zehentausenden wird nicht Einer ein guter Physiognomist werden« (S. 107). Ohne Begabung ist hier nichts zu erreichen, artet sie zur Scharlatanerie aus und wirkt kontraproduktiv. Sein Idealporträt (S. 129 ff.) zählt lauter Eigenschaften auf, die ihn selber auszeichneten: allen voran jenen durchdringenden Scharfblick (Seherblick, Blitzblick, Adlerblick, wie ihn die Zeitgenossen auch nannten), jenes Charisma, dem das Innere eines Menschen in seinen Gesichtszügen offen erkennbar sich ausdrückt. Damit entfällt eine rationale Kontrolle (es sei denn der aus vielen Beobachtungen gewonnene Vergleich), so daß der intuitiven Prophezeiung und schwärmerischen Übertreibung Tür und Tor offenstehen. Lavater hat, sehr zum Ärger vieler seiner Anhänger, stets eine fatale Neigung für alles Übersinnliche, für Wundererscheinungen u. ä. gezeigt. Dennoch nimmt er keinerlei Unfehlbarkeit in Anspruch, gesteht er offen, daß er sich häufig geirrt habe (S. 6,

15 u. a.). Eine Kontrolle stelle die Selbsterkenntnis dar, »diese schwerste, diese nöthigste, diese wichtigste aller Kenntnisse« (S. 114). Nur wer über sich selber Bescheid wisse, könne und dürfe andere beurteilen. Daß er bei allem Bemühen um Selbsterkenntnis doch insgesamt recht schonend mit sich selber umgegangen ist, zeigen die beiden publizierten Tagebücher von 1771 und 1773. Sie belegen eine Tatsache, die auch in der Physiognomik auf Schritt und Tritt begegnet: Lavater will überall und immer nur das Gute sehen, er beurteilt die Menschen wie die Welt im gesamten aufgrund eines Theodizee- und Harmoniemodells. Diese idealistische Perspektive nennt er Menschenfreundlichkeit; sie soll noch in den verworfensten Zügen das Gottesantlitz durchschimmern sehen: »wenn du nicht ein guter edler Mensch bist – so wirst du kein guter, würdiger Menschenbeobachter, Menschenkenner, Physiognomist werden« (S. 116). Letztlich kann nur ein guter Christ diese »göttliche« Wissenschaft betreiben.

Mit der Versicherung, er könne nur einzelne Buchstaben aus dem göttlichen Alphabet beschreiben, ist auf den fragmentarischen Charakter des Ganzen verwiesen, den bereits der Titel zum Ausdruck bringt. Lavater ist kein Systematiker, sondern ein schwärmerischer Enthusiast, das jederzeit abbrechbare Fragment seine adäquateste Darstellungsform. Es erlaubt ihm, so lange zu rhapsodieren, als die Begeisterung anhält; Vollständigkeit ist keine Bedingung, es kommt in erster Linie auf die Intensität an. So fehlt dem Ganzen ein durchdachter Aufbauplan, ja der Verfasser gesteht in der Zugabe zur Vorrede (S. 11), daß er noch nicht übersehe, wie viele Bände das Gesamtwerk ausmachen werde!

Den Abbildungen ist eine ganz zentrale Funktion zugedacht: an ihnen demonstriert Lavater seine physiognomischen Einblicke, und sie illustrieren, was er an Regeln daraus ableitet – ein Zirkel, dem sein Deutungsverfahren grundsätzlich unterliegt: selten analysiert er Gesichter von gänzlich Unbekannten; je vertrauter ihm die Personen sind, desto sympathetischer und vollständiger geraten die Beschreibungen; er weiß im voraus um Charakterzüge, Handlungsweisen, Stärken und Schwächen der Betroffenen (sei's aus persönlicher Kenntnis oder aus der Historie) – genau das, was er dann als Resultat seiner physiognomischen Analyse präsentiert – visionäre Hermeneutik.

Dem Fragment als Texteinheit entspricht ein Stil, der auf Fragmentarität beruht; er verzichtet auf geschlossene, komplexe Satzkonstruktionen zugunsten einer parataktisch reihenden, durch Gedankenstriche und Ausrufszeichen gegliederte Textkonstruktion, die sich dadurch der gesprochenen Sprache annähert und einen höheren Grad von Spontaneität verbürgen soll. Häufiges Mittel, Unmittelbarkeit zu suggerieren, bilden die Leseranrede und -aktivierung durch Exklamationen, Interjektionen, Anreden, Fragen; auffällig ist die emphatisch wirkende wiederholende Variation durch Synonyma. Das Vokabular ist stark religiös geprägt und gefühlshaft verwendet: einen wichtigen Indikator dafür bildet der häufig gebrauchte Superlativ. Wie sehr Lavater damit die Stilhaltung der Stürmer und Dränger realisierte, zeigt die Tatsache, daß die von Goethe und Herder stammenden Passagen im Textganzen nicht besonders auffallen.

Funktion, Verbreitung

Die Zielsetzung des Unternehmens gibt sich im Titel zu erkennen: es soll der Beförderung von Menschenkenntnis und Menschenliebe dienen. Lavater beschreibt wortreich sein Entzücken, das er »beynahe täglich« empfinde, wenn er unter einem Haufen unbekannter Menschen »Gesichter erblicke, die, wenn ich so sagen darf, das Siegel Gottes auf ihrer Stirne tragen! [...] Wie da Menschenseligkeit gefühlt, Sinn und Geist und Herz aufgeschlossen – wie da Kraft gegen Kraft rege wird! wie da die Seele emporgetragen, begeistert, um einige Stufen höher geführt wird! [...] Die

Physiognomik reißt Herzen zu Herzen; sie allein stiftet die dauerhaftesten, die göttlichsten Freundschaften.« (S. 96.) Solch enthusiastischer Freundschaftskult wird nicht erst hier initiiert, er bildet ein Spezifikum der Epoche. Neu ist die Rolle, die der Physiognomik darin zugewiesen wird. Einer der »heiligsten Grundsätze« Lavaters ist es, mit niemandem Freundschaft zu schließen, »bis ich ihn – oder zuverlässig – ähnliche Porträte und Silhouetten von ihm gesehen« (S. 186 f.). Ähnliches ist von Goethe verbürgt, der die Gewohnheit hatte, interessante Besucher porträtieren zu lassen. Freundschaft ist nach Lavaters Auffassung die höchste Form von Menschenliebe; der Freundeskreis bietet einen Vorgeschmack auf die Gemeinschaft der Seligen (so schon Klopstock in seiner Ode »Der Zürchersee«, 1750).

Neben solch schwärmerischen Idealen verspricht sich Lavater aber auch konkrete Wirkungen für die Praxis: durch physiognomische Kenntnisse sollen die Fürsten instand gesetzt werden, selbstlose Ratgeber auszusuchen, so daß die Qualität von Regierung und Verwaltung verbessert würde. Mit Hilfe der Physiognomik könne sogar die Folter abgeschafft werden – so glaubt Lavater in Anlehnung an Gedanken des Wiener Aufklärers Joseph von Sonnenfels (*Abschaffung der Tortur*, 1775) –, da sie dem Richter ein menschenfreundliches Instrument an die Hand gebe, um Lügner zu durchschauen.

Am Schluß seiner Vorrede gibt er eine genaue Leseanleitung: »Lies sie im Geiste an meiner Seite – Laß dir seyn, ich unterhalte dich persönlich mit meinen Beobachtungen, theile dir meine Empfindungen [...] mit. [...] Lies, Bruder, als ein Bruder.« (S. 9.) In der Lesesituation soll die persönliche Kommunikation zwischen Autor und Leser in der Einbildungskraft restituiert werden, damit der Text Herz zu Herzen reiße. Daß die Zeitgenossen durchaus zu solcher Rezeption fähig und bereit waren, geht aus folgender Reaktion Herders (in einem Brief Ende September 1775) hervor: »Bei Deiner Physiognomik bin ich herrlich mit Dir, in Dir

gewesen, habe mit Deinen Augen gesehn u. mit Deinem
Herzen empfunden.« (Ähnlich reagiert Ulrich Bräker.) Die
Physiognomischen Fragmente sollten gerade deswegen nicht
populär gemacht, d. h. weit verbreitet werden; Lavater konzipierte sie, wie im Grunde alle seine Schriften, für einen
Kreis von Gleichgesinnten und Auserwählten. Hierzu tru-
gen allerdings die hohen Anschaffungskosten das ihrige bei:
die vier mit insgesamt 342 Tafeln und zahllosen Vignetten
ausgestatteten Bände (es handelt sich um eine der teuersten
Buchproduktionen der Zeit in Deutschland; der Preis pro
Band erreichte die hohe Summe von 24 Reichstalern) sind
»durchaus nicht für den großen Haufen geschrieben. Es soll
von dem gemeinen Manne nicht gelesen und nicht gekauft
werden« (S. 8). Die mitgedruckten Subskriptionslisten
(269 Subskribenten zeichneten über 300 Exemplare, wobei
die französische Ausgabe mit angeboten war) lassen die
Verbreitung in fürstlich-adligen sowie groß- und bildungs-
bürgerlichen Kreisen deutlich erkennen. Daß das Werk
durch Lesekabinette und Gelehrte Gesellschaften auch
»gemeinen« Leuten zugänglich wurde, zeigt eindrücklich
das Beispiel des »Armen Manns im Toggenburg«, Ulrich
Bräker. Von Anfang an forderten Kritiker wie Wieland,
Herder u. a. m. eine billige Ausgabe, die indes erst 1783–87
mit einem dreibändigen Auszug verwirklicht wurde.

Rezeption und Wirkung

An Lavater und seiner Physiognomik schieden sich die
Geister: die Auseinandersetzungen zwischen Anhängern
und Gegnern füllten während Jahren die Spalten von Jour-
nalen und Broschüren. Die Befürworter pflegten das Werk
in ähnlichen Worten zu preisen, wie Lavater sie selber gebrauchte; es handelt sich bei ihnen mehrheitlich um Anhänger der Sturm-und-Drang-Bewegung, wiewohl die Glei-
chung Aufklärer = Gegner, Stürmer und Dränger = An-

hänger Lavaters so reinlich nicht aufgeht. Er war vierund-
dreißig, als er mit der Publikation seiner *Fragmente* begann,
und er sprach natürlich in erster Linie seine Generation an.
Diese überschätzte in ihrem anfänglichen Enthusiasmus das
Werk; bezeichnend ist dafür die folgende Stelle aus einem
Brief Zimmermanns an Lavater vom 25. November 1774:
»Ich will mich aufhängen lassen, wenn jemahls ein Buch
(Newtons und Leibnizens Werke eingerechnet) herausge-
kommen, das so viel Neues enthalten habe.« An einer
anderen Stelle prognostiziert derselbe: »Dann werden deine
physiognomischen Fragmente [...] durch den Reichthum
deiner Sprache, durch die Kühnheit mit der du Worte
schaffst und umbildest, durch die nervigte Kürze deines
Ausdrucks, und die treffende Charakteristik menschlicher
Sitten und Schwachheiten, als eines der wenigen deutschen
Originalwerke noch stehen bey der Nachwelt, unserm Jahrhundert zur Zierde.« Selbst der kritische Albrecht von Haller anerkennt die Originalität in »Gedanken und Ausdrük-
ken«. Der nicht minder skeptische Wieland bekennt in
einem Brief vom 26. Mai 1776: »Ihre neuen Offenbarungen
– das ist das eigentliche Wort für das, was Ihre Physiognomischen Fragmente mir sind«; in seiner Rezension im
Teutschen Merkur (1775, 3. Viertelj.) lesen wir: Es handelt
sich um »eines der wichtigsten Producte unsers Jahrhunderts [...]. Wenig Werke die ein *Ganzes* ausmachen, reichen
an den Werth dieser Fragmente [...]. Bey einer so feurigen Einbildungskraft, bey solcher Wärme des Herzens,
bey einem so hohen Grade des Dichter-Genies, ein so tief-
spähender Blick – ins Innre der Natur, ein so ruhiger Beobachtungsgeist, eine so feine haarscharfe Unterscheidungs-
Fertigkeit, als in diesem ganzen Werke herrsch, ist mir
wenigstens noch nie vorgekommen.«[4] Helfrich Peter Sturz
preist es (im *Deutschen Museum*, Mai 1777) als Denkmal

---

4 Vgl. Christoph Martin Wieland, *Gesammelte Schriften*, hrsg. von der
Deutschen Kommission der Preußischen Akademie der Wissenschaften,
Abt. 1, Bd. 21, hrsg. von Wilhelm Kurrelmeyer, Berlin 1939, S. 184 f.

der Schöpferkraft des Genies und zieht einen Vergleich mit Kolumbus: beide hätten eine neue Welt entdeckt.[5] Herder, der sehr ähnliche Gedanken über Physiognomik äußerte (in einem Brief an Lavater vom 20. Februar 1775), stand dem Unternehmen anfänglich begeistert gegenüber; in seinen Besprechungen (1776 in der Lemgoischen *Auserlesenen Bibliothek der neuesten deutschen Literatur* erschienen)[6] hebt er lobend hervor, daß Lavater es verstehe, den Kopf durch das Herz zu gewinnen, und weist auf die Nähe zu seiner Untersuchung über *Plastik* (1778) hin: diese verhalte sich zur Physiognomik »wie rohe Bildhauerei zur feinen Malerei«. Später ärgert er sich darüber, daß er unter den »Religiosen« abgehandelt wird (s. S. 247 ff.), auch paßt ihm ein Porträt seiner Frau Caroline nicht (vgl. S. 120/123) – das Verhältnis zu Lavater kühlt sich aber hauptsächlich aus grundsätzlichen Differenzen zwischen den beiden ab.

Die Physiognomik breitete sich mit Windeseile als Mode und Zeitvertreib empfindsamer Seelen aus; jeder glaubte sich dazu berufen, in Anlehnung an die Lavater-Lektüre seine Mitmenschen zu physiognomisieren: »Denn wo ist es leichter sich das Ansehen eines denkenden Kopfes zu geben als in Untersuchungen, wo Schwierigkeit, etwas Zusammenhängendes und Bleibendes zu sagen an physische Unmöglichkeit grenzt, und wo folglich der graubärtige Untersucher immer Verwirrung und Ungewißheit genug antreffen muß, auch die Beobachtung des jüngsten Plunderkopfes wichtig zu finden?« (Lichtenberg).[7] Allenthalben schießen physiognomische Zirkel aus dem Boden, werden statt Andachtstunden physiognomische Séancen abgehalten. Über alle Spielarten und Erscheinungsformen dieser Mode berichtet

5 Vgl. Helferich Peter Sturz, *Die Reise nach dem Deister. Prosa und Briefe*, hrsg. von Karl Wolfgang Becker, Berlin [Ost] 1976, S. 212.

6 Vgl. Johann Gottfried Herder, *Sämtliche Werke*, hrsg. von Bernhard Suphan, Bd. 9, Berlin 1893, S. 411–424 und 442–464.

7 Georg Christoph Lichtenberg, *Schriften und Briefe*, hrsg. von Wolfgang Promies, Bd. 3, München 1972, S. 259.

aufs amüsanteste Johann Karl August Musäus in seinen *Physiognomischen Reisen* (4 Hefte, 1778–79). Karl Heinrich Jördens spricht von einer »physiognomischen Wuth«, die plötzlich ausgebrochen sei (Lichtenberg von einer »Raserei«) und folgende Wirkung gezeitigt habe: »Fast wäre es so weit gekommen, daß niemand unmaskiert aus seinem Hause hätte gehen können: so allgemein und zudringlich war der Drang jedes kleinen Geistes, der etwas von *Lavaters Physiognomik* gehört oder gelesen hatte, sogleich jegliches Gesicht, das ihm vorkam, zu deuten, und die vermeinten Resultate seiner armseligen physiognomischen Weisheit dem horchenden Pöbel als Orakelsprüche von den Dächern zu verkündigen. Die Folgen davon waren – fürwahr nicht Beförderung der Menschenliebe, sondern Lieblosigkeit, Verläumdung und Härten aller Art.«[8] Selbst Goethe wurde das Treiben unheimlich: »Mir kam es immer als eine Tücke, als ein Spionieren vor, wenn ich einen gegenwärtigen Menschen in seine Elemente zerlegen und seinen sittlichen Eigenschaften dadurch auf die Spur kommen sollte.« (*Dichtung und Wahrheit*, IV, 19.) Balthasar Anton Dunker schließlich datiert die humorvolle Zueignung seines Buches *Schriften von –* (1782) an die Göttin Physiognomik mit »Im 8. Jahr nach dem Einfall der Silhouetten in Deutschland«, womit als Beginn der Zeitrechnung das Jahr des Erscheinens des 1. Bandes der *Fragmente* gesetzt wird. Vieles von dem, was kritisch und polemisch gegen die Physiognomik geäußert wurde, richtete sich in erster Linie gegen das Heer der Nachahmer und Nachbeter; wohlwollende Kritiker anerkannten die Begabung Lavaters, lehnten jedoch die Stammeleien seiner Schüler aufs schärfste ab.

Daß die Physiognomik eine Wissenschaft sei und Lavaters Beobachtungen als objektive Erkenntnisse zu betrachten seien, hat am schärfsten Lichtenberg in seiner Streitschrift *Über Physiognomik, wider die Physiognomen. Zu Beförde-*

<hr />

8 *Lexikon Deutscher Dichter und Prosaisten*, hrsg. von Karl Heinrich Jördens, Bd. 3, Leipzig 1808, S. 186 f.

rung der Menschenliebe und Menschenkenntnis (1778)
widerlegt, wie denn auch sein *Fragment von Schwänzen. Ein
Beitrag zu den »Physiognomischen Fragmenten«* (1783) die
wirkungsvollste Parodie auf Lavaters Werk geworden ist –
beides Abrechnungen von großer Geistesschärfe und stilisti-
scher Brillanz. Lichtenberg durchschaut den idealistischen
Grundzug Lavaters, den Zwang, überall nur das Gute sehen
zu wollen, statt vorbehaltlos die Wirklichkeit zur Kenntnis
zu nehmen: »Sage mir, warum Tausende mit Gebrechen
geboren werden, einige Jahre durchwinseln und dann weg-
sterben? [...] Wenn du einmal eine Welt schaffst, oder
malst, so schaffe und male das Laster häßlich, und alle
giftigen Tiere scheußlich, so kannst du es besser übersehen,
aber beurteile Gottes Welt nicht nach der deinigen. [...]
beurteile nicht den Garten der Natur nach deinem Blumen-
gärtchen.«[9] Musäus führt den idealistischen Ansatz Lavaters
auf dessen soziale Umstände zurück: »Er hat fromm
Gemahl, fromme Kinder, fromme und getreue Oberherren,
gut Regiment, gut Wetter, Zucht, Ehre, gute Freunde,
getreue Nachbarn und desgleichen. Was sollte ihn unter
diesen Umständen veranlaßt haben, seine ursprüngliche
guthmüthige Denkungsart, in Absicht der Menschen, abzu-
ändern?«[10] Lichtenberg sieht auf Grund der Erfahrung die
Behauptung, daß in einem schönen Körper notwendig eine
schöne Seele wohnen müsse (er, den die Natur mit einem
Buckel ausgestattet hatte!), für täglich widerlegt an: »Denn
sind nicht die Geschichtbücher und alle große Städte voll
von schönen Lasterhaften?«[11] Daraus schließt er auf die
Unhaltbarkeit von Lavaters Prämisse: »Was für ein unermeßlicher Sprung von der Oberfläche des Leibes zum
Innern der Seele!«, und: »Ein Sprung, der, meines Erachtens, nicht kleiner ist, als der von Kometenschwänzen auf

9 Lichtenberg (s. Anm. 7) S. 272 f.
10 Johann Karl August Musäus, *Physiognomische Reisen*, H. 3, Altenburg
1788, S. 45.
11 Lichtenberg (s. Anm. 7) S. 271.

Krieg.«[12] Selbst Lavaters Überzeugung, daß die Physiognomik eine Einübung in die himmlische Sprache der Auferstandenen darstelle, wird ihres illusionären Charakters entlarvt: »Wer des Nachts auf einer Postkutsche gereiset ist, und im Dunkeln Bekanntschaft mit Leuten gemacht hat, die er nie gesehen hat, wird die Nacht über sich ein Bild von ihnen formiert haben und sich am Morgen so betrogen finden, als sich der Physiognome an jenem großen, feierlichen Morgen betrogen finden wird, an dem sich unsere Seelen zum erstenmal von Angesicht schauen werden.«[13] Obgleich er die Unentbehrlichkeit physiognomischen Urteilens im Alltag nicht abstreitet, schlägt er dessen Treffsicherheit nicht höher ein als einen Gewinn im Lotto: »Wir urteilen stündlich aus dem Gesicht und irren stündlich.«[14] Gerade die tiefsten Denker seien gemeinhin die schlechtesten Physiognomiker, notiert er, weil sie sich nicht mit oberflächlich-flüchtiger Ähnlichkeit auf Grund vager Ideen-Assoziation zufriedenzugeben vermöchten. Von einem solchen Denker hat die Physiognomik ihre endgültige Liquidation als Wissenschaft erfahren: von Hegel, der in der *Phänomenologie des Geistes* (1807) Sprache und Arbeit, d. h. die Wirklichkeit des menschlichen Handelns, als die wahren Entäußerungen des Inneren aufgefaßt und damit die begrifflose Identität von Innen und Außen aufgehoben hat in den dialektischen Prozeß der Bildung des Individuums in seiner Auseinandersetzung mit Natur und Gesellschaft.

Das weitere Schicksal der Physiognomik ist mit wenigen Sätzen zu umreißen: in popularisierter Form lebt sie in allen möglichen Lebenshilfebüchern bis auf den heutigen Tag fort. Die Ausrichtung Lavaters auf die Ganzheit des Menschen (in der er sich mit Herder und Goethe einig wußte) wurde in der Romantik aufgenommen und weitergeführt; Carl Gustav Carus' *Symbolik der menschlichen Gestalt*

12 Ebd., S. 258 und 276.
13 Ebd., S. 284.
14 Ebd., S. 283.

(1853) stellt ihr herausragendes Dokument dar. Die Einbeziehung der Gesamtgestalt des Menschen führt zu typologischen Ordnungsversuchen: so suchte Cesare Lombroso etwa den Typus des Verbrechers oder des Wahnsinnigen aus Gesichts- und Körperverhältnissen systematisch zu konstruieren, und Ernst Kretschmer arbeitete in *Körperbau und Charakter* (1921) vier Grundtypen heraus. Diese Richtung verkam schließlich in dem obskuren Versuch einer »wissenschaftlichen« Rassenkunde, wie das Dritte Reich ihn unternahm. Als wissenschaftliche Disziplin wird die Physiognomik im engeren Sinn im 19. Jahrhundert der dominierenden naturwissenschaftlichen Empirie unterstellt (bei Virchow, Piderit, Darwin u. a.) und im 20. Jahrhundert dann in das umfassendere Gebiet der Ausdrucks- und Gestaltpsychologie eingegliedert. Dennoch werden auch da noch physiognomische Abhandlungen spekulativer Art geschrieben wie Rudolf Kassners *Die Grundlagen der Physiognomik* (1922) oder Max Picards *Das Menschengesicht* (1929) und *Die Grenzen der Physiognomik* (1937). Bei Ludwig Klages u. a. verbindet sie sich mit der nicht weniger spekulativen Graphologie.

Wenn hier erneut ein Auszug aus Lavaters epochemachendem Werk vorgelegt wird, das uns in so vielem nicht nur als überholt, sondern als verstiegen und skurril erscheinen mag, dann vornehmlich um seines historischen Dokumentationswertes willen. In ihm hat sich vorzugsweise eine von den Ufern bloßer Rationalität wegstrebende empfindsame Zeit wiedererkannt, die sich auf die Wahr-Nehmung des konkreten Subjekts, die Einzigartigkeit des Individuellen konzentrierte. Höchste Verkörperung dieser Konzeption des Selbstseins bedeutete ihr das Genie (worin die grundsätzlich ästhetische Ausrichtung dieser frühen Epoche des Individualismus erhellt), und Geniales wehte ihr aus den Prachtbänden der *Physiognomischen Fragmente* entgegen. In ihrem Sinne bedeutete dieser Zeit Subjektivität und Fragmentarität nicht Mangel an wissenschaftlich-methodischer Strenge, sondern die Garantie dafür, daß hier aus der »Fülle des Herzens« gesprochen werde. Uns, die wir durch Photographie und Film alltäglich mit der Pseudoindividualität, der Uniformität und Anonymität des menschlichen Gesichtes überschüttet werden, mutet dieses historische Bilderbuch seltsam an, in dem noch im geringsten Detail mit stärkster Emphase auf der Unverwechselbarkeit der Persönlichkeit insistiert wird. Wo heute die »Persönlichkeit« zur bloßen verwalteten Zahl, zum abstrakten Computercode zusammengeschrumpft ist, strahlt hier noch jene Frische des Konkreten, welche die historische Entwicklung der letzten zweihundert Jahre zunehmend aufgezehrt hat.

Inhalt

Dichtungstheorie der Aufklärung und Klassik

IN RECLAMS UNIVERSAL-BIBLIOTHEK

Gellert, Christian Fürchtegott, *Die zärtlichen Schwestern.* Lustspiel. Im Anhang: Chassirons und Gellerts Abhandlungen über das rührende Lustspiel. (H. Steinmetz) 119 S. UB 8973

Gerstenberg, Heinrich Wilhelm von, *Ugolino.* Tragödie. Mit einem Anhang und einer Auswahl aus den theoretischen und kritischen Schriften. (Ch. Siegrist) 158 S. UB 141

Gottsched, Johann Christoph, *Schriften zur Literatur.* (H. Steinmetz) 387 S. UB 9361 – *Sterbender Cato.* Im Anhang: Auszüge aus der zeitgenössischen Diskussion über Gottscheds Drama. (H. Steinmetz) 144 S. UB 2097

Hamann, Johann Georg, *Sokratische Denkwürdigkeiten. Aesthetica in nuce.* (S.-A. Jørgensen) 192 S. UB 926

Herder, Johann Gottfried, *Abhandlung über den Ursprung der Sprache.* (H. D. Irmscher) 176 S. UB 8729 – *Journal meiner Reise im Jahr 1769.* Hist. krit. Ausgabe. (K. Mommsen / M. Mommsen / G. Wackerl) 312 S. UB 9793 – *Von deutscher Art und Kunst.* Einige fliegende Blätter. Von Johann Gottfried Herder, Johann Wolfgang Goethe und Justus Möser. (H. D. Irmscher) 197 S. UB 7497

Lessing, Gotthold Ephraim, *Briefe, die neueste Literatur betreffend.* (W. Bender) 504 S. UB 9339 – *Fabeln.* Abhandlungen über die Fabel. (H. Rölleke) 167 S. UB 27 – *Hamburgische Dramaturgie.* (K L. Berghahn) 704 S. UB 7738 – *Kritik und Dramaturgie.* (K. H. Bühner) 94 S. UB 7793 – *Laokoon* oder über die Grenzen der Malerei und Poesie. Mit beiläufigen Erläuterungen verschiedener Punkte der alten Kunstgeschichte. (I. Kreuzer) 232 S. UB 271 – *Sämtliche Gedichte.* (G. E. Grimm) 454 S. UB 28

Schiller, Friedrich, *Kallias oder über die Schönheit.* Über Anmut und Würde. (K. L. Berghahn) 173 S. UB 9307 – *Über die ästhetische Erziehung des Menschen* in einer Reihe von Briefen. (K. Hamburger) 150 S. UB 8994 – *Über naive und sentimentalische Dichtung.* (J. Beer) 127 S. UB 7756 – *Vom Pathetischen und Erhabenen.* Ausgewählte Schriften zur Dramentheorie. (Die Schaubühne als eine moralische Anstalt betrachtet. Über den Grund des Vergnügens an tragischen Gegenständen. Über die tragische Kunst. Über das Pathetische. Über das Erhabene. Über epische und dramatische Dichtung. Über den Gebrauch des Chors in der Tragödie. Tragödie und Komödie.) (K. L. Berghahn) 158 S. UB 2731

Schlegel, August Wilhelm, *Über Literatur, Kunst und Geist des Zeitalters.* Auswahl aus den kritischen Schriften (Allgemeine Übersicht des gegenwärtigen Zustandes der deutschen Literatur. Poesie. Goethes Römische Elegien. Goethes Hermann und Dorothea. Bürger. Entwurf zu einem kritischen Institute). (F. Finke) 247 S. UB 8898

Schlegel, Friedrich, *Kritische und theoretische Schriften.* (A. Huyssen) 245 S. UB 9880

Schlegel, Johann Elias, *Canut.* Ein Trauerspiel. Im Anhang: Gedanken zur Aufnahme des dänischen Theaters. (H. Steinmetz) 128 S. UB 8766

Winckelmann, Johann Joachim, *Gedanken über die Nachahmung der griechischen Werke in der Malerei und Bildhauerkunst.* (L. Uhlig) 157 S. UB 8338

Philipp Reclam jun. Stuttgart